大学教育の思想

学士課程教育のデザイン

絹川正吉

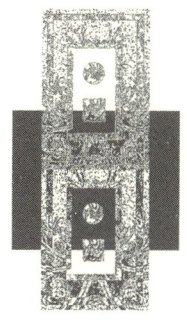

東信堂

はしがき

　大学が大衆化を始めたころ、「マス・エリート」という造語があった。高度産業化社会（知識基盤社会）においては、社会はエリートをマス的に必要とする、ということであった。この言葉には、大衆化する大学のあり方を積極的に開拓しようとする意気込みがあったのだと思われる。しかし、大学の大衆化は、エリートをマス的に輩出しないで、むしろ大学を無意味化する方向に推移したのではないか。

　社会は、時代の趨勢に対応して、大学人自らによって大学が改革されることを求めた。大学人はそういう社会の要請に逆説的に答えた。すなわち、大学はエリートを養成してきた仕組みにとどまり、大衆化に積極的に対応しなかった。社会がいま声高にエリートを求めていることと、大学がエリート養成時代の旧態にとどまってきたこととが、いま奇妙に符牒を合わせているのである。その結果、戦後の新制大学は、大衆の育成には成功したが、エリートの養成には失敗したといわれるようになった。

　最近は、大学の大衆化ということを、ユニバーサル化と表現している。同年齢層の約50パーセントが高等教育機関に進学する時代になった。このように大学がユニバーサル化することは、否定的に受け止められることなのであろうか。

　大学のユニバーサル化が悪なのではなく、日本の大学がユニバーサル化に適切に対応しようとしなかったことが問題なのである。大学のユニバーサル化を文明の進歩と受け止めて、大学の新しいあり方を創造すべき時代なのである。本書はそういう思いで、いま求められる大学教育の思想的根拠をたずね、それに対応する大学教育の実践について模索した

ものである。

　本書は、前著『大学教育の本質』(ユーリーグ、1995年)を発刊した以後の論文を編集したものである。著者の大学教育へのこれまでの実践の総括といってもよい。本書が日本の大学の発展にいささかでも貢献するところがあれば、望外の幸せである。

　　2006年8月

絹川　正吉

大学教育の思想——学士課程教育のデザイン——／目次

はしがき (i)

I これからの大学教育 ……………………………………… 3

I-1 日本の大学はどうなるか ……………………………3
 1　大学問題の源は戦後学制改革 (3)
 2　一般教育と大学紛争 (4)
 3　大学設置基準の大綱化と官製大学改革 (5)
 4　大学への外圧 (6)
 5　日本の財界・政界のいらだち (7)
 6　大学審議会「21世紀答申」(8)
 7　「グローバル化答申」(9)
 8　大学教員の資質開発と授業評価 (10)
 9　大学教員任期法 (11)
 10　国立大学の「独法化」問題 (13)
 11　認証評価機関 (16)
 12　私立大学の戦略 (16)
 13　学部教育の空洞化 (17)
 14　大学の行方 (18)
 参考文献 (19)

I-2 「21世紀の大学像」の構図 ……………………………20
 1　文部大臣の諮問 (20)
 2　高等教育に対する危機感 (20)
 3　大学の種別化 (21)
 4　私立大学と国立大学の差別化 (22)
 5　学部（学士課程）教育の再構築 (22)
 6　「第三者大学評価機関」の設置 (24)

Ⅰ-3　私立大学のグランドデザイン……………………26
　1　国立大学を利用する (26)
　2　理事会と教授会のデザイン (27)
　3　学士課程のデザイン (29)
　参考文献 (31)

Ⅰ-4　大学教員任期制と教員の流動化……………………32
　1　大学教員任期法の整合性 (32)
　2　大学教授職のマーケットはあるか (33)
　3　任期制が登場する背景：日本社会の要求 (35)
　4　任期制賛成意見 (37)
　5　任期制反対意見 (38)
　6　中間的立場 (40)
　7　任期法を問う視点 (40)
　8　任期制は大学教育改革の逆流 (41)
　9　大学教員評価システムの多様化 (42)
　10　提　案 (43)
　参考文献 (44)

Ⅰ-5　一般教育学会から大学教育学会へ ……………46
　1　一般教育学会設立の意味 (46)
　2　学士課程教育の推進 (48)
　3　一般教育学会から大学教育学会へ (50)
　4　大学教育学会の課題 (53)
　5　大学教育学会のエートス (54)
　参考文献 (55)

Ⅱ　「一般教育」は死語か……………………57

Ⅱ-1　一般教育の発想 ………………………57
　1　「大綱化」という清算 (57)

  2 アメリカの一般教育「Iowa 報告」(58)
  3 一般教育と高等普通教育 (61)
  4 思想の貧困 (63)
  5 没価値性のイデオロギー (67)
  6 一般教育のエートス (70)
  7 展望と課題 (71)
  参考文献 (73)

Ⅱ-2 一般教育の終焉と展開 ……………………………………75
  1 「一般教育」50年の総括的視点 (75)
  2 新制大学の構造 (75)
  3 大学設置基準に守られた「一般教育」の侵食 (76)
  4 一般教育は専門教育の対立概念か (77)
  5 日本の「一般教育」のねじれ構造 (78)
  6 教育改革運動としての「一般教育」(79)
  7 「一般教育」から「学士課程」へ (80)
  参考文献 (81)

Ⅱ-3 グローバル化時代の教養教育 ………………………………83
  1 大学審議会「グローバル化答申」(83)
  2 「グローバル化答申」の目的 (83)
  3 日本的教養の系譜から改めて「教養」を問う (85)
  4 問われる大学教育の論理 (88)
  5 多文化社会で生きる (90)
  6 アメリカの General Education：多元価値社会への教育 (92)
  7 科学リテラシー (95)
  8 学術基礎教育 (96)
  追記 「一般教育と専門教育の有機的連関」という誤解 (97)
  参考文献 (98)

Ⅱ-4 これからの教養教育 ………………………………………100

1 教養教育の多様化 (100)
  2 日本の大学は「教養大学」(100)
  3 「初年次教育」(102)
  4 キャリア開発教育 (103)
  5 「グローバル化時代に求められる教養」(105)
  6 思想としての教養 (105)
   参考文献 (107)

Ⅲ 学士課程教育を発想する ……………………………………109

Ⅲ-1 リベラルアーツ教育の意味と実践 ……………………109
  1 リベラルアーツ教育の意味 (109)
  2 リベラルアーツ教育の実践 (113)
  3 『アメリカの大学・カレッジ』(116)
   参考文献 (121)

Ⅲ-2 学部教育の展望 …………………………………………122
  1 学部組織の変貌 (122)
  2 学部教育目標の混迷 (123)
  3 学部（学士）課程教育 (125)
  4 学部（学士）課程教育の教育像 (126)
  5 学部課程教育の具体相 (128)
   参考文献 (129)

Ⅲ-3 学士課程教育 ……………………………………………130
  1 大学教育の一般化 (130)
  2 学部教育から学士教育へ (130)
  3 なぜ「学士課程」か (133)
  4 大学審議会の「学部（学士課程）」像 (134)
  5 アメリカ型リベラルアーツ教育 (137)
  6 リベラルアーツ教育の学習スタイル (138)

7　学生の自己教育（主体的学習）(138)
　　8　リベラルアーツ教育における専門学習の意味 (141)
　　9　専門と一般の有機的統合ということ (143)
　　10　文脈学習 (143)
　　11　学部教育の自由化 (Liberalization) (144)
　　12　学士課程教育の阻害要因 (145)
　　参考文献 (146)

III-4　専門教養科目の可能性　……………………147
　　1　専門教育と教養教育 (147)
　　2　ディシプリンの原方向性 (149)
　　3　専門主義の野蛮性 (150)
　　4　専門教育は教養教育 (151)
　　5　専門教育の自由化 (153)
　　6　教養教育と学問の構造 (154)
　　7　専門教養科目の実践 (158)
　　8　作品としての専門教養科目 (160)
　　9　専門教養科目批判への反論 (161)
　　10　なぜ一般教育か (167)
　　参考文献 (168)

IV　学士課程教育の舞台を作る　……………………169

IV-1　カリキュラム開発の視点　……………………169
　　1　教育課程とカリキュラム (169)
　　2　学習者から発想するカリキュラム (171)
　　3　一般教育の内在化 (172)
　　4　学生が選ぶカリキュラム (173)
　　5　学期制度・FD (174)
　　参考文献 (174)

Ⅳ-2　シラバス ………………………………………………175
　1　シラバスとは (175)
　2　シラバスの事例 (177)
　3　シラバス論は授業論 (180)
　4　シラバスの意味 (182)
　　参考文献 (183)

Ⅳ-3　GPA制度と厳格な成績評価 ……………………………184
　1　GPA制度運用モデル (184)
　2　アドバイザー制度の機能不全 (189)
　3　GPAの等質性の保証 (189)
　4　厳格な成績評価の前提 (191)
　5　評価と評定 (192)
　6　学習評価の方法 (193)
　7　いくつかのコメント (193)
　　参考文献 (196)

Ⅳ-4　学士課程教育のミニマムリクワイアメント ……………197
　1　単位制度とミニマムリクワイアメント (197)
　2　大学設置基準と「ミニマムリクワイアメント」(200)
　3　学士課程教育の目標 (202)
　4　ミニマムリクワイアメントを担保する成績評価 (203)
　5　大学教員の質のミニマムリクワイアメント (204)
　6　認証評価 (204)
　　参考文献 (205)

Ⅳ-5　学生の授業評価とシラバス ……………………………206
　1　授業評価批判の認識 (206)
　2　授業評価論の基本的視点 (207)
　3　授業評価項目の選定基準 (209)
　4　知的形成評価 (213)

    5　授業相互性評価 (215)
    6　アドバンス授業評価 (216)
    7　シラバス―授業評価システム (217)
  参考文献 (218)

Ⅴ　どうする大学教員 ……………………………………221

Ⅴ-1　なぜ Faculty Development か …………………221
    1　大学教員の自己認識 (221)
    2　学生評価の意味 (223)
    3　equality と quality (223)
    4　一般教育と Faculty Development (225)
    5　大学教授団開発 (225)
    6　知性の府の担保――大学の自治 (227)
    7　FD の阻害要因 (227)
  参考文献 (231)

Ⅴ-2　大学教員評価の視点…………………………………232
    1　大学教員教育評価の発想 (232)
    2　新しい大学教員の資格 (233)
    3　評価の基盤は大学文化・文化創造を (234)
    4　学識の評価 (235)
    5　作品化の学識・専門教養科目ということ (236)
    6　大学新文化の形成 (239)
    7　大学教員評価の諸要因 (241)
    8　評価実施上の前提条件 (242)
    9　教員評価と大学ガバナンス (244)
  参考文献 (244)

Ⅴ-3　大学教員評価システム　……………………………246

1　評価と査定 (246)
　　2　大学教員の資質 (248)
　　3　大学教員の義務・契約内容 (250)
　　4　大学教員評価・査定システム (252)
　　5　教育能力に関する評価 (254)
　　6　専門・研究活動に関する評価 (257)
　　7　教授会活動等に関する評価 (258)
　　8　学生の自己評価 (258)
　　9　教員によるクラス評価 (259)
　　10　学生評価を媒介とする教員評価 (260)
　　11　評価・査定の大学論的視点 (260)
　　参考文献 (262)

あとがき ……………………………………………… 263
初出一覧 ……………………………………………… 264

大学教育の思想
──学士課程教育のデザイン──

I これからの大学教育

I-1 日本の大学はどうなるか

1 大学問題の源は戦後学制改革

　最近、大学問題はメディアが取り上げる格好の話題である。最近数年間に出版された大学関係の本は枚挙に暇がない。何が問題なのか、はじめに概観しておくことにしよう。

　問題の始まりは、1945年の敗戦による学制の改革である。戦前の学制は、小学校6年・中学校5年・高等学校3年・大学3年（6・5・3・3制）を中心としていた。それを占領軍の強力な指導で、小学校6年・中学校3年・高等学校3年・大学4年（6・3・3・4制）に改革した。以下、前者を旧制、後者を新制という。問題は、なぜ旧制を新制に変えなければならなかったか、ということである。日本側には学制を変更する必然性はなかった。それが突然に学制改革が高等教育の改革を含む6・3・3・4制にまで拡大された。その理由は、占領軍の指導であった、というのが、これまでの通説である。しかし、占領軍の指導は、はじめは小6・中3を義務教育にすることであった（旧制では小6のみが義務教育であった）。それが高等教育を含む大改革にまで拡大されたのは、どういう理由であったか、謎めいていた。しかし、最近の研究によると（大崎 1999）、そのような改革のキー・パーソンは南原繁東京帝国大学総長（当時）であったという。そして、そのことが否定的意味合いで言及されている。なぜ否定的意味合いなのか、その理由は、現在の大学問題に深くかかわっている。

旧制度の6・5・3・3制は、旧制高等学校から帝国大学に進むエリート・コースを指す。戦前にはその路線とは別に、専門学校（現在の専門学校とは異なり、旧制高等学校に並列するもの）への進路等、非エリートに対する高等教育路線が複数ある複線型であった。しかし、新制度では全てが一元化されて6・3・3・4制の単線になった。すなわち、新制度により、エリートと非エリートの区別が解消されることになる。したがって、新制大学は大衆の大学になった。南原総長は、日本の高等教育を大衆化することに端緒を開いたことになる。このことがいま問題にされているのである。

2　一般教育と大学紛争

旧制を新制に転換するとき、国立大学の場合に旧制帝大は近隣の旧制高校、高等専門学校、師範学校等を吸収して、新制大学となった。新制大学の特性は、アメリカにおける General Education に対応するものとして「一般教育」を行うことを「大学設置基準」（文部省令）で定めた点にある。アメリカにおける General Education は、アメリカ固有の大学文化の中で発展した概念であった。それに対応する日本語を「一般教育」としたときに、新制大学の混乱が始まった。というより、新制大学ははじめから混乱の中で発足したのである。とにかく、「一般教育」を行うことが義務化された。日本の大学の存在根拠は法律である。大学が充たすべき資格は、文部省令である「大学設置基準」により厳密に定められていた（大学設置基準は、はじめは省令ではなかった。それが省令になることについては、複雑な経緯があるが、ここでは言及しない）。大学設置基準において、大学が行う一般教育は、人文、社会、自然の3系列にわたって等分に行うこととされた。日本の大学教員は、「一般教育」を旧制高等学校の教養主義でイメージして、「一般教養」と考えた。そして、新制大学に吸収された旧制高等学校等の教員によって、「教養部」という一般（教養）教育担当組織が作られた。すなわち、旧帝国大学の教員は専門学部教員として上層に位置し、教養部教員は下層に置かれた。この階層化は、予算の配分における差別により構造化された。この差別構造が新制大学

の発展を大きく阻害した。差別構造の下にあった教養部教員にとって、一般教育は余計なお荷物であって、関心は専ら専門研究に成果を上げ、専門学部教員に昇格することであった。そういう教員が担当する一般教育が、成功するはずがなかった。学生は一般教育を「般（パン）教」と呼んで蔑視し、大学設置基準上の卒業の要件を形式的に満たすためのものと考えた。一般教育は新制大学のガン細胞になった。

1960年代後半から1970年代にかけて全国の大学を席巻した嵐は、旧制帝国大学的エートスにしばられた大学教員への反撃であった。その象徴的現象が、東京大学安田講堂における全共闘学生と機動隊の暴力的対決であった。それを契機に、日本の大学改革が問題にされるようになった。しかし、教授会自治を建前とする日本の大学教員には、少数の教員を除いては、大学を改革する必然性がなかった。「大学改革」というペーパー作りは盛んに行われたが、実質は何も変わらず、1990年代を迎える。

公平を期するために付言する。大学教員のなかにも、一般教育の重要性を認識し、それを日本の大学に定着させることを使命とする少数者が存在した。それらの有志を中核として、1979年に「一般教育学会」が創設された。これは、高等教育に関する日本では最初の学会である。同学会は、その後「大学教育学会」と改名され、今日に至っている。

3　大学設置基準の大綱化と官製大学改革

大学改革が進展しなくても、国力にゆとりがある間は、社会は大学に対して寛容であった。しかし、大学の盛衰が一国の運命にかかわるようになると、大学は外圧に応答を迫られることになる。大学が自律的に改革する見通しが立たないと判断した文部省は、大学審議会（1987年に設置、大学改革についての文部大臣の諮問に応ずる法定の組織）の答申をテコに、1991年に大学設置基準の大改革に踏み切った。法令によって、大学改革を進める政策をとったのである。このときの改革を「大学設置基準の大綱化」、簡単に「大綱化」という。そのいわれは、それまでの設置基準が定量的規定から成り立っていたものを、定性的に変更したことである。

特に、大学で教える科目には、一般教育科目とか専門教育科目という区分があったが、その区分を設置基準においては規定しないで、各大学の意志で教育課程を定めることができることにした。いわば、自由化によって大学を活性化しようとしたのである。そして、自由化を補完するものとして、「自己点検・評価」を義務付けることになった。その結果、新制大学のガンであった「一般教育」という科目名は、大学設置基準から消滅した。

ところが、大綱化は予期しない結果をもたらした。一般教育をどうにかするということでは予期できないことではなかったともいえるのだが、「一般教育」という科目名が設置基準から消滅したことを根拠に、多くの国立大学で一般教育の責任組織であった教養部が解体され、教養部教員は専門学部に吸収されたのである。これで、「教養部教員の長年の怨念が吸収された」と筆者はある記事に書いたことがある。しかし、教養教育を行うことは義務であることが大学設置基準に抽象的ではあるが記載されている。この義務をどうするかという問題を残したまま、教員組織だけが変更されたのである。そうこうするうちに、オウム事件が起こり、教養教育（人間教育）への社会の関心が高まり、大学の教養教育への批判が目立つようになった。

4　大学への外圧

新制大学は大学の大衆化を促進した。その結果、大学進学年齢層の50％近くが、高等教育を受ける時代になった。このことを「大学はユニバーサル・アクセス段階にある」という。大学の規模は、戦前の旧制中学校の規模を越えるほどになった。「昔中学生、いま大学生」であり、「昔中学教師、いま大学教員」といいたくなるような状況になってきた。にもかかわらず、大学教員の意識は旧制大学時代のままである。教員の意識が全く変わっていない象徴は、国立大学教員が、いまだに「教官」と呼ばれて、何の抵抗も感じていないことに示されている。「教官」とは、昔、帝国大学教授が天皇から直接任用されることを意味した「勅任官」等に

由来する。このような現象からわかるように、大学教員の意識は、時代の要請から大きく乖離し、自己を研究者としてしか認識できないままで今日に至ったのである。大学が大衆化するにつれて、一般教育・一般教養教育の重要性は増してきたが、大学教員はそれを放棄する方向で大学を位置付けてきた。その結果、大学教育は大多数の学生にとってほとんど無意味になった。それでも学歴社会の有効性が存続する限り、学生は大学に集まったのである。

そのような大学に、外圧が一挙に強まる事態が発生した。その一つは、少子化である。大学進学年齢層の人口が激減し、大学の学生定員確保が困難になる事態が数年で到来する。私立大学の倒産が予測されている。しかし、それ以上の外圧は、政財界の大学へのいらだちである。大学設置基準の大綱化によっても、結局は大学は改革されなかった。そのことに対して、日本の政財界はいらだちを隠さないようになった。

5　日本の財界・政界のいらだち

いま、日本経済は火達磨、血だるまであるといわれている。長い不況のトンネルの中にある。その原因はいろいろいわれているが、一つは重厚長大産業（鉄鋼・造船・機械・自動車）中心から、情報化産業への構造転換に失敗していることであるといわれている。いま日本の経済状況は、「第三の開国・平成維新」を必要としている、とまでいわれている。そこで政財界は日本経済の再生を、科学技術創造立国政策に見出そうとしている。特に、世界的に進展している高度情報化社会におけるIT産業こそは、国を救う政策産業であると考える。ところが、そういう産業基盤を支える人材育成について、日本の大学はほとんど機能していない。大学教育がこのままであれば、日本の経済的再生は絶望的という認識で、政財界は一致している。しかし、大学教員には馬耳東風である。そこで再び大学審議会が登場する。

6　大学審議会「21世紀答申」

　政財界は大学改革を要求している。その表現が、1998年に出された大学審議会答申である。その答申には「21世紀の大学像と今後の改革方策について～競争的環境の中で個性が輝く大学～」という表題が付けられている。これを「21世紀答申」と簡略化していう。この答申の理念は、時代に即応した「課題探究能力」の育成で、大綱化の効果不十分への対応策が提示されている。すなわち、少子高齢化の進行と産業構造の変化という時代認識をふまえて、大学のとるべき具体策を提示している。特に、「四六答申」とよばれた昭和46年（1971年）の中央教育審議会答申で取り上げた「大学の種別化」が正面から提言されている（もっとも、種別化とはいわずに、多様化という）。

　すなわち、大学は教養大学、生涯学習大学、専門大学、研究大学・大学院大学等に種別化して、それぞれの特色を強化せよというのである。単純に図式化すれば、大衆教育を引き受ける大学とエリート養成の研究中心大学に分け、資源配分を研究大学に厚くして、経済力の回復に貢献する「人材」を即効的に育成しようというのである。学部教育については、教養・基礎（リベラルアーツ的教育）に重点をおき、専門教育は大学院にシフトすることが提案されている。大学院については、これまでの学術中心の大学院のみでなく、高度専門職業人の養成（イメージはMBA、Law School）も視野に入れて多様化することが提案されている。また、学部教育が無意味化していることの改善策として、学部教育マニュアル（厳格な成績評価、履修科目登録の上限設定、教育活動の評価、授業評価、シラバス、教員資質開発すなわち、Faculty Development (FD)）が提唱された。また大学の自己評価は大綱化基準では努力事項であったが、それを義務化することを提言している。これらの提言の一部は、その後、大学設置基準等の改定で法制化された。

　「21世紀答申」の最も重要な提言は、以上の提言を受けて、「第三者評価機関」の設立を提言していることである。その機関の評価に基づいて、大学への資源配分を行え、というのである。大学は教授会自治の原理に

基づいて自立的であるべきところに、第三者による評価を義務付け、成果のある大学に予算を多くつけようというのである。この提言に基づき、その後、学位授与機構を改めて、大学評価・学位授与機構が発足し、国立大学の評価を始めた。

7 「グローバル化答申」

1999年に21世紀答申の補完とIT化（情報化の強調）を基調とする大学審議会答申「グローバル化時代に求められる高等教育の在り方」（グローバル化答申）が提出された。この答申で、次に示す内容の「新たな教養教育」が提案されている。

(1) 高い倫理性と責任感を持って判断し行動できる能力の育成
(2) 自らの文化と世界の多様な文化に対する理解の促進
(3) 外国語によるコミュニケーション能力の育成
(4) 情報リテラシーの向上
(5) 科学リテラシーの向上

しかし、ここに提示されている教養教育は、いわばIT化時代を乗り切る方法のようなもので、そこに教育の理念は見えてこない。

2005年1月には、大学審議会の機能を改めて吸収した中央教育審議会が、「わが国の高等教育の将来像」（将来像答申）を提示した。そこでは、いわゆる「種別化」を「ゆるやかな機能分化」という表現で再録した。また、教員組織を、教授、准教授、助教に改めることが提案された。その意図は明確ではない。さらにグローバル化に対応して、学位課程を強調し、現行の学部を基本組織とする在り方からの脱皮を目指し、「学士課程」という用語が登場した（「21世紀答申」では、「学部（学士課程）」という表記をしていた）。

付言しておくが、大学審議会の答申は、文部省の文教政策に根拠を与えるように構成されている。したがって、提言はほぼそのまま法制化されてきた。教育は百年の計である。百年の計が政府の一機関提言で決定されていくことに、危惧を覚えないのは不思議である。政府の文教政策

だけが先行し、大学教員はその後追いを強いられているところに、今日の大学の危機的状況が表れている。

8　大学教員の資質開発と授業評価

　日本の大学が変容を迫られている一つの徴は、大学教員の研修制度である。大学教員の大多数は、教授法の研修を受けていない。初等・中等教育では、教員の資格は免許法で定められていて、教育に関する科目習得と教育実習が教員資格取得に義務付けられている。しかし、大学教員には免許法はない。大学設置基準には、大学教員の資格は研究教育能力があるもの、という抽象的記述にとどまっていた。大学がエリートのみを対象としていた時代には、大学教員は教育者であるよりは研究者であることに力点があった。それで大学は成立していた。しかし、大学がユニバーサル・アクセス型になった段階で、よき研究者がよき教育者であるということはましてや成立しなくなった。ようやく大学教員にも教育能力の開発が求められるようになった。これを受けて、大学設置基準における大学教員の資格規定に、教育能力が追加された。

　諸外国では、いち早く大学教員の教育能力開発（Faculty Development＝FD）を手がけた。特に英国では、高度産業社会の必要から新しい大学を数多く創設したときに、教員不足という問題に直面して、多くのエンジニアを大学教員に転用した。そこで発見したことは、いかにエンジニアとして優れていても、教員としては役にたつわけではないということであった。このことから、国家的レベルでFDに取り組んだのである。日本の大学はこの点で大きく出遅れていた。先鞭をつけたのは一般教育学会であり、FDが日本の大学教員に認識される契機を作った。そのことを受けて、東京・八王子にある「大学セミナーハウス」主催のFDプログラムが実施された。いまでは、大学設置基準にFDが努力義務として記述されるまでになった。このことは、明らかに大学教員の在り方に革命的変化をもたらす事態である。教授法の習得など、帝国大学教授には考えおよばなかったことである。しかし、FDが日本のすべての大学教

員に受容されたわけではない。大学教員の意識がいまだ旧態依然であることが、大学問題の解決を困難にしている。

　FD関連で注目されることは、学生による授業評価である。学生が、受けた授業について学期末に評価するのである。授業評価の大義名分は、学生の評価を通じて大学教員が授業をよりよくすることを励ますことである。大学教員が自分の行った授業を学生に評価させることは、旧制帝国大学教授の意識では到底受け入れることができないことである。授業評価実施の効用の第一は、大学教員に意識変革を迫ることである。この意味で、授業評価はFD活動のスタートになる。

9　大学教員任期法

　科学技術創造立国のためには、大学は先端分野で常に研究成果を上げることが強く期待されている。しかし、日本の大学はこの期待に応えていない、という大学批判に対応して、大学教員の任期を限るべきであるという意見が強くなってきた。特に先端的科学技術分野では、激しく研究状況が変化しているため、最先端の研究推進のためには、共同研究者の組み合わせが柔軟にできるようでなくてはならない。日本の大学教員任用システムは、そういう状況に対応していない。

　国立大学の教員は法律によって身分保障がされていた。いったん大学教員に任用されると、通常は定年まで解雇されることがない。その事情は、私立大学でも同様である。日本の大学が沈滞している原因は、教員が一定の大学に長期間とどまっていて、移動しないことである。大学教員は終身雇用制に安住している。教育研究の活性化と質の向上のためには、教員の流動化を図る必要がある、という論になるのである。

　しかし、現行の労働基準法では、一年以上の労働契約は無効ということで、一年以上在職した場合、定年まで解雇できないという法律の定めになっている。大学教員を5年契約で任用しても、本人が自発的に退職しない限り、5年を超えても解職はできないで、自動的に定年まで在職が保証されてしまう。そこで、労働法の規定にもかかわらず、任期を限っ

て大学教員を任用できるようにするのが、「大学教員任期法」の意図であった。

　任期法の制定については、主として大学教員の側から、原理的な反対論が強く表明された。すなわち、大学教員の任期を限ることは学問の自由に反する、ということであった。こういう大義名分論に対して、大学教員が主張する学問の自由は、教員エゴの擁護として機能しているのではないか、という批判がある。いま、大学に差し迫って学問の自由を声高に主張しなければならない問題があるとは思えない。

　一方で、穿った見方もある。任期法で大学教員の流動性を高めれば、産業界の人材を大学に送りこむことが容易になる。高度知識産業においては、知的労働が可能な期間は短い。産業界で余計な人材を大学に吐き出すために、任期法を利用しようというのである。これは極論だが、全くの寓話であるとも思えない。産業界の人材注入で、大学を活性化する効果が期待できるのであるかもしれない。法案の本当の狙いは、国立大学の沈滞の打破である。任期法の導入で、優秀な外国人教員を招くことが容易になる。異文化を国立大学に輸入して、活性化の効果を促進するのだ、ともいわれた。

　任期法導入に対する別の視点もある。すなわち、日本社会の雇用構造は、終身雇用、年功序列の慣行を急速に崩す方向にある。にもかかわらず、大学教員が終身雇用に安住していることが許せない、というのである。また、大学経営の視点から、任期法導入への期待感もある。教職員の高齢化による高額所得者の増加が、大学の財政を圧迫し始めている。また、大学が、教授会自治の大義をかざして、結局は教員の利益中心に運営されている。これらの問題の解決に、任期法は有益だとするのである。

　賛否両論が交錯するなかで、1997年に「大学教員等の任期に関する法律（任期法と略記）」が施行された。しかし、大学の全教員に任期法を適用することは放棄され、先端的分野の教員に限って、労働法の規定を除外し、任期を限って任用が可能とされた。一種のザル法になったのである。その結果、任期法の効果は上がらず、わずか数年で任期法は忘れ去

られている。大学教員の任期制は、結局は国策による大学改革の失敗作の例示で終わった。というよりは、任期法を機能させる大学社会の基盤が未成熟であったということであろう。その根底には、大学自治の建前で、自己改革をすることができない大学の保守性が原因していることはいうまでもない。

10　国立大学の「独法化」問題

　国立大学の設置者は文部（科学）省であった。国立大学は国から資金を与えられて、国家の必要に応じて教育研究を推進する責任を負っていた。特に、大学の大衆化が進んでいる状況の下で、財界が国立大学に期待する機能は、知識基盤社会（高度産業化社会）に対応するエリートの養成と研究推進である。国立大学がその責任を果たしていないという批判は、いまに始まったことではない。しかし、国立大学の経営は、財源の配分権をもつ文部（科学）省の政策によって事実上決定された。その政策の実質は、限られた資源を逐次配分する構造で、東京大学をトップとする順番がこなければ、大学のプログラム一つでも改革できなかった。他方で、財政がそれなりに国によって保証されていることに安住して、改革の必然性を国立大学の教員のほとんどは感じないできた。結局、国立大学の改革は、文部（科学）省任せであった。この構造に重ね合わせて、大学教員の保守性と自己の専門分野にこもる閉鎖性が、国立大学の沈滞を招いてきた。

　そこで国立大学の設置形態を改めて、自己責任で教育研究を活性化させるべきであるという提言が、前々からあった。特に、先に引用した中央教育審議会の「四六答申（1971年）」に、そのことが述べられている。すなわち、国費の支援は与えられるが、運営は自律性に任せ、その代わりに結果責任を問う、すなわち、評価に基づき資源配分の見直し、組織の統廃合などを実行できる形の法人組織に、国立大学を転換させるというのであった。これが国立大学の「独立法人化（独法化）」問題である。結局、その時は、それ以上の進展はなかった。

再び火をつけたのは、1997年、橋本内閣における行政改革会議である。同会議で国立大学の民営化が議論された。すなわち、財政改革論議のなかで、国立大学の設置形態の議論が急浮上してきた。しかし、国立大学側の強い反対もあって、同会議の最終報告は、国立大学を独立行政法人化することを長期的視野で検討すべきである、ということにとどまった。その後、国家財政の危機的状況を打開するために、聖域なき構造改革の推進として、公務員総数削減目標が設定され、その員数合わせの一つの方策としても、国立大学の独法化が再浮上した。国立大学がいわゆる国のリストラ対象になったのである。この流れは総理大臣の諮問機関である「経済財政諮問会議」において加速し、国立大学は民営化する方向に決まろうとした。この事態に危機感を抱いた文部科学省は、急きょ、対応策を「経済財政諮問会議」に示した。その内容がいわゆる「遠山プラン」である。

　2001年6月の国立大学学長会議の席上で、当時の遠山文部科学大臣は、「大学（国立大学）の構造改革の方針──活力に富み国際競争力のある国公私立大学づくりの一環として──」と題した一枚の書面を提示した。これを俗に「遠山プラン」という。それには次の3項目が記載されていた。

(1) 国立大学の再編・統合を大胆に進める。（すなわち）スクラップ・アンド・ビルドで活性化。
(2) 国立大学に民間的発想の経営手法を導入する。（すなわち）新しい「国立大学法人」に早期移行。
(3) 大学に第三者評価による競争原理を導入する。（すなわち）資源の重点配分により、国公私「トップ30」を世界最高水準に育成。

　「トップ30」構想は賛否両論を巻き起こしたが、結局「21世紀COE（Center Of Excellence）プログラム」として実行された。その教育版ともいわれる「特色ある大学教育支援プログラム」も実施されている。大学は政府主導で競争的環境に入ったのである。

　国立大学の設置形態の変更については、内閣の強力な意思で、紆余曲折の末、「独立行政法人通則法」を準用した「国立大学法人法」が2003年

10月1日に施行され、2004年4月1日に国立大学は「独立法人」になった。

　国立大学法人法を見ると、国立大学の学長は、私立大学でいえば理事長兼学長のような位置付けである。私立大学におけるオーナー大学のように見える。学長を長として理事が参画する会議体「役員会」があり、これが理事会に対応している。役員会の両側には「教育研究評議会」と「経営協議会」が置かれる。経営協議会の構成員が実際に経営責任を負うわけだが、そのメンバーの半数以上は学外者でなければならないことになっている。このような大学経営の形態は世界に類例がないといわれている。もっとも、国立大学法人法では、教授会の機能に全く触れていない。文部科学省の関係者によれば、教授会をどう位置付けるかは、各大学のデザインの問題だということになる。もしも教授会が従来の機能を堅持すれば、学長のリーダーシップと相克することは明白である。学長が機能するかどうかは、依然として未知数である。しかし、ほとんどの私立大学が、相変わらず教授会中心の運営形態をとっているなかで、私立大学では不可能なことを、国立大学法人では、実現するかもしれないのである。

　さらに国立大学法人運営の仕組みで重要なことは、目標と評価ということである。第一に文部科学大臣が各大学の中期目標を提示する。これはいわゆる普通の独立行政法人の場合と同じである。その目標に対して、各大学は中期計画を出す。この中期計画に基づいて予算配分があり、予算配分に基づいて行われた大学の運営に関して、6年を単位として、「国立大学法人評価委員会」が評価をする。その評価に関しては、大学評価・学位授与機構の評価がベースになる。

　では、大学評価・学位授与機構はどのような評価をするのか、ということが問題になる。現在まで、大学評価・学位授与機構では、各（法人化前の）国立大学の教育評価と研究評価を部分的ではあるが実施してきた。研究評価については、教員の個別業績の評価を基本にして、その大学の各部門の研究評価レベルを公示している。すなわち、専門分野別に構成された専門委員会によって、各教員の業績が評価され、その結果は、

現在では統計的に公表されている。やがては機関評価から、教員の個人評価に進むことが予測される。

11　認証評価機関

聖域なき構造改革の余波はさらに進み、規制緩和の一環として、大学の設置認可条件を大枠化し、大学の質の保証は、国が認証する評価機関の評価に任されることになった。すなわち、国が認証したいわゆる認証評価機関の評価、つまり第三者評価を大学は7年ごとに受けることが義務付けられた。大学基準協会はすでに認証を受けた評価機関である。加えて大学評価・学位授与機構も認証された。他方、日本私立大学協会は、独自の評価機関として日本高等教育評価機構を設置し、認証を得た。

内閣の規制改革推進計画では、日本の大学の質の担保ということを取り上げ、個々の教員の設定目標に対する評価システムの構築や、実績に応じた評価基準および審査方法の確立、評価を実行するための大学におけるマネジメントの改革、評価結果を適切に反映できる処遇システム、等の構築を求めている。

認証評価機関を設置することによって大学設置基準の大幅な規制緩和がなされ、大学設置審議会の役割も軽くなる。このことは、大学の設置形態をますます多様化させることになるであろう。ちなみに、規制改革推進計画というのは、文部科学省の決定ではなく、閣議決定である。そういうことまで閣議決定しているのである。これまで、文教政策は必ず文部科学省の発議によって行われていたわけだが、いまは総理大臣の指導の下で決める。日本の国がこのように動こうとしていることに、大学人はほとんど無知である。

12　私立大学の戦略

国立大学の独法化の影響は、早晩、私立大学の存立にも深刻な影響をおよぼすことは、必至である。私立大学は少子化・高齢化・大衆化・高度化・グローバル化の問題状況の下で、どう対応しようとしているの

か。すでに学生定員を充たせない大学が出始めている。世上では大学の破産が取りざたされている。このような状況のなかで、私立大学大手の戦略には、ある種の共通性が見られる。「世界が望む二十一世紀の私立大学」(日本私立大学連盟編)は大量生産によるキャッチアップから、知的創造によるキャッチアップへ」をテーマにする。そのキーワードは「アジア太平洋、グローバル、マルチメディア、生涯学習」等である。その実現のための方策の一つは、産学官協同による新しい学習環境の創造と産学共同研究の推進である。特に、情報技術 (IT) の開発におけるアメリカからの遅れに対応して、独創的な自立型の人材養成を焦点とする。ここでなぜアジアか。短絡的に答えれば、アジアにおける市場開拓に有利性を求めるためである。そして教育の目的は独創的な自立型の人材育成、すなわち、課題探求能力の育成である。すべて経済発展に効果をもたらすことが目的である。

さらに大学は、若年層教育のコンセプトから、生涯続く知識獲得活動のために、広く市民、行政、企業の頭脳拠点へとそのサービス機能を拡大することがもくろみられている。大学のイメージは、「象牙の塔」という言葉で象徴されていたように、社会から超越し、社会の周辺に自らを位置付けることを誇りにしてきたことと対照的に、21世紀における大学の位置付けは、社会の周縁から一転して、自らを社会の中心にと転換しようとしている。大学問題はいまや真理問題ではなく、経済問題になったのである。

私立大学はいま、高度産業化社会への人材供給にストレートに対応する戦略を定めつつある。

13　学部教育の空洞化

大学改革が経済問題を契機に展開するという非本質的事態を象徴するかのように、大学教育は空洞化を始めている。

大学教育が効果を上げていないという批判に対応して、文部科学省・大学審議会の方針は、学部教育を教養・基礎教育に位置付け、専ら社会

のニーズに応ずるのは大学院の役割とした。単純化すると、大衆教育は学部に任せ、エリートを対象とする先端的教育は大学院で行うということである。この「大学院重点化」政策によって、旧帝大系の大学の教員は、すべて大学院研究科教授に身分が変更された。この結果、学部専任教員は不在である。旧帝大系の大学は学部教育をやめたわけではないから、これでますます学部教育の責任の所在が不明瞭になった。大学院重点化の意図は、知識基盤社会における人材育成である。しかし、大学院ばかり重点化しても、社会の要請に応える人材育成が可能になるとは思えない。やはり根本は大学（学部・学士）教育である。それをおろそかにした改革は意味をもたない。

　大学審議会は、「課題探求能力」の育成を学部教育の目標に掲げた。そもそも課題探求能力とは、「自己教育（学習）能力」を前提とする。自己教育能力は、自己責任を前提にする。「責任」は人間存在の根幹である。学問をする者、真理を探究する者にとって基本的態度である。「知的誠実性」も責任にかかわる。責任を自覚させる教育が皆無で、どうして課題探究能力が育成できるのか。そういう基本的視点が欠如していることが、現代の大学問題の性格である。「自己教育能力」の育成という発想に基づく教育を地道に実行すること以外に、現代の教育問題を本質的に解決する方策はない。

14　大学の行方

　戦後の新制大学は、大衆教育には成功したが、エリートの育成には失敗したといわれ始めている。だから、大学はエリートを育成すべきである。そのためには、エリートを育成する大学と、大衆を引き受ける大学に種別化をしなければならない。……とこのように、文部科学省の基本政策は、そういう方向に急速に収束しつつある。第三者評価機関の導入も、国立大学の独立行政法人化も、エリート大学を選別する仕掛けである。このようにして、百年の計といわれる教育問題が、産業構造改革または行政改革という、大学にとって外形的契機で処理されようとしている。

大学は社会的制度である。社会の変動に対応しなければ、その存在は危うくなる。しかし、安易に社会の変化に対応することは、大学のそのものを損なうことになる。大学の原理は経済問題ではない。ここで大学は自らが、変わるべきことと、変わってはならないこととの選別をしなければならない。その選別の原理は、時代の先見性と救済知でなければならない。大学はその制度と機能からして、保守性を免れることはできない、ともいわれている。しかし、これからに期待することは、時代の徴を読み取る大学の先見性とそれに基づく変革である。

参考文献
　大崎仁『大学改革1945～1999』有斐閣、1999年

I-2 「21世紀の大学像」の構図

1 文部大臣の諮問

　1998年の大学審議会答申「「21世紀の大学像と今後の改革方策について」(21世紀答申)」の構図は、いうまでもなく、それに先立つ文部大臣の同名のタイトルの諮問(「1997年10月31日」)に従っている。いい換えれば、答申の本質は、諮問に内包されている。答えははじめから用意されていた、といっても過言ではない。

　文部大臣の諮問事項は、要約・整理すると、次のようである。
(1) 創造性と活力のある国家の発展のために、21世紀の大学像を示す。
(2) 大衆化状況における高等教育の規模と国公私立の役割分担を検討する。
(3) 大衆化以前の大学教育を、大学院にシフトすることを検討する。
(4) 大学院と学部教育の連携を検討する。
(5) 国際的スタンダードに合う大学院整備を検討する。
(6) 学部段階は「教育機能」を重視し、教育を多様化することを検討する。
(7) 学部教育の質を高める方策を具体的に検討する。
(8) 大学の組織運営システムの改革を検討する。

　本節では、以上の諮問事項に対する答申の構図を、学部教育(学士課程教育)の視点から考察してみたい。この答申の特徴を単純化していえば、科学技術創造立国のために、大学の研究・教育をどのように活性化するか、その具体的方法を提示していることにある。

2 高等教育に対する危機感

　答申は、ユニバーサル化する大学像を前提に、高等教育の水準維持に危機感をにじませている。
　そもそも大学教育が危機的であるという認識が、1991年に大学設置

基準の大綱化を行う要因であった。しかし、大綱化によっても、大学の危機は克服できなかった。国際的競争に勝ち抜くためには、マス的に知的人材を必要とする。この必要に日本の大学教育は応えていない。この大学審議会の答申は、このような認識から出発していると考えてよい。すなわち、大学設置基準の大綱化は、大学の質的改善に実効がなかったことを、この答申は宣言したという意味合いがある。

3　大学の種別化

　高等教育の水準維持の方策として、国公私立の役割分担と大学の種別化を提唱している。「教養教育大学」「専門・職業大学」「生涯学習大学」「先端研究大学」「大学院大学」などが混在することをイメージしている。

　このイメージと国公私立の役割分担論が重なっている。すなわち、科学技術創造立国に対応した理工系の人材養成など、国家の政策目標に沿った教育研究の推進は、国費による国立大学の分担とする、というのである。そして、国立大学については、今後大学院の規模の拡大に重点を置く必要があるので、学部は規模の縮小を検討する、としている。理系の教育研究は、国立大学の専売にすることを提言しているのである。

　日本の高等教育は、国立大学理工系大学院を中心に展開されることになる。それに伴い、国立と私立に階層化構造が発生し、また学部と大学院にも階層化構造が生ずることは、明白である。これは、かつて教養部と専門学部の間にあった階層化構造の相似である。教養部は予算面でも専門学部に比して少なく、教養部教員のアイデンティティを崩壊させた。大学設置基準の大綱化の眼目は、この教養部と専門学部の格差の解消にあった。しかし、再び学部と大学院の格差をつけることによって、学部教員のアイデンティティは崩壊の危機に直面する。教養部問題の拡大再生産が行われようとしているからである。

　いうまでもなく、大学院教育の基礎は、学部教育（学士課程教育）にある。優れた学部教育（学士課程教育）があって、はじめて大学院教育が成立する。答申は一方で学部教育（学士課程教育）の充実を強く主張しなが

ら、他方で国立大学理工系・大学院重点化を提唱している。このことが現実に矛盾しないためには、階層化の歯止めとなる方策がなければならない。例えば教養大学を財政を含めて優遇する具体的な政策提言を大胆にしない限り、教養大学は二流大学のレッテルを貼られることになる。

4 私立大学と国立大学の差別化

「大衆化以前の大学が果たしてきた質の高い教育」という認識は、ユニバーサル化する大学という事態と高等教育の水準維持という課題が、矛盾的であると捉えていることを意味する。そこでこの矛盾を解消する方法が、一つは従来期待されていた学部教育の役割を、大学院教育にシフトすることであるとする。この発想に大学の種別化構想が重なる。すなわち大衆の教育は教養大学で行い、エリート教育は研究大学で行う、という構図である。さらに、この構図に私立大学と国立大学の差別化が重複する。すなわち、国立大学理工系大学院を、大学序列の頂上に位置付ける、という階層化構想が大学審議会の答申の中核部分である。こう読めば誤りであろうか。答申の本心がそうでなくても、そういう未来像が描けてしまうところに、この答申の危うさがある。かつて、旧帝国大学の学長が次のようにいったことを思い起こす。「私立大学における最大のパラダイムは、学生が集まるということであり、国立大学においては、国・民族の将来を安からしめるということにある。」このような発想の背後にある思想は何か、この際、明らかにしておく必要がある。

5 学部(学士課程)教育の再構築

答申は、学部(学士課程)教育を明確に教養・基礎教育として位置付けている。ここで答申が用いている「学部(学士課程)教育」という用語に、旧来の発想からの発展がうかがわれる。そもそも「学士課程」という概念は、一般教育学会(現、大学教育学会)が創始した概念である。この用語を表記したことに、大学改革概念の進展を見なければならない。問題は、この概念で表示しようとしている内実である。

「学部(学士課程)教育」の目標は、「自ら課題を探求し、柔軟かつ総合的に思考し、判断し、解決する能力の育成」である、と答申は述べている。大学がユニバーサル化することを前提にしたとき、従来のような学部教育は成立しない。学生も多様化する。一定のレベル以上の教育が可能なためには、学生の等質性が前提となるが、それは充たされない。学生のニーズも多様化する。そのような学生たちを対象とする大学教育の目標を、上記の「学部(学士課程)教育」の目標とする、というのである。しかし、このような目標は、従来あったとする(良き時代の)学部教育でも達成が困難であった目標である。空念仏に終わる可能性が大である。そのことを見越してか、学部教育改革提案の実体を、教授法マニュアル(履修単位上限制度・成績評価制度GPA・セメスター制度等)の実行と、個々の教員の教育方法改善のための組織的研修(FD＝Faculty Development；大学教員資質開発)の義務化(大学設置基準規定化)と、(強制捜査機関になりかねない)国立第三者大学評価機関の設置に求めている。ここに提案されている教授法の改善、FD、大学評価等のコンセプトも、一般教育学会(大学教育学会)が長い間提唱し研究してきたことであるから、そのようなコンセプトを国家レベルで推奨されることは、大変に喜ばしいこととして、歓迎すべきである。

　しかし、国家機関である大学審議会の答申に、基本方針として提言されることに何か違和感を拭いきれない。何がおかしいか。一つは高邁な「学士課程教育」の目標の内実化が、技術的・画一的対応によって、擦り抜けられていることである。「学士課程教育」の内実化については、そこに込められる教育像を明確にすることと、それを実現化する支援政策・財政的対応を提示すべきであった。

　一般教育学会(大学教育学会)が、これらのコンセプトを提唱してきたのは、大学文化の変革のためで、大学教員の内発性の熟成を期待する趣旨である。技術の前に思想がある。その思想を無視して、制度で強制しても、形骸的実行が蔓延するだけである。

　答申は大学教育の危機の原因を、大学の内部に求め、対策を提言する。

すなわち、問題の根源は大学教授の意識が研究中心にあるからであるとする。しかし答申がいかに矛盾であるかは、改革の重点化を大学院、すなわち研究中心としながら、教員の研究中心主義を批判している点にある。

なお、「大学院と学部教育の連携の検討」という諮問事項への回答は、学部三年終了を修士課程に接続する課程の創設である。これで知的エリートを確保する仕掛けができたことになる。

大学の危機は社会構造的問題なのであり、大学内の問題に矮小化されてはならない。

6 「第三者大学評価機関」の設置

前述したように、国立の「第三者大学評価機関」を設置するという提言は、科学技術創造立国論に根拠をもつ発想であろう。その根拠は、この機関による評価を、国立大学への資源配分に影響させようとしていることに見出せる。また科学技術創造立国という基調から推測すれば、評価の重点が、研究中心、特に科学技術研究に偏するであろう。答申が教育評価の困難をわざわざ述べていることは、教育への資源配分が手薄になることへの予防線と読める。

国立の評価機関については、多くの問題が未解決のままである。国立の機関評価によって、大学の序列化をもたらさない歯止めは示されていない。大学をどのように評価するのか、評価の基準は何か、ということについては、明確な指標がない。研究重視であるから、学部教育の形骸化を促進する方向に機能するかもしれない。

大学の自己評価を基調とする評価機関として、大学基準協会がすでに存在しているのであるから、新たに国立の評価機関を設置するよりは、大学基準協会の活動を支援するほうが、より健全である。教育問題は百年の計であるから、教育政策は短期的展望よりは、長期的展望に立たないと、その方向を誤る。

付記

「21世紀答申」に対応して、「学位授与機構」改め「大学評価・学位授与機構」が設置された。同機構はその後、国立大学の教育・研究への評価を進めつつある。また法人化した国立大学の（中期目標の）評価の実質を担うことになるようであるが、そのことは定かでない。本節で指摘した問題は、未解決である。

I-3　私立大学のグランドデザイン

1　国立大学を利用する

　日本私立大学連盟（以下、私大連）経営委員会が、高等教育機関改革に関する審議の中間報告を示した（2003年11月4日）。それによると、「国立大学の時代は終焉した」と述べられている。すなわち、国立でなければできないことは何もない。「民にできることは民に委ねるべきである」という主張である。この主張の正当性を私も認める。しかし、いま国立大学をすべて民営化することを主張してみても、現実的ではない。むしろ、私立大学が国立大学を積極的に利用する方策を提言するのが、建設的であろう。

　国立大学の存続理由とされることの一つに、研究機能がある。大学が知識基盤社会に対応しなければ、国の存続が危ぶまれる、という理由で、大学の研究機能を重視するのであるが、大学における研究機能は、教育機能と不可分であるという大学の本質に基づく視点を失ってはならない。大学教員は、知識基盤社会のために研究活動を行っているのではない。大学という人間の営みの本質から、大学教育が発想されなければ、それは大学教育の名に値しない。したがって、種別化を肯定するわけではないが、教育を主とする大学にあっても、研究は大学教員の主たる営みとして位置付けられていなければならない。しかし、国立大学に比べて、研究条件においては、私立大学教員は劣勢にある。このことを克服する方策が、グランドデザインに示されなければ、そういうグランドデザインは無意味である。

　ではどうするか。まず第一に、国立大学の学士課程（学部教育）部分は、すべて民営化する。すなわち、私立大学と同じ基盤に立ち、学校法人として独立させる。イコールフィッティングということが主張されているが、それは私立大学が国立と同等の条件になるように補助をすることではない。国立大学が私立大学と同じ条件に立つということである。

問題は大学院である。事実として国立大学と私立大学では大学院の条件に圧倒的格差がある。この格差は助成金のレベルで埋められるようなものではない。この問題を解決するために、少なくとも旧帝国大学系大学は大学院大学に限定する、というのが私の主張である。しかし、大学院大学としてただ現状を継続すればよいというのではない。第一に、国立大学院大学は、専任教員枠の半数を開放する。半数の教員枠はすべて短期任期制教員枠として、継続的再任を認めないことにする（一回は離任しなければ再任はないとする）。私立大学の教員でも、リーブ制度を用いてこの短期教員枠に応募できるようにする。所属大学を離れる間、その教員の枠は、期限付き教員で充足させておく。これで私立大学教員は、後顧の憂いなく数年間、所属大学を離れて先端的研究に専念できるようになる。国立大大学院での任期が終われば、もとの私立大学に復帰する。このシステムによって、難題である日本の大学教員の流動化が一挙にして実現される。

2　理事会と教授会のデザイン

「国立大学法人法」第21条は、国立大学法人に教育研究評議会を置くことを定めている。この法律の審議において、衆参両院は「教授会の役割の重要性に十分配慮すること」という付帯決議を付した。この付帯決議は、国立大学の独立法人化の意味を帳消しにするかもしれない極めてアンビバレントなものである。「国立大学法人法」では、学長の大学経営権を強調している。そうなれば、当然、旧来のいわゆる学部自治の内容は制約されてくる。これまでのように教授会を機能させるならば、学長の機能はそがれてしまう。「国立大学法人法」の最大の盲点は、教授会をどう位置付けるかについて、積極的な規定をしていないことである。またいわゆる特例法によって手厚く保護されていた国立大学教員の身分について、それをどうするか、何も述べていない。また学長の選任は学長選考委員会が行う定めにしているが、従来行われていた大学構成員の選挙による学長の選任が否定されることになるのか、定かでない。すで

に法人化に移行する国立大学の学長選任が始まっているが、教授会が選んだ候補者を、選考委員会がただ追認するのであれば、余計なシステムを付け加えただけのことにすぎなくなり、わざわざ独立法人にする意味がない。

　以上のことは、私立大における法人理事会と大学の関係がどうあればよいのかという問題に重なっている。学校教育法によって、大学の重要事項を審議するために教授会を置くことが定められている。一方、私立学校法では、理事会の機能は、専ら財産管理に限定されているように法律は読める。これに対して、国立大学法人法が定める学長の機能は、私立大学における理事長と学長を合わせたようにデザインされている。すなわち、従来は理事会の責任領域とされてきた財政的責任と、学長の責任とされてきた教学上の責任が統合されることになる。

　この意味を私立大学の場合に適用すれば、理事会の責任が教学にまでおよぶということになる。このことは、これまで、教授会自治の呪縛の下に隠蔽されてきたことである。現今のように大学の存立が危うくなってくれば、経営責任主体がどこにあるかは重要なことになる。私立大学の経営は、当然にも教学内容がどうあるかによって決定的になる。市場原理を肯定しているわけではないが、売れない商品を抱えていては、私立大学の経営は成り立たない。私立大学設置者である学校法人理事会は、経営の責任上、商品である教育内容にかかわらざるをえない。すなわち、単純化していえば、理事会が教学事項について関与しないわけにはいかない、ということである。問題は、教授会の自治で表現される大学の価値を損なうことなく、理事会が教学事項に関与するシステムをいかに創るかということである。理事会が直接的に教学にどこまで関与できるかを見定めることである。具体的には、教授会の審議事項を明確にして、その責任範囲を定めることである。一方、理事会はいかなるレベルにおいて教学にかかわるか、自己規定をしなければならない。私学法では、学校法人の決議の最終責任は理事会にあるからである。

　一例を示せば、大学専任教員任用への関与である。どのような領域の

教員を任用するかは、経営上の最重要事項である。これまでは、このような事項は教授会の専決事項のように考えられてきたが、私立大学の経営が重く問われてくるにしたがって、教員任用事項は経営政策と不可分になり、理事会が関与しないわけにはいかなくなる。だからといって、それを理事会専決事項とせよということではない。このことをめぐって、教授会と理事会が接点をもつ大学運営の在り方を創造する必要が生じたということである。先ずは大学の中長期政策を理事会と教授会が共同で立案するシステムが必要である。そのような展望の下で、計画を実現する教員人事政策を学長が提示しなければならない。対理事会に対しては、学長が責任をもって、すなわち教授会の意見を十分に斟酌したうえで、教員人事計画を理事会に提示することが先行すべきである。学長提案に対して、決定権は理事会にある。したがって学長提案の妥当性を理事会は判断する能力をもたなければならない。「国立大学法人法」もこの視点で教授会と学長を中心とする役員会の関係を明確にしなければ、法人化する意味は消滅してしまう。

3　学士課程のデザイン

　大学の基本組織は、「学部」である（学校教育法53条）。この学部は通常は専門学部である。したがって、大学教育といえば、それは専門学部教育であった。しかし、いま旧制大学時代のような専門分野別教育が大学4年間の課程で意味をもっているとは誰も考えていない。「学部教育」という用語はそろそろ死語にすべきである。前述したが、大学教育学会（旧一般教育学会）は、「学部」に代えて「学士課程」とよぶことを提唱してきた。最近になってようやく「学士課程」という用語が定着し始めたようである。学士課程と呼称するとき、そこで前提とされている共通性、すなわち「学士課程教育」の内容が問われる（絹川 2000）。学士課程教育とは何か。それは、「大学4年間一貫教育」を目的とする課程である。

　現代において学士課程教育のデザインを考えるとき、無視してはならないことは、大学が急速にユニバーサル化（大衆化）しつつあることであ

る。「全入時代」の到来が、大学教育問題の焦点となって久しい。このようなユニバーサル化した大学の教育課程として、「学士課程」はいかにあるべきかが問われている。さらに大学が大衆化しながら、大学教育に対する社会の要求は、知識基盤社会を担う高度な知識人の育成に焦点をおいている。教育は百年の計をもって考えなければならないが、社会の要求に応えることができるものでなければならない。以上の課題を担う「学士課程」教育のモデルを創造することが、高等教育のグランドデザインという問いに対する答えになる。

大学審議会答申「21世紀の大学像」(1998年10月26日) において、学部教育の再構築が主張されている。そこに「学部 (学士課程)」という表題が登場する。そこでは「学士課程」の定義を直接にはしていない。しかし、答申における提案内容まとめれば、学士課程の目的は、課題探求能力の育成」であり、そのための教育要素は次のようになる。

・共通基礎：外国語による論述訓練、情報活用能力、保健体育
・教養：専門基礎、数量的・科学的思考法、現代社会の課題科目
・専門：専門的素養 (基礎、骨格、他分野連関)、専門と教養の総合

これが大学審議会が提示する学士課程のモデルである。この内容を総括すれば、「一般教育」ということになる。大学設置基準の大綱化(1991年)によって「一般教育」という授業科目区分名は消滅した。しかし、それを復活させることが、大学審議会の答申であるともいえる。教育課程のデザインのためには、「一般教育」という概念はいまでもその有効性を失っていない。

あるいは、学士課程教育とはリベラルアーツ教育であるということもできる。一般教育というときには教育内容が問われ、リベラルアーツ教育というときには学習構造が問題になる。すなわち、リベラルアーツ教育の特色は、カリキュラムよりは、学習スタイルに強く現れる。なおリベラルアーツ教育については、後章で詳論する。

本来、一般教育はリベラルアーツ・カレッジで構想されるものであった。それを、早期に専門が確定する日本の専門学部に導入しようとして、

「ねじれ」が生じた。このねじれの解消策が「教養部」の設置で、それによって、大学前期と後期の分断と階層化が進展した。

このねじれと階層化を、理念において克服しようとする試みが、「専門と一般の有機的統合理念」という発想である。そこでは、あたかも専門と分離した固有の一般教育があるかのように考えられているから、両者の総合ということが目標になる。しかし、人間の知的営みの現実において、専門と一般の分離などはない。したがって、両者の総合とか有機的関連付けということは、本来無意味なことである。

アメリカにおける一般教育は、ドイツ科学主義大学に対する批判と位置付けられる。ドイツ科学主義大学とは、日本における旧制帝国大学とイメージすればよい。したがって、日本における一般教育は、旧制帝国大学批判として機能すべきことであった。

ドイツ科学主義大学の欠陥をどのように埋めるかは、それぞれの教育観であり、世界観である。私立大学の視点でいえば、各私立大学の創立理念から、一般教育が個性的に導かれるはずである。よくいわれる大学の個性化とは、どのような一般教育が提示されるかで決まってくる。

参考文献
　扇谷尚「大学教育(学士課程)の総合的な再検討」『一般教育学会誌』11-2、1989年
　絹川正吉「学士課程の展開——これからの大学像」『これからの大学と大学運営』丹保憲仁編、大学基準協会、2000年

I-4　大学教員任期制と教員の流動化

　前述したが、大学教員の任期を限るべきであるとの論が、ひところ日本の大学関係者の耳目を奪った。しかし、その後、この問題は尻すぼみになった。しかし任期法登場の背景には、社会の大学批判がある。現在の日本の大学問題の視座の一つとして、大学教員任期制の問題は重要である。日本の大学問題の集約であるともいえる。したがって、この問題は大学の在り方を根本的に見直すためのテーマにもなる。以下、大学教員任期制が提示した問題点を示す。

1　大学教員任期法の整合性

　日本の大学教員の流動化を論ずるには、大学教員任期法を視野におかなくてはならない。大学教員の任期制の問題は、中央教育審議会のいわゆる「46答申 (1971年)」がすでに触れている。平成8年10月の大学審議会の答申「大学教員の任期制」では、対象教員、任期、再任可否、等は大学が定めるとしたが、基調は大学教員全体におよぶ内容であった。しかし、実現した大学教員任期法（「大学教員等の任期に関する法律」(平成9年法律第82号、1997.6.30)）は、任期制の対象教員分野を先端的研究分野に限定し、法定任期制は追認根拠として機能させることに後退している。しかも「任用される者の同意を要する」という紳士協定の性格が任期法に残った。その説明によると次のようになる（常磐豊（文部省大学改革推進室長）1989年）。「先端的、学際的、総合的教育研究の職、助手、期限を定めた特定研究従事者（任期法第4条）の場合には、労働契約において任期を定めることの合理性があることを法律上明確にするものである。1年経過後のこの期間は身分保障期間であり、使用者は原則として解約できないが、労働者はいつでも解約できる。なお、法制上5年以上の任期を設定することはできない。」

　法的整合性の問題が完全には解決されていないことが、その理由のよ

うである。すなわち、労働基準法14条（1年以上の期間を定める労働契約は無効）と国家公務員法（公務員の身分保障）をクリアできないための妥協の産物になったのである。そこで任期法の根拠を、教授会の審議権（学校教育法）に基づいて任期制が導入可能というのが論理になる。そもそも教授会審議権は、教員身分保持に対する制度的装置になるのだから、これは皮肉である。私立大学の教員の任期制については、「労働基準法14条は不当な人身拘束を防止する趣旨の規定であり、雇用保障の趣旨で労働者からは解約できるとの趣旨であれば、任期を付した契約を結ぶことも可能であると解される」と説明されている。私立大学で任期法により、教員を解雇することは実質的にできないことは、従来とあまり変わってはいない。任期終了時に、辞職を拒否された場合、解職できるかどうかはあいまいなままである。ICU（国際基督教大学）で外国人英語教員を任期付きで採用したところ、任期限りで辞任しない事例が発生した。契約は紳士協定で、法的には解雇できない。1年ごとに契約を繰り返し、そのまま居残った。皮肉なことに、このままのほうが本人が常に緊張しているから、よく働く、という利点がわかった（本件はその後、弁護士を仲介にして、退職金等の条件に色をつけ、ようやく退職に至った）。このような任期法の制定をめぐっては、多くの議論があった（佐藤 1997；常葉 1997；民主教育協会 1996；リクルート 1996；山崎 1998）。いったい何が問題だったのか。

2 大学教授職のマーケットはあるか

　大学教員任期制を問う視点をどこに定めるかによって、議論の構図は変わってくる。

　「大学教授職のマーケット」で、「大学の教員等の任期に関する法律」の効果を問うというのであれば、結論は「効果はない」ということになる。

　大学教授職のマーケットについては、前節で引用した文献で論じられている。新堀通也（1965年）の次の分析は興味がある。「大学教員市場と需給関係については、戦前は旧制高校、専門学校教員が大学教授志望者

のプールになっていて、いわば調整池があったが、戦後はすべてが大学となり、調整池が消失した。そして大学市場が一挙に拡大したために間に合わせ的なことが生じた。格上げのための大学院を急増した結果、大学教員志望者が増加し、供給過剰となり、質の低い大学へ就職しているものの脱出願望が、マーケット原理になっている」。こういうことは正常ではないが、事実としてそういうマーケットが存在した。

　正常な意味でそもそも日本に大学教授職のマーケットというようなことが存在するのか。存在しないから、強制的にマーケットをつくる仕掛けが「任期法」という法律なのではないか。マーケットがあるということは、大学教員間に流動性（モビリティ）があるということになる。大学教授職のマーケット原理は、大学社会のヒエラルキーだろうが、日本の大学社会のヒエラルキーは固定的で、競争が生じない構造になっている。流動性を規程する要因となる報酬とか研究条件等は、横並びである。日本の学歴主義は入り口型で、入口の関門のみが重要で、任用時の業績や将来性が以後を自動決定するといっても過言ではない。

　大学教員の流動化を阻んでいるのは、任期制がないからではなく、日本の大学の仕組みにある。学閥、講座制、年功序列型、デパートメンタリズム、インブリーディング、等々が、流動化を阻んでいるということが、前々からいわれている。

　大学教員の流動性を阻む要因の分析で、山崎博敏（1998年）の論は的を射ている。山崎によれば、阻害要因は「キャリアパス（教員昇進システム）の毛細血管化」であることになる。若手大学教員から教授に至る過程の構造が、流動性の決め手であるが、日本では「キャリアパスのパイプは細く、小講座という一本の毛細血管に限られている。そのため、愛校心が強ければ強いだけ、細い一本のパイプの中に他大学出身の教員を迎えるのは、容易でない」という指摘はその通りである。ウィリアム・カミングス（1972年）も、学閥支配と年功序列型教員昇進システムが流動性を阻害していると指摘している。

　それでは流動性が全くないかというと、そういうことではない。先端

国立研究機関における研究者のモビリティは比較的大きいことが報じられている(佐藤 1998)。そのことは任期法制定以前からの実態である。特にマイケル・ギボンズ(1992)が分類する「モード2」といわれている知的生産方式を主とするところ、例えばバイオメディカル・サイエンスなどトランスディシプリナリーな問題解決の枠組を必要とする領域では、必然的に任期制をとらざるをえないようである。「科学の市場性が増大したのは、困難でやりがいのある問題に取り組むために、特別の技能を持つ人々が、たとえ一時的であっても、一緒に働こうとしているという事実に起因する。実際、こういった人々が自分の受けた訓練や技能にふさわしい仕事を見つけることができるのは、このような一時的でマルチディシプリナリ条件のもとでだけなのかもしれない」(マイケル・ギボンズ 1997:96)。北陸先端科学技術大学院大学では、教授でも10年任期とする任期制を完全実施する方針と聞いているが、それは必要が然らしめたことではないだろうか。もっとも、完全実施のためには、それを可能にする社会基盤が不十分であることを、同大学の学長は憂慮していた。このような例に知識産業の拡大の必然性の予感を見る思いがする。

任期法には「任期を定めることができる場合に必要な事項を定める(第1条)」とあり、「(任期を定めることができる場合は)(1)先端的、学際的又は総合的な教育研究組織の人材」、(2)助手、(3)期限を定めて行う教育研究の職、としていることは、自然なことで、その意味では、任期法は当たり前のことになる。それでは、なぜこのような常識的(選択的)任期法が、その制定前後にあれほどの議論をよび起こしたのか、不思議である。事態は単純ではない。

3 任期制が登場する背景：日本社会の要求

任期制が大学審議会で議論されていたころ、その責任者であった有馬組織部会長から直接に聞いたところでは、任期法の意図は「ポスドク」対策ということであった。そういう単純な動機が、大学審議会の議論の過程で、「(すべての)大学教員の任期制」にまで拡大された原因は何か。

それは科学技術創造立国という国策、その実態である「科学技術基本法」であると考えられる (高等教育研究所 1998)。高度情報化社会の要請は、知識産業を支える人材の供給である。産業界を代弁する声 (佐藤 1997) によると、日本人が生命を営むための (生きられるための) 物質的基盤を確立するための人材の量的確保が緊急の要請である。特に、理工系大学における創造的人材教育の抜本的強化が必要である。「目的は産官学の共同研究というところにある。これまで日本経済は、プロセス・イノベーションできた。これからはプロダクト・イノベーション、あるいはテクノロジーのイノベーションが中心だ。そうすると画一的、均質的な良質の労働力でなくて、創造力のある質の高い労働力、あるいは研究者的な労働者というのが大量に必要になる。そこで若手の研究者を大量に創出し、産官学の垣根を越えて、共同研究を組織しやすいように、任期制を導入するのだ」(佐藤 1997)。教員人事の流動化を図り、異文化交流を容易にし、大学に競争原理を導入する必要がある、というのである。流れなきところには淀みが生じる。自由な発想は固定的・画一的な社会からは生まれない。固定的な環境が行きすぎた安定志向に結び付き、自由で競争的な雰囲気が著しく少ない。産業界の強い意識は市場原理・競争原理のなかに大学を置け、ということである。このような抜本的改革を可能にするための法制を含めた社会システムを形成することが求められている、ということになる。

　これが、任期法を押し出した教員人事の流動化の基本的発想である(問題は目的と手段の整合性が問われるということである)。これを「通産省主導型大学改革」といった人がいるが、経済界の大学への焦りを見せつけているといえそうである。経済界は日本の大学が悪しき平等主義に支配され、愚者の楽園になっていると批判し、大学にアカウンタビリティが問われていることを強調している。そして、学歴よりも学習歴を重視すべきことを提言し、それを実質化しない大学へのいらだちを隠そうとはしない。すなわち、任期法登場の背景は、社会による大学批判なのである。

　大学批判が任期法の形をとらせたのは、社会構造の変化によることも

無視できない。終身雇用、年功序列の慣行が崩壊しつつあるのに、そのような労働市場の現実から乖離して、大学教員だけが身分保証されていることへの違和感がある。日本社会の構造変化に合わせて、大学も構造改革せよ、というのである。社会構造の変化に引きずられて任期法が登場した、ともいえる。大学は社会と異なる、と開き直れるか、戸惑わざるをえない。「大学教員任期法」の提案は、抗がん剤であった。しかし、現実に投与された「(選択的)任期法」は、ビタミン剤でしかありえない。

任期法が影響するもう一つの場面は、大学経営の問題である。大学経営合理化の要求が強くなっている。特に、大学の組織維持や教職員の利益中心の運営に限界が見えてきた。教職員の高齢化に伴う高額所得者の増加が、大学財政を圧迫している。高齢化による活力の低下への対処をどうするか、という問題も付随している。大学の在り方、経営問題としての任期制問題という側面も無視できない。大学経営そのものが大学の伝統的在り方をゆるがせる可能性が生じてきたのである。

4 任期制賛成意見

先に引用した文献に登場する任期制賛成意見を要約すると、次のようである。

(1) 任期制により、人事は流動化し、教育研究は活性化すると考える大学関係者は、28.6％いる（反対：31.4％、疑問：40.0％）。
(2) ドイツ、アメリカで任期制が成功している。
(3) ポスト・ドクトラル・フェロー（PDF）の流動性を高める。
(4) 政策レベルへ直結した提案で画期的である。
(5) 閉塞状況を打破する号砲である。法案の本当の核は国立大学の沈滞の打破にある。
(6) 個人の雇用の安定より、最適人材確保が優先すべきであるから当然の制度である。
(7) 任期制を単なる雇用制度の問題としてではなく、大学の在り方を根本的に見直すためのテーマとして考えるべきである。

⑻　任期制を認めない平等化の背後にある思想は民主主義だ。民主化は大学改革の原動力にならない。他人と異なる主張を身上とする大学教員間に、全員一致などありえない。

5　任期制反対意見

　任期法に対する賛成意見に比べて、反対意見が多く表明されている。以下は、それら反対意見の集約である。

⑴　流動化信仰は正しいか。"publish or perish"を拡大するだけである。すなわち、研究の本質を損なうシステムである。
⑵　短期完成型の業績主義がはびこる。
⑶　副作用が問題である。活性化の武器になるだけでなく、大学崩壊の凶器にもなりうる。
⑷　権力乱用の恐れがある。
⑸　任期制を導入できる社会的環境が整っていない。
⑹　大学人事市場が閉じている現実の下で、再任拒否を受けたキズモノを受け入れる大学があるか。
⑺　専門職組織は官僚制（規制、評価、ペーパーワークを課す）と違う。専門職組織は、自己規制とチーム活動が原理で、階層的システムの価値観とは異なる。すなわち、善意・信頼・献身を前提とした組織である。各人の能力に応じた貢献を期待するので、必然的に不完全なシステムである。不完全性の損失は少ない。
⑻　報われるという確信がインセンティブを生むので、任期制によるものではない。
⑼　十分な動機付けをもたらすアカデミックな組織が必要とされる。
⑽　雇用条件の長期にわたる不安は生産性に結び付かない。
⑾　身分保障は高い士気をもたらす土壌である。
⑿　任期制は不満ばかり残る：教育研究上のアカデミック・ライフのもつ、重要な人間的要素を取り去る。
⒀　官僚制システムを強化する。

⑲　最低の受け入れ水準が規範となり、システム全体の士気の平均レベルが下がる。
⑳　退職金が不利になる。
㉑　大学教員の地盤沈下を引き起こす。大学教員になることは社会的に不利になる。
㉒　大学を官界や産業界のリストラの人材の受け皿にしたいのだろう。
㉓　流動化で大学が活性化するか。
㉓　研究は多様である。辛抱と忍耐を要する研究領域に対して、任期制は研究時間を寸断する。任期制は失敗の連続を保障する研究者の余裕を奪う。任期制は活性化を阻害する。
㉔　経営側からすれば人員整理の便利な制度で、私大で乱用される恐れがある。
㉕　「学際的又は総合的な教育研究」という対象教員の限定では、どの研究分野にも適用される危険がある。
㉖　特定研究者排除・思想差別の具にする危険がある。
㉗　官のシステムに取り込む策動だ。
㉘　西欧社会と異なり、日本社会は永年雇用前提の非流動型である。大学から外に転出できない。
㉙　学生教育をないがしろにして業績作りに走り出す。
㉚　学問的成果を上げるには長期にわたる安定した環境が不可欠である。任期制は学問的基盤を破壊する。
㉛　教授会人事権はそれ自体が教員の身分安定化を目指す歴史的所産であるから、教授会人事権を根拠に任期制を論拠付けることは、歴史的原理的批判を免れない。
㉜　終身契約制は進んだ制度である。
㉝　大学は教育機関であるから、大学教員の所属大学への「忠誠心・ロイヤリティ」が崩れるのは問題である。
㉞　大学改革のベクトルは教育であるのに、任期法の眼目は研究体制

で、ずれがある。

6　中間的立場

制度というものは常に両刃の剣である。また流動化の条件・任期法の前提環境が整備されなければ、任期法は有効にならない。次のような中間的意見は重要である。
(1)　環境整備の必要性がある。市場を創り出す政策が前提である。特に社会福祉政策（年金制度一元化）と優遇措置が必要である。
(2)　助教授の内部昇格の禁止規定と、欠員公募制をすべての国立大学・研究機関が実行すれば、実効がある。
(3)　動機付けとなる内的・外的報酬を十分に供給する構造の欠如が問題である。
(4)　任期法が各大学にシステムの再検討を迫っているのは間違いない。
(5)　任期制導入は即効薬か時期尚早か、すべて大学の良識の有無にかかっている（良識がないからこういうものが出てくる）。
(6)　年功序列型教員昇進システムが流動性を阻害している。任期制よりこのシステムの排除が先決である。
(7)　任期法が大学改革の刺激になるか、はたまた凶器になるかは大学の良識次第だ。

7　任期法を問う視点

任期法に対する賛成意見も反対意見もそれぞれに根拠があるから、いずれか一方が絶対的に正しいとはいえない。それぞれが任期制を問う視点を異にしていることは明らかである。しかし、両論採択では無責任になる。ここで問題になっていることは、どういう視点で教員の流動化を考察し、任期法を評価するか、視点の設定であろう。論点を整理しなくてはならない。任期法が直接に対応しようとしている領域が、前述のギボンズの分類のモード2をモデルにしているのであれば、任期法は至極

当然のことになる。しかし、任期法がすべての大学教員に波及することを前提にすれば、上のように甲論乙駁になり、収拾がつかない。しかし、よくよく考えれば、任期法の背景にあるのは、大学の在り方に対する批判であったはずである。すると、任期法に賛成の意見も反対の意見も、大学批判への直接の応答、回答になっていなければならない。焦点が大学批判であるならば、その視点で任期法に対する評価を行わなければ無意味であろう。そして、大学批判に応えるためには、大学とは本来的にどのような存在であるべきか、という原点を押さえておかなければ、再び議論は混乱する。

8 任期制は大学教育改革の逆流

　大学は研究機関ではない。大学の主要な目的は教育であるといわなければならない。したがって、任期制または教員の流動化を促進することは、大学の教育機能と整合するかが問われなければならない。今日の大学教員の70％は教育に主要な関心を移し始めている、という調査結果がアメリカで発表されたことがある。アメリカの大学教員は「負わされた義務を果たすという忙しさのために、自分の専門分野における発展について広く情報を仕入れ続けたり、不確かな将来に備えて計画を立てるなどの時間はほとんど残っていない」というのである。そして、教育を重視するのであれば、その評価に教育への貢献を取り入れるべきである、という声が聞かれるのである。

　教育への献身のエートスは、所属大学への忠誠心と重なり合う。当然、自分の大学に腰を据えて働くことが要請される。すると、教員の任期制（流動化）は、教育重視のベクトルと整合しないことになる。良心的大学教員は、研究か教育かの二極の間で揺れ動いている。そして、多くは教育か研究に棲み分けてしまうのである。これは大学教員としては退廃的ではないか。大学の目的は教育であるが、その教育活動にとって研究機能は本質的に維持されなければ、大学ではなくなる。初等・中等教育と大学とを区別する原点は、文化の伝達に重点をおく教育と、創造性に重

点をおく教育との差異にあることを考えなければならない。

9 大学教員評価システムの多様化

　先に述べたように、大学教員の任期制が浮上してきた原因は、大学の現状に対する財界、政界の批判であった。したがって、任期法に対する評価を、大学批判に対応するように展開しなければ、意味がない。大学批判に対する応答の視点で、教員の流動化の問題を考察する必要がある。大学の目的（教育）と機能（研究）をどのように統合するか、その知恵が必要なのである。その知恵を顕在化するものが、教員の評価の問題である。任期制を肯定するにしても、評価がどのように行われるかによって、任期制の有用性は変わってしまう。任期制が教員の使い捨てを助長しない歯止めとして、評価の多様化が必要である。

　大学教員の評価については、アーネスト・ボイヤー（1996年）が提唱する「創造性開発契約」の提唱に注目する必要がある。それは研究と教育のジレンマから大学教員を解放する一つの方法であると考えられるからである、と述べられている。以下、その主張の紹介である。

　教授の生産活動はそのときどきで焦点が変動し、また生産性にも波がある。それを画一的に研究論文だけで評価することは非合理的である、とボイヤーはいっている。一生涯にわたって変化する個人的成長や専門職的成長のパターンを反映する評価を行うべきだというのである。大学教員の生涯における生産性の異なるパターンに注目した評価を行うためには、評価は画一的ではなく、多様性を認めることが鍵になる。

　大学教員の初期には専門研究によって評価することが適当であることは、論を待たない。問題は　中年期である。その時期は後継者養成の負担がかかり、研究は沈滞しがちである。そのようなときには、統合的問題解決に中心をおき、他分野の論文を読み、説明的評論や教科書を書き、自分の研究の意義について討論することに時間を使うことが、適切なのである。

　後半期の大学教授の生産性は、統合的・応用的学識を進展させること

に重点が置かれる。したがって、教育の学識（授業科目の改革、計画、教材開発）に焦点をおく業績の評価が適切ではないか。このように、時期によって生産性の質に差異があるから、その特徴を積極的に肯定する評価をすべきであろう。ボイヤーはその在り方として、「創造性開発契約（creativity contracts）」を提唱している。すなわち、3年ないし5年ごとに、主要目標を変更した契約を結び、その契約に対する貢献度を評価するシステムをとることを推薦している。

　このことに対応して、大学教員のプロフィールを多様化することが必要である。すなわち、研究プロフィール、教育プロフィール、研究と教育を対等におくプロフィール、サービスプロフィール、管理運営プロフィール、など多様なプロフィールを用いるようにする。それぞれの創造性開発契約に応じて、これらのプロフィールの選択的組み合わせを認め、適切な教員評価システムを提示することが考えられる。

10　提　案

　大学教員の流動化によって、大学批判に応答できる場面とそうでない場面を区別する必要がある。何でもかんでも流動化を図れば、事態は改善されるというのではない。大学教員の流動化が、大学の本来的目的のために有効である場面に対して、任期制が適応するようにすればよいのである。その例をいくつか示しておこう。

(1)　助教授任期制の確立

　創造性開発契約の視点から考えても、助教授職を任期制にすることは、大学改革として有効性があると思う。すなわち、同一大学内で助教授からの直接昇格を禁止するのである。この制度をすべての大学に課する。例えば、これを設置基準で定めれば、流動化が期待できる。全国一斉でなければ、マーケットはできない。

(2)　教授出向制度

　あるレベルでの流動化は、大学の活性化に有効に働くと考えられる。そこで、各大学、特に国立大学に、一定比率で流動教員枠を定めて、そ

の教員枠に他大学教員（特に私立大学教員）を任期を限って任用することにする。その際、他大学教員の本籍は元の大学に置き、他大学出向期間は、その教員枠を任期性教員採用枠に転用する。このシステムをすべての大学で実行すれば、教員身分の不安定さが排除されるから、教員の流動化を自然に期待できる（本書 I-3-1 参照）。

(3) 大学教員の種別化

　大学の種別化が文部省筋では強調されているが、それよりは、大学教員の種別化の戦略のほうが、大学問題の解決としては弊害が少ないのではないか。大学教員の種別化とは、大学教員評価を多様化させ、それぞれの評価に対応する大学教員職がありうることを、社会的に承認させることを意味する。どの評価システムに対応する教員職を選ぶかは、大学教員の自主選択に任せる。そのような多様化した大学教員職システムの中で、大学教員の任期制システムを導入すれば、万事は機能するのではないかと思われる。

(4) 任期制の前提として FA 宣言

　任期制が機能するためには、報償制度を変えなければならない。任期制トラックを選択する場合には、報償を FA 宣言した野球選手並みに、1年で10年分の俸給を提示するようでなければ、魅力がない。

参考文献
　有本章・江原武一編『大学教授職の国際比較』玉川大学出版部、1996年
　ウイリアム・K・カミングス『日本の大学教授』至誠堂、1972（昭和47）年
　マイケル・ギボンズ（小林信一監訳）『現代社会と知の創造』丸善ライブラリー、
　　1997年（原著 1992）
　高等教育研究所「大学ビックバンと教員任期制」『高等教育研究』3、青木書店、
　　1998年
　佐藤純一「大学の危機を救うか　教員任期制」『論座』1997年11月号
　新堀通也『日本の大学教授市場——学閥の研究——』東洋館出版社、1965（昭和40）年
　寺﨑昌男『大学の自己変革とオートノミー』東信堂、1998年
　常葉豊、文部省高等教育局学生課編『大学と学生』・特集[大学教員の任期制]

1997（平成9年10月）
E.L. ボイヤー（有本章訳）『大学教授職の使命』玉川大学出版部、1996年
民主教育協会「教員任期制問題」『IDE』No.374（1996.2-3）
山崎博敏「研究者のモビリティー」『学術月俸』日本学術振興会、1998・9
山野井敦徳『大学教授の移動研究——学閥支配の選抜・配分メカニズム——』
　東信堂、1990年
リクルート「任期制をどう思う」『カレッジマネジメント』No.76（1996.1〜2）

I-5　一般教育学会から大学教育学会へ

　戦後の日本の大学は、一般教育をめぐって混乱を続けた。その渦中にあって、日本の大学教育の方向を示唆してきた「一般教育学会」の存在は重い意味をもっている。日本の大学問題を俯瞰するためにも、「一般教育学会」の意味を考察することは重要である。以下、その足跡の一端を述べておきたい。(大学教育学会　2004参照。)

1　一般教育学会設立の意味

　一般教育学会は、日本における高等教育研究に関する学会としては、歴史上初めての組織である。この種の学会はとかく教育学研究者の研究発表の場になりがちだが、一般教育学会はそれと異なり、大学教育の現場の教員を主な会員とし、彼らに対して教育実践と研究の交流の場を提供し続けてきた。このような学会が25年間続いたことは、逆説的に日本の大学教育の困難を象徴している。それとともに、その困難にめげずに真摯にその困難を自主的に担おうとする群れが存在し、このような学会を支えていることは、特筆に値する。ちなみに、現在の学会員数は約850名である。

　一般教育学会は、全国の国立大学教養部関係者を中心とする各地域「大学一般教育研究会」を母体にして、その設立準備会(代表・杉山逸男日本大学教授)が1979年7月20日に大学基準協会会議室で開かれ、同年12月8日に東京農林年金会館で設立総会がもたれた。初代会長は扇谷尚大阪大学教授(当時)であった。設立準備会は、各地域「大学一般教育研究会」の代表で網羅されていた。すなわち、その大部分が国立大学関係者で、わずか5分の1が私立大学関係者であった。しかし、最近の一般教育学会の役員を見ると、国立大学系が3分の1で、比率が逆転している。さらに、当初は東大をはじめとする主要国立大学のすべての関係者が設立準備会に名を連ねていたが、現在では主要国立大学関係者の名はほとん

ど役員名簿から脱落している。なぜ、このような非本質的ともいえる経緯からこの学会の意味を説き起こすのか、読者はもどかしく思うに違いない。しかし、この簡単な歴史的事実に、すでに日本の大学の問題性が現れていると考えられる。

　その本質的一点を挙げると、日本の新制大学問題は一般教育問題であったが、それが教養部問題に矮小化されてきた、ということに見られる。教養部問題とは、専門学部に対する教養部の相対的階層制への怨念の象徴である。すなわち、教養部問題とは教員の利害の問題で、必ずしも教育問題としては展開されなかった。したがって、教養部問題が大学教員の関心事であった時代には、主要国立大学関係者は一般教育学会に関心をもつことができたが、一般教育への期待が消失したときに、彼らの関心は一般教育学会から離れたのである、とこういえば過言であろうか。日本の大学の大衆化が進展するに伴い、その大波をもろにかぶった私立大学関係者のほうが、一般教育に関心を持ち続けざるをえなかったのである。このことは、学会名を「大学教育学会」に改名する論議の底流に潜んでいた問題であることに、注意しておきたい。

　しかし、一般教育学会創立の理念は、いうまでもなく「教養部問題」が中心ではなかった。『一般教育学会誌』創刊の辞は次のように述べている。

　　「一般教育は戦後の新制大学の発足と共に導入されて以来、つねにそのあり方を問われてきた。一部には一般教育の改革が試みられて効果をあげているものの、全般的にみれば、一般教育の基本的方向がなかなか決まらず、実践が形骸化し空洞化した。こうした状況のなかで、改めて一般教育の本質を探求し、その教育実践を客観的普遍性と体系性をもったものへ高めたいとの切実な願望を込めて、一般教育学会を設立させた。一般教育学会の「使命」(括弧は筆者付加)は次のものと考える。第一は一般教育に関する研究、第二は批判的分析とヒューマニズムの精神に立脚する学習を展開する装置としての一般教育担当機関の強化、第三は人間の偏狭を解放する一般教育

の恩恵を社会に拡大する、ことである」(扇谷 1980)。

これを読むと、およそ冷徹な学会の創設の言葉とは思えない。そこには思想があり熱情が秘められている。しかり、一般教育学会の創設は「使命」に基づくものとして、少なくとも初代会長には認識されていた。そしてそれに同感する少数の大学教員の群れがそこにあった。そしてミッションが一般教育学会25年の歴史を支えたのである。歴史は逆説的である。このミッションが、学会名を改称することで鮮明になるのである。

2　学士課程教育の推進

一般教育学会25年間の成果については、一般教育学会 (1997年) と大学教育学会 (2004年) に総括的に記録されている。それを手がかりに、創設から今日までの一般教育学会の活動の跡を多少たどっておこう。

一般教育学会は、研究のそれぞれの段階で課題設定を行い、共同研究を推進した。それらの「課題研究」は次のとおりである。

第 1 課題研究：高等学校指導要領にかかわる大学教育の問題
第 2 課題研究：大学教育における論述作文、読書及び対話・討議に
　　　　　　　関する意味づけと方策
第 3 課題研究：総合科目・総合コースの研究
第 4 課題研究：Faculty Development の研究
第 5 課題研究：Undergraduate 教育 (学士課程教育)
第 6 課題研究：大学の自己評価の方法
第 7 課題研究：一般教育実施の組織・制度の在り方
第 8 課題研究：FD 活動の具体的展開
第 9 課題研究：学生の自己教育
第10課題研究：大学教員評価
第11課題研究：外国語教育の改革
第12課題研究：　単位制度の運用

それらの「課題研究」のテーマは、日本の大学が抱える問題の核心を射るものであった。

以下において、学会名改名に深く関係する第5課題研究(学士課程教育)について、若干の付言をしておく。

一般教育学会の目的は一般教育の研究とその発展を期することである。一般教育に関する実験的試みの提示を基礎にして、一般教育そのものの理論的考察が活発に行われた。そのような研究から、一般教育学会の活動を総括するようなコンセプトの展開がいくつか見られた。その一つが「学士課程」または「学士課程教育」という言葉の創出である。

これは、英語のundergraduateに対応するようであって、同一ではない。含意としてはむしろ"liberal arts education"に対応する。従来の日本の大学教育は「学部教育」という言葉で表現するしかなかった。しかし、「学部教育」とは専門学部を前提にしていて、undergraduateには対応しない。「学士課程教育」は「学部教育」に対置させた言葉で、これにより日本の大学教育に新しい視野を開くことが意図されたのである。この言葉の背景には、一般教育の理念と独自性の追求が、必然的に大学4年間の教育の総体を問うことなしには行えないという認識があった。すなわち、一般教育を大学設置基準の制度の枠内に限定するのではなく、「人間形成理念のもと、大学教育総体のなかにそれを位置づけ、専門教育と関連づける」ことによってのみ、一般教育理念はその実体を示すことが可能なのだ、という主張を示すものである(一般教育学会 1997:66)。

一般教育は学士課程教育の部分として位置付けることがほぼ定着しているが、そのような常識を破って、一般教育が学士課程教育を包含する、または一般教育が学士課程教育である、とまで主張されるポテンシャルをもつコンセプトが「学士課程教育」である。しかし、このコンセプトは日本の大学界に広く浸透するまでにはなっていなかった。最近になって、大学審議会・中央教育審議会答申に「学士課程」という用語が記載されるようになり、一挙に用いられるようになった。しかし、その使われ方は誤解を含み、依然として日本の大学は、「学部教育」の亡霊にと

らわれたままである。

　大学審議会の動向については、一般教育学会は常に重大な関心を寄せていた。特に大学設置基準の大綱化の方向については、一般教育学会は上述の「学士課程教育」の視点から、積極的に大学審議会に意見書を提出し、その審議の方向に一定の影響を及ぼした。大学審議会は、一般教育学会の意見にもかかわらず、大学設置基準上は「一般教育」という科目区分を抹消することを提案した。しかし、大学審議会の答申では、「一般教育」を完全には死語にしなかったところに、一般教育学会の意見書の効果が読み取れる。すなわち、「教育上の必要に応じた適宜の名称で授業科目を区分」することを認め、「従来のように、大学で開設する授業科目を専門教育科目、一般教育科目、等に区分することも可能である」としたのである。そして、新大学設置基準に「教育課程の編成に当たっては、深い教養を涵養するよう配慮しなければならない」(第19条)と記述されたことは、一般教育学会の運動の成果であった。「国の行政に対するそのような対応の仕方は、わが国の学会にはほとんど前例を見ない」ことであった(前出10ページ)。そのようなことができたのは、この学会がミッションによる運動体であったからである。にもかかわらず、日本の大学教育において、「一般教育」の死語現象が、大学設置基準の大綱化以後急速に進行するのであった。このことが、一般教育学会の改名問題の一因となる。

3　一般教育学会から大学教育学会へ

　大学設置基準の大綱化の問題は、一般教育学会の在り方、特に学会名の改称問題を加速した。上述のように一般教育学会の課題は、狭義の一般教育問題に限定できない。一般教育学会の英文名は The Liberal and General Education Society of Japan であることからも推察できるように、設立理念自体が学会の研究課題を狭義の一般教育に限定させないものであった。したがって、学会名が「一般教育学会」であることの問題性は、学会の創立時から潜在していたといわざるをえない。しかし、改名問題

が現実化するのは、大学審議会が大綱化答申を出す頃からである。

　1992年6月の学会理事会以来、学会名称問題をめぐって多様な論議が学会において交わされた。その論議の内容は、まさに日本の大学問題の総体を問うものとなった。一般教育学会の改名論議は、日本の大学教育を問い、その将来像を探求する、という本質的論議を巻き起こしたのである。したがって、改名が実現するまでに5年の歳月を要したのは当然のことであった。

　学会名改名論議の総体から浮かび上がってきた大学像とは、何か。必ずしも集約されてはいないが、そのなかで注目すべき視点が提示されている。すなわち、現代の大学教育の課題は、「近代産業社会の病理を克服する」ことであり、その課題は一般教育の再建にかかっている。したがって、「日本の大学の将来は、一般教育を中心に学士課程教育全体を『教養学部』化する方向を促進し（大学院教育は独自に確立）、学士課程は文系・理系の区分を最小限にして共通の学問的基盤を形成するように努めるべきである」（前出327ページ）と。

　この視点は、最近の文部行政の方向と奇妙な類似性を示している。すなわち、文部省は、従来の学部教育を大学院にシフトして、学士課程をユニバーサルなものに転換しようとする政策を大学審議会へ諮問した（「21世紀答申」）。両者の考えの方向性は極めて類似しているが、はたしてその根底にある大学観まで共通かどうかは、慎重な検討を要する。というのは、前者の主張は、一般教育学会の改名に反対する根拠であったのに対して、文部省の政策は、一般教育については不明だからである。

　いずれにしても、一般教育学会の存在意義は今後ますますその重要性を増すと考えられるのであるから、学会名を「大学教育学会」に改名することは、一般教育学会の自己否定になる。時流が一般教育の破棄であるならば、あえて一般教育学会はその存立を貫き、日本の大学のあるべき方向を指し示し続けるべきではないか、という改名反対論が強力に展開されたことを、忘れることはできない。一般教育学会は一般教育を推進する運動体である。そのミッションの放棄につながるような改名はす

べきではない。この強力な改名反対論をふまえて、一般教育学会があえて改名に踏み切った、その論拠を提示しなければならない。

改名を提案した「(一般教育学会)在り方検討特別委員会」は、その最終答申で改名提案理由を次のように述べている(大学教育学会 1997)。

「一般教育学会の目的は、大学における一般教育に関する研究と、その研究成果によって一般教育の振興を図ることである(会則第2条)。しかし近時における一般教育学会の研究対象は、狭義の一般教育をこえて大学教育全体を対象とする方向に変化してきた。このことは一般教育の理念の否定ではなく、むしろ一般教育のパラダイムの変化と考えられる。特にこの傾向はいわゆる大学設置基準の大綱化によって促進されつつある。今後の学会の在り方は、一般教育理念の浸透した大学教育に関する研究活動とその振興を目的とするものに発展させることが、一般教育学会設立の趣旨に適うことである。一般教育学会創立に際して、その英文名を Liberal and General Education Society of Japan としたことにも表れているように、学会の研究対象は、単に大学設置基準で制度化された一般教育に限定するのではなく、大学教育の源泉となり、大学教育の中核として国により時代により変遷し、また変遷するであろう歴史的な実体としての『大学における一般教育』であった。したがって、『一般教育学会』の課題は必然的に大学教育の全体を問うことに発展するものであった。学会名を『大学教育学会』に改名することは、一般教育学会創立時の理念を再確認のうえ、大学教育の発展の趨勢に適応することでもあった。さらに、大学設置基準改正後、各大学における大学教育改革の進展に伴って、『○○大学・大学教育研究センター』(注・1996年4月『全国大学教育研究センター等協議会』が発足)、『○○地区大学教育研究会』(注・各地区大学一般教育研究会のうち、近畿地区、千葉地区、東海地区では『大学教育研究会』に改称) 等、『大学教育研究』を冠する組織が設置されつつある。それらの組織・機関は今後の一般教育学会の発展と深い関連をもつに至ることが予測される。そのよ

うな情勢の推移の背景に、大学の共通教育としての『一般教育』『教養教育』を中心課題とする『大学教育研究』概念が定着しつつあることを見ることができる。一般教育学会は、このような動向を積極的に評価して、日本における大学教育の意味を問い直す研究活動を展開する契機とすべきではないだろうか。そのために学会名を『大学教育学会』とすることが、『大学における一般教育』の理念を活かして大学教育を発展させる最善の方途であると判断する。」

以上の論拠に基づいて、学会会則における目的を次のように改定した。「本会は、わが国の大学教育、特に一般・教養教育に関して、研究活動の情報交換並びに研究成果の公表、利用、集積及び継承を円滑にし、併せて大学教育の一層の充実発展を図ることを目的とする。」

1997年6月7日、沖縄大学で行われた学会総会で、上記提案が可決され、一般教育学会は大学教育学会になった。

4　大学教育学会の課題

新しい大学教育学会は、大学教育研究のパラダイムを転換する。一般教育学会は、大学設置基準という枠組みを、その理念にもかかわらず、背負わねばならなかった。それゆえに一般教育理念が矮小化される危険がつきまとっていた。しかし、大学教育学会は自由である。先に述べたように、一般教育の理念は、大学設置基準上の枠組みを越えて、学士課程全体を視野に入れなくてはその本質を展開できない。したがって、狭義一般教育から自由になって、大胆に学士課程教育について研究ができる基盤が、大学教育学会の発足によって備えられた、というべきであろう。すなわち、大学教育学会の研究範囲は、狭義の一般教育からいわゆる専門教育の範囲にまで拡大する。

しかし、この自由はもろ刃の剣である。一般教育学会がもっていたミッションの継承が、はたして大学教育学会によって担われるであろうか。焦点が拡大することに伴い、一般教育学会の強烈なエートスはあいまいとなり、大学教育の技術論が先行するようにならないとは断言できない。

学士課程教育から一般教育の要素を排除すれば、もはやそれは学士課程教育ではない。「一般教育とともに実践的な一般教育運動も、すぐれて大学大衆化の要請である。そうした一般教育（教養教育）を肯定的課題とする研究・改革こそ、現代の正統と評価しうるものであろう」(前出328ページ)。大学教育学会は正統的発展を義務付けられた学会である。

5 大学教育学会のエートス

　学会名を「一般教育学会」から「大学教育学会」に改名してからはじめての「大学教育学会」大会が、1998年6月6〜7日に国際基督教大学で開催された。一方において、前年には「日本高等教育学会」が期を同じくするように創設された。両学会はそれぞれに個性を発揮していくことが期待される。両学会の個性はどのように現れるのか、早々に断定することは避けるべきであるが、それぞれが存在することの意味は、すでに現れ始めている。

　1998年度の「大学教育学会」大会の直前に、「日本高等教育学会」第1回大会が開かれている。そのプログラムを見ると、大学教育学会で議論されているテーマと同じものが見られる。例えば、「教育内容・カリキュラム」「教授法・教育実践」等。しかし、大学教育学会ではあまり論じられていないテーマが目立つ。例えば、「高等教育と経済」「高等教育と地域社会」「高等教育政策」等。別の言葉でいえば、「教育社会学の研究対象としての高等教育」が主たるテーマである、といってもよい。すなわち、客観的に大学教育問題を論究することが主流なのである。それに対して、大学教育学会における論題は、大学教育の現場からの発想に基づき、体験的である。現場から発せられた問いに実践的に答えようとすることが主流である。もちろん、両者を完全に区分することはできない。というよりも、大学教育学会の問題把握なしに、高等教育学会の議論は空疎になりかねないというべきであろう。もちろん客観的な研究は必要である。大学教育学会における研究も、客観性を欠いては、研究は深まらない。しかし、研究のための研究であっては、大学教育学会の論議に

相応しくない。この差の淵源は、大学教育学会が一般教育学会を原点にしているところにある。一般教育学会が何であったか、ということを忘れるならば、大学教育学会の真の発展はおぼつかない。

　一般教育学会を設立させた動機は何であったか。それは一般教育の本質を探求し、その教育実践を客観的普遍性と体系性をもったものへ高めたいとの切実な願望であった。先に述べた一般教育学会のエートスは大学教育学会に改名しても、変わらないことを期待したい。問われるべきは、大学教育学会が常に、このエートスによって貫かれているか、ということである。

　1998年度の大会の統一テーマは「21世紀の大学教育の創造」であった。なぜ「創造」がテーマなのか。それは、現実の日本の大学教育に対する絶望に由来する。国立大学の大学院重点化政策による学士課程教育の空洞化に対する批判でもある。初等中等教育から大学の教育に至るまで、人間の本質的な知の営みについての洞察を欠いた状況対応型の文教政策に対する抵抗の表現でもある。そして、最も深刻な教育目標の喪失に対する憂慮の表現である。人は何のために存在するか、という問いに真正面から答えることをやめた日本の教育全体に対するチャレンジである。大学教育学会は、このようなグローバルな課題設定をして、改称記念大会を開催したのである。大学教育学会の使命は重いといわなければならない。

参考文献
　一般教育学会『大学教育研究の課題』玉川大学出版部、1997年
　扇谷尚「創刊の辞」『一般教育学会誌』1、1980年
　讃岐和家「大学教育学会」(『現代の高等教育』1997年11月号)
　大学教育学会『新しい教養教育をめざして』東信堂、2004年

II 「一般教育」は死語か

II-1 一般教育の発想

1 「大綱化」という清算

　太平洋戦争の敗北を契機として、占領軍の実質的な指導に基づき発足した新制大学と旧来の大学を区別するコンセプトは、一般教育であった。しかし、一般教育は定着しなかった。一般教育の混乱を収拾できないままで、「もはや戦後ではない」という言葉を聞くような時代に入った。日本の大学も、もはや戦後の大学ではないというわけである。憲法を改正するように、日本の大学もドイツ的大学に戻れというのか（実は、戻るのではなく、ドイツ的大学の存在様式が継続していたことの確認なのである）。アメリカ占領軍の置き土産である新制大学も、清算されるときが来たということになった。

　新制大学というのは、一般教育の別名であった。一般教育ということが新制大学のアイデンティティであるべきであったが、それが清算される時期に来た。1987年に大学審議会に諮問され、その答申に基づいて、大綱化という清算が行われた。大学設置基準は、大学において一般教育を人文、社会、自然の各系列ごとに12単位ずつの均等履修を定めていた。それがだんだんと崩れていくが、それでも設置基準で一般教育を行わなければいけないことに変わりはなかった。I章でも述べたが、そのような大学設置基準の大幅な改革が、大学審議会の答申に基づいて1991年に行われた。これを大学設置基準の「大綱化」という。

　大綱化の基本の一つは科目区分の廃止であった。一般的にいうと、定

量規定から定性規定へ、つまり定量的に細かく決まっていたことを、性質として規定し直す、定性的にいい換えるということである。これは画期的な改定であったともいわれた。具体的には、科目区分が廃止されたわけである。すなわち、「一般教育と専門教育を教えること」とはいわず、「適切に教育課程を置かなければいけない」という表現になった（教育課程という言葉が大学設置基準にはじめて出てきた）。これにより、一般教育という公的な名称が設置基準から消えた（これは規制緩和の先駆けである）。この定性的な大まかな規定の下で、大学が自由に教育内容を考えることになった。それに伴って起こる質の低下は「自己評価」で対応せよ、という。自己評価と定性的という両輪によって、新しい大学設置基準の骨格が作られていた。

2 アメリカの一般教育「Iowa 報告」

日本において定着しなかった「一般教育」のモデルであるアメリカの General Education について、改めて認識しておこう。

General Education の古典としては、赤本といわれたハーバード大学の『自由世界における一般教育』が有名であった。それとは別に日本では、あまり注目されなかったが、「Iowa 報告」（玉虫 1953）が紹介されていた。これはアイオワ州立大学の教授有志の討論をまとめたものである。Iowa 報告は、General Education についてより直裁かつ具体的に記述されていて、参考になるところが多い。そのなかに次のような記述がある。少し長いが引用しておく。

「General Education とは、若い人々をして彼らの時代とその種族の普通生活に備えさせるものである。General Education は、個々の社会団体を特徴づけ且つ安定させるところの知識と信念の源並びに言語と思考の慣習を含むものである。それは一つの文化を統一するところの要素である。General Education は学生を家族の一員として、働く人として、市民として、いいかえれば円満で目的ある人間として、充実した満足ある生活をするように教育する。General

Education は各自の能力、興味、目的の相違を無視しない。またすべての人を同一の知的精神的型にはめこんだりもしなしない。それは、一般の利益と矛盾しないで個人が最大限に発展しうるように独創的才能を尊重し、かつ意見の相違は寛容を以って扱うことを薦める。しかし、それは同時に、思想あるいは行動に於ける偏りは社会の目的、標準、価値をわきまえぬことから起こるべきものではなく、むしろそれらに対する理解から起こるべきものであるという信念に基づいている。

この目的のために、General Education は若い人々に、彼らの生活がどんな習慣と政治的伝統によって支配されているかを知る機会を与える。効果的な読み書きの習慣を培うことによって、母国語に対する尊敬の念を助長する。批判的思考能力を発達させることによって、知的職業人たる能力を強化する。また昔からわれわれを悩ましてきた道徳問題を学生に提供し、われわれが考え出した解決を知らせることにより、今の世代が正しく且つ適切な感覚を持って自らの問題に処するであろうという希望を与える。General Education は立派な市民たることの本質を形成する態度と理解を徐々に浸透させようと努める。更に、General Education では、責任ある生活に必要な健全な身体の健全な精神ということに注意して、心身両者の健康を保つための実際的基本原理を教え、食事、睡眠、思考、運動が適切に行われることを奨励する。General Education においては、審美的感覚を鋭敏にすることによって、いろいろな表象の中に美を発見し、それを学生自身の生活の中に創造させるようにする。

General Education では、極く専門にわたる深奥な知識を取扱わないから、知識の先端における研究の細目や、専門家としての能力や思考法を養うことはその中にふくまれない。General Education の主唱者たちは専門教育、研究、或いは高等の専門的研究を非難することはしないが、しかし、それ自体は非常に立派なこれら専門教育の活動が、高等学校並びに大学における第一の仕事すなわち、若い

人々に如何に生きるかを教えることの責任をさけさせるようなものであってはならぬと考えている。彼等はもとより、少なくともある分野に於いて、特殊知識が加速度的に増大してゆくべきであるということに異存は無い。しかし、また彼等は新しい真理が発見されてからそれが一般大衆のものとなって、社会的に大きな意味を持つまでには非常な時日を要するものであることにも同意する。思慮ある人々は皆、目下の危機に於いて、知識を速やかにひろめることが生存に欠くことのできぬことであると考えている。General Education の擁護者は、速やかに増大してきた知識を広めることを、同様に熱心に力説している。

　General Education をこのように定義する場合、従来の高等普通教育（リベラル・エジュケーション）の定義に伝統的に用いたと同じ言葉、同じ句を使うので一体何故特別に General Education という言葉を使う必要があるのかとたずねる人があるかもしれない。これには大きな理由がある。教育はその初期の概念が純粋に自由なものであったが、今では変わってきて、リベラルアーツ・カレッジに於ける教科課程は非常に広範囲に、医学校や法律学校のように専門化されてきている。高等普通教育の元来の目的、即ち自由社会で他の人々と共に自由生活を営むのに備える、という目的は専門的職業的訓練の陰になってしまった。リベラルアーツ・カレッジは心理学者、化学者、音楽家等の養成に没頭して、自由人の教育を閑却してきている観がある。それはモンテーニュが「教育の目的は学者をつくることではなく人間をつくることである」といったことを実現していない。「人間をつくること」、それこそは General Education の仕事である。以上の理由によって、高等普通 (liberal) の代わりに一般 (general) を用いることは、もしそれが、教育の専門化が普通になるにつれて過去半世紀に亘って次第に見失われてきたところの人間価値の復活に対する緊急の要請に、教育者の注意を集中させるものであるならば、おのずから正当であることがわかるであろう。」

さらに、Iowa 報告は、General Education と社会との関係を論じている（Ⅱ-2-2参照）。結論として、General Education は伝統的高等普通教育を包摂するが、それと同義でない、ということである。

3 一般教育と高等普通教育

さて、「一般教育」は General Education の訳とされている。実はこの訳は誤訳である、という説がある（舘 1992）。すなわち、アメリカにおける大学の General Education の内容は、日本における「高等普通教育」（専門職業教育に対比した普遍的教育）に対応する、という。その論旨を要約すると以下のようになる。すなわち、「学校教育法」には普通教育の目標を次のように記述している（要約）。

学校教育法（18条 小学校の目標）が定める普通教育：
(1) 人間相互の関係の理解と協同、自主・自律の精神の涵養
(2) 国家についての理解と国際協調の精神の学習
(3) 日常生活のための理解と技能
(4) 国語の能力
(5) 数量的関係の理解と処理
(6) 自然現象の科学的理解
(7) 心身の調和的発達
(8) 芸術の理解と技能

さらに、高等学校の教育は、普通教育を心身の発達に応じて高度化する高等普通教育である、としている。すなわち、目標は上記と同じである。

アメリカにおける General Education の目標は前述の Iowa 報告によると、以下になる（要約）。

General Education の目標（Iowa 報告）
(1) コミュニケーション（表現と理解）
　言葉及び数による効果的な意志伝達の習慣を養うこと。
(2) 思　考

正当な判断に至らせる熟慮の習慣と推理の過程を養うこと。
(3)　倫理的行動
　　倫理の規定と一貫した人生哲学を学生が発展するのを助けること。
(4)　美の観賞
　　美的感覚を増し、美を創造する意欲を増大させること。
(4)　身体と精神の健康
　　心身の健康に必要な習慣を養うこと。
(5)　良き市民たること。
学生をして市民としての責任に備えさせること。

　上記を比較すると確かに日本の（高等）普通教育の目標と Iowa 報告の提示する General Education の目標は極めて近似している。にもかかわらず、日本の大学は General Education を高等普通教育とは異なるものと考えて苦悩してきた。しかし、いまや「日本の大学は、大綱化によって一般教育という、世界に、そして実はアメリカにさえ存在しない教育の義務から解放された」と舘はいうのである。もっとも、そのことは「世界的に普遍的な高等普通教育の義務から解放されたわけではなく」、むしろ、大学において高等普通教育を充実させなければならないことになった、と主張されている。ここで「日本の大学は、一般教育という、世界に、そして実はアメリカにさえ存在しない教育」といわれている事態は、日本の新制大学における「一般教育」の実践にかかわる内容を指しているのであろう。
　日本の新制大学は、「一般教育」という課題を、旧制高校の教養主義で実体化しようとした。すなわち、「一般教育」を「一般教養」と読み替えたのであるが、そのような生半可なことでは、「一般教育」を定着させることはできなかった。そこで生まれたのが、「総合科目」の開発ということであった。そして、いわゆる「一般教育と専門教育の有機的統合」という命題を前に苦闘することとなった。このような事態は、特殊日本的であって、アメリカの General Education では取り上げられてい

ない。すなわち、日本の大学は、「一般教育」という魔物を勝手に想定して、苦しんでいた。そういう桎梏から解放された、というのである。

私の疑問は、General Education は日本における高等普通教育と同義であるのか、ということである。すなわち、「一般教育」は高等普通教育と同義であるのか、という疑問である。確かに、General Education は高等普通教育の内容を含む。しかし、高等普通教育といいきれない特殊アメリカ的状況がかかわっていることを看過してはならないのである。その特殊アメリカ的状況が、実は、General Education すなわち、「一般教育」の特性を表している。そこに、「一般教育」が固有のコンセプトとしての根拠があるのではないか、ということを以下において主張したいのである。

4　思想の貧困

国際基督教大学（以下 ICU と略記）は、1953年に日米の協力の下に4年制の教養学部として発足した。その当時もいまも、教養学部は、専門学部中心の日本の大学のなかでは十分な評価を得てはいない。某著名大学教授が、教養学部は女子教育には結構だが、などと差別的発言をしているのを耳にしたことがあるが、その程度にしか教養学部は理解されていない。また、国立大学におけるいわゆる教養部改組において、それを教養学部にすることは稀であったことを見ても、教養学部に対する認識が不十分であることがわかるのである。私は、このような事態に、日本の大学人の思想の貧困を見る思いを禁じえない。現在ますます顕在化しつつある国際社会における日本をめぐる軋轢の真の原因が、そのような思想の貧困にあることを、深刻に認識すべきであろう。そして、日本人の思想の貧困が、「一般教育」を日本に定着させなかった最大の理由でもあるのである。

ICU における教養学部はアメリカの college of liberal arts をモデルにしたものである。ただし、それは古典的教養教育を目的とするものではなく、「一般教育」を中核におく liberal education を目指すものとして

発想されたのである。もっとも、このような発想については、ICUの日米の教員間に、はじめから意見の一致があったわけではない。特に、旧来の大学観の呪縛から脱しきれない日本人教員にとっては、そもそも一般教育を考えるイメージは旧制高等学校教育にしかなく、一般教育を古典的教養教育と同一視する傾向が強く見られた。それに対して、米国人教員は、米国における General Education の一つの潮流に従った見解に立っていた。もちろん、後者も古典的教養教育を直接的に否定したわけではない。原理的にいえば、「社会は教養のある立派に教育を受けた男女を必要とし、個人の教養を深めることが意味のあること（Iowa 報告）」には違いがない。しかし、単に個人の教養の深化ということであれば、それは個人個人に任せればよいもので、ことさら大学教育において強調して取り上げることもなかろう、というのが多くの日本人教員の見解であった。それでは、米国において強調される General Education とは何か。特殊米国的ともいうべき General Education 理念を根源にさかのぼって認識しておくことは、極めて重要である。すなわち、米国における General Education の必然性を問い、それが日本においても適用性をもつのかどうかを考察しなければならない。

　米国における General Education といっても多様であって、その全貌を理解することは容易ではないが、その特徴を一言でいえば、それは共同体的（社会的）発想であったといえる。General Education の発想は現実の米国の社会的状況を無視しては考えられない。すなわち、米国は日本のように単一民族（注・この表現には問題がある。日本が単一民族国家である、ということは単純に肯定はできないが、そういわれているという意味での表記である）が大勢を占める国家ではなく、多民族から成る合衆国である。米国社会を構成する民族の数は主なものだけでも十指を超える。そして、それぞれが固有の宗教的背景をもっていることに伴う社会状況の複雑さは、日本人の類推を超える事柄であろう。いかにしてこの多種多様な人々が集まって一つの国家社会を形成するか、その問いが米国的民主主義の中心的課題である。民主主義は米国人にとって一つの必然であ

り、それゆえに教育もまた、それと不可分であらざるをえない。その事情は、Iowa 報告の次の一文に顕著に表われている。「民主主義の一つの本質的特徴は、それぞれの信仰目的を異にする人々が彼等のそうした差異を、社会のより大きな福祉の中において解消しようとつとめる、或いは彼等が少なくとも自分の信条を他に独善的に押しつけることを差控えようとする力と意志をもつことである」。すなわち、米国の人々にとって民主主義とは彼等が共存するために努力して維持すべきものとして発想されている。そうして、教育、特に General Education はそのような努力の現実でなければならなかった。「高等教育の必要性の主張は、教育のある者の方が無い者よりも政治的、社会的運命を遥かに賢明に律することができるという見解を代表する。中等教育も大学教育も自由社会の理性的で責任を重んずる市民の育成に関係している (Iowa 報告)」のである。

　アメリカでは、第二次大戦後の社会的変動に伴う大学の大衆化現象が、大学の在り方に少なからぬ影響を与えた。大衆化はエリート教育を不可能にする。現実に多くの低学力の学生を教育しなければならない。さらに、学生間の人種的宗教的差異が大きくなるにつれて、教育は当然にも物議をかもしやすい社会問題には目を閉じ、型にはまった学習以外は行わなくなる。教育が無表情になり、バイタリティーを喪失したのである。さらに、1960年代には国際社会における科学技術競争に遅れをとり始めた米国のあせりは、college education を大学院のための予備教育に変質させようとしていた。

　以上のような、事態のいっさいがっさいを引っ被って、米国における教育は発想され展開されてきた (讃岐 1981)。そして、college の教育は必然的に専門教育ではなく、「一般の教育」であらざるをえないのである。college of liberal arts は、そこにおける生活のすべてが、民主的社会におけるモデルとして意味付けられるようなものでなければならない。ICU も (米国人教員にとっては) そのように発想されていたのであった。Iowa 報告は次のように述べている。「一般教育は、若い人々をして彼等の時

代とその種族の普通生活に備えさせるものである。一般教育は個々の社会団体を特徴づけ安定させ、一つの文化を統一するところの、知識と信念の源を示すものである」。この言明には、多様化し、多くの生き方が拮抗し合っている不安定な現実社会の中で、いかにして社会的統一が可能であるか、そのために、教育はいかにあらねばならないか、という問いに対する苦悶がうかがえよう。そして、そこには強烈な統一志向が見られる。にもかかわらず、その統一志向はファシズム的動向と明確に区別されなければならない。すなわち、「General Education はすべての人を同一の知的精神的型にはめこんだりはしない。それは一般の利益と矛盾しないで個人が最大限に発展しうるような独創的才能を尊重し、かつ意見の相違は寛容をもって扱うことを勧める。しかし、同時に、思想或いは行動における偏りは、社会の目的、標準、価値をわきまえぬことから起るべきものではなく、むしろそれらに対する理解から起るべきである」と Iowa 報告は述べている。この発言に、われわれは一般教育なるものが liberal education を包摂しつつそれを越えようとする緊張を読み取らねばならない。一般教育はまさに現実世界の苦悶にかかわろうとするものなのである。

　「何が真であり、善であり、美であるかの試金石は最大多数の最大善たる主義に基づいた行為の結果の中に見出される」と Iowa 報告はいう。この発言を浅薄と笑ってはならない。彼等は次のようにもいう。「General Education の目標である善き生活の創造は、永遠の課題である。なぜなら、真なるものは何時の時代にもいつまでも定義されえないからである」と。General Education とはまさに、動的概念なのである。General Education は危機意識の表出であり、抵抗感覚であり、時代と共に変わりうる作業契機である。重要なことは、大学教育に関与するものが、力動的に事態にかかわるかどうかである。大学は、一般教育についてこの時代から問われている、という自覚があるのかないのかが問題なのである。

　以上において、General Education の米国における必然性の一面について概ね述べたが、一方、日本においての「一般教育」の必然性とは何

か。そもそもそのような必然性は存在したのであろうか。日本の場合は、一般教育は原理として外から導入され、設置基準による制度的枠組から出発した。すなわち、日本の場合は、一般教育の内的必然性は大学教員の間で十分に認識されていたとは思われない。大学は象牙の塔であり、虚学の殿堂であるべきとする19世紀のロマンチシズムに基づく大学観に生きていた大学教授たちは、米国におけるような社会性に傾斜するGeneral Educationの発想を、本能的に拒否していたのではなかったか。そして、米国と日本の社会状況の差異、特に普通教育のレベルの差異を無視したところで、米国のGeneral Educationで提唱された様々な方法を形式的に導入してみたのにすぎなかったのではなかったか。内的必然性をもたない教育が成功するはずもなく、戦後民主主義の空洞化とともに、日本における「一般教育」も30年にして空洞化してしまった。

しかし、われわれはこの結論に安易に同意するわけにはいかない。新制大学発足当時においては、日本に一般教育を導入する内的必然性はなかったとしても、現在においてもその事態が変化していないとはいえない。米国における社会性に傾斜するGeneral Educationの発想は、現代の日本において必然性をもつのではないか。米国型General Educationの直輸入ではなく、日本固有の「一般教育」が創造されることを、社会は要求しているのではないか。一般教育のエートスがわれわれの内に創造される時代的契機を、時代の徴の中に発見すべきではなかろうか。

5　没価値性のイデオロギー

アメリカのGeneral Educationに対応して、日本における「一般教育」が発想されなければならない。アメリカのGeneral Educationの発想は社会性への傾斜が強調されていた。しかし、現代の一般教育においては、その強調のみでは十分ではない。すなわち、一般教育は当然にも現代の学問的知的状況、特に科学の圧倒的影響下にある学問の在り方に、敏感に反応しなければならない。学問の極端な専門分化に対する危機意識は、一般教育の発想の重要な部分となるであろう。一般教育は一方では社会

的統一にかかわり、他面では学的総合に関与する。この「統一」と「総合」は互いにアナロジーであり、平行的である。現代の一般教育はこの両者を統合するものとして理念の展開がされなければならない。

　ところで、社会性における統一理念は、本質的には価値領域にかかわるものである。その視点からすれば、一般教育は価値の教育である。一方において、学問は価値から自由でなければならないという通俗的学問観が、日本では大学人のイデオロギーにまでなっている。この特殊日本的状況を突き抜けるところにこそ、一般教育の必然性が発見できるのではないか。

　科学の没価値性のイデオロギーの源は、そもそも何であったか。人々はマックス・ウェーバーの言葉を引用するが、それにも特殊な社会的状況がからまっていることを無視するわけにはいかない。それを無視して、原理化し教条化するところに問題の根源があるのではないか。

　一般教育は人間教育である。教育の目的は学者を作ることでも技術者を作ることでもなく、人間を作ることであると、Iowa報告でも述べている。人間教育であるならば、価値の領域にかかわらざるをえない。にもかかわらず、学問は価値から自由でなければならない、として、大学教育が価値の領域から手を引いた。そのような大学において一般教育が成立するはずがない。価値混在の世界で生きることを余儀なくされている学生の実存的要請に応え、虚偽を感知する青年の呻きを直観的に了解する資質を大学教員がもつことが要請されている。しかし、それにもかかわらず、大学における一般教育はカウンセリングではない。とすれば、大学における一般教育はどこに焦点を定めるべきであろうか。それは、学問の没価値性のイデオロギーを打ち砕くことにおかれなければならない。そして、その目的のためには、学問（科学）の本質に対する吟味が必要である。

　学問の起源とその変貌については、藤沢令夫が極めて示唆に富む発言をしている（藤沢 1980）。以下の考察の手がかりとして、藤沢の論稿の一部を要約してみたい。

「本来、自然のあり方と人間やその行為のあり方とのあいだには分ちがたい一体性があった。自然は人間の生や行為というものをその本質的な部分ないし契機として含まないかのような、なにかそういう冷たくよそよそしい外的な世界ではけっしてなかった。そして、世界・自然のあり方の探求と、人間の生き方・行為のあり方への探求とは、けっして別のことではなくて、両者は不可分のかたちで、単一の知を形づくるものであった」。したがって、結論を先取りしていえば、総合とはそういう事態であるから、そういう在り方を阻害する学問への批判として、一般教育の総合理念は具体的に表出されなければならない。

それでは、どのようにして、かの総合性は崩れたか。それは科学における根本的想定においてであった。「一つの問題は、主観と客観という思惟形式である。科学的思考においては、究極的なもの（実体）が想定されていて、それは永遠なるがゆえに、無変化であり属性がない。実体はさまざまな性質を担うものであるから、担い手なる実体はそういう性質（属性）から区別され、センスレスでありヴァリューレスであらねばならない。世界はそのような実体の結合によって説明される。そのとき、実体は主語で、属性は述語に対応させる方式で、ものごとを認識する型ができてしまった。すなわち、主語述語形式で世界は認識された。そして世界の基礎は実体（もの）であって、それ自体はセンスレス、ヴァリューレスでありパーパスレスである。このものの場所的運動として世界は記述される。このようなものの世界の強調により、物の世界と心の世界が相互に独立なものとされ、分裂した。さらに、この事態に重ね合せて思惟実体（自我、主体性）と延長実体（ものの世界）との対立と分裂がおこり、それが主観と客観との対立にすりかえられて、『没価値的』は『客観的』と同義になり、認識主体とか価値を優先する考えは主観的なものとしてしりぞけられるようになった」（藤沢 1980）。『客観的』という価値の迷妄にとらわれたのである。

さらに、もう一つの科学における根本的想定としての問題点は、部分と全体の関係、すなわち、シンプルロケイションの問題である。「もの

が時空空間のなかのここにあるという言明が、時空空間のほかの領域との本質的連関なしにも十分に確定した意味をもつことができる、ということを科学においては前提にしている。すなわち、科学者はひたすら当の対象の客観的あり方だけに全注意を集中する。その結果、局部照明のように、それまでおぼろげながらも見えていた周囲のものをすべて闇の中に沈めて、照明を当てた点のみをうかび上らせ、それについてのみ科学は言明する。しかし、このことは対象の本質が実は変貌した姿で与えられていることになるのである」(藤沢 1980)。科学は現象の物質的要素的な実体の振舞いを、主語述語形式で説明することができるところだけを取り出しているのであり、いわば、対象を科学が成立するように見るのである。「かくして、科学はひたすら当の対象の『客観的』なあり方だけに全注意を集中し、自然のあり方の探求から、人間の生き方、行為の在り方に関する事柄を切断してしまった。そこでは、事実(ものとその運動の世界)と価値(人間の主体的生き方の世界)は分裂し、sein は sollen を導かないのである」(藤沢 1980)。

6　一般教育のエートス

現代は以上に述べたような科学の世界の圧倒的影響下にあり、科学およびそれに基づく技術の黒い影はようやくわれわれの注目するところとなりつつある。大学における教育はそのことを無視してはならない、というのが米国的一般教育の発想の一つの帰結であろう。まさに、一般教育の社会性に傾斜する発想と学問性における発想は、科学批判、さらにはヨーロッパ的知そのものに対する批判をめぐって重なり合ってくる。すなわち、科学を成立させている没価値性の神話を打ち崩し、価値の領域に一歩踏み込むことにより、知の新しい在り方を模索し、学問と価値の分裂を克服することは、現代世界の要請でなければならない。一般教育の総合理念はここに現代的で具体的な契機を見出すのである。

一般教育が科学批判に契機をもつことは、必然的に大学の在り方全体に対する批判と、文化そのものへの批判を導き出さずにはおかない。す

なわち、一般教育は社会変革への指導理念を提示し、大学が社会とかかわりなく存続できると思いこんでいる大学教員の無思想性を批判するのである。真の一般教育理念に基づく教養学部は、大学改革への砦であるという自負を、大学教員はもつべきであろう。ICU が教養学部としてその存在を貫こうとしていることは、日本の諸大学に対する批判なのである。

かくして、科学は批判されなければならない。しかし、「科学の圧倒的力の前で二元論をただ否定してみたところで、それは観念でしかあり得ない」(藤沢 1980)。あるいは、科学はそのまま放置して、感性的世界や神秘的世界をただ強調してみても、それはロマンチシズムに終わってしまうであろう。科学批判は圧倒的に価値の領域にかかわるがゆえに、科学批判の原理的見きわめと同時に、それを根底において支える世界観、構想力、思想、そしてエートスが問われざるをえない。一般教育はまさにそれを問う。問われる主体は第一に教員自身であり、学生との共同体的応答がそこでは不可避的に求められるのである。そして、既存の学問それ自身の内にそのようなエートスを見出すことは絶望的である。一般教育を支える思想は、結局は超越的世界とのかかわりなくしては得られないであろう (絹川 1982)。

7 展望と課題

大学における教育は学問と社会が接する場であり、一般教育はその接点の実体を表わすものであろう。この意味で、一般教育は "It is a contemporary expression of the college's commitment to..." (Burkholder 1973) である。それでは、何への commitment でなければならないか、それが問題である。

エネルギー危機に直面して、先進工業国は次第に無規範的社会に傾き始めている。自由は減少し、共同体感覚は薄らぎ、人びとはアイデンティティを失いつつある。このような危機的徴にかかわりなく大学が存続できると考える人は、もはや多くはないであろう。来たるべき 10 年間に

社会が直面する物理的、社会的、精神的混乱が大学に深刻な影響を与えるであろう、という予感を誰もが感じているに違いない。われわれはこの事態に対応できる手がかりを発見しなければならない。どのようにして、この世界が無秩序なものではないということを、われわれは示しうるのか。それこそが大学の本質的課題ではないのか。急速に変化しつつある事態に柔軟に対応できる人材を、社会は必要としている。根無し草のようになりつつある社会は、はっきりと価値の所在を示しうる人材を求めている。大学はそういう人材を育成しているだろうか。このようなすべての問題は、一般教育に焦点を結ぶ。一般教育はまさに総合的対応なのである。

　そもそも教育とは技術的訓練ではない。もちろん、技術的訓練を一般教育の部分として含むことまで否定しているのではない。教育とは技術的訓練以上のものである。技術的訓練は、ただある目標に直接に必要な技術の修得になりがちである。すなわち、すでになされた決定とか、すでに与えられた目標を実行するにすぎない（これを工学的発想とよぶ）。しかし、教育の過程では、むしろ、そのような計画とか目標自体が検討され、評価され、修正されるものでなければならない。割り当てられたすべての仕事を躊躇も疑問もなくただ実行する人間を育てるのでは、教育にならない。したがって、大学における教育においては、大学の営み、学問それ自体が常に批判の対象であるべきだろう。学問それ自体が神聖であり善であり絶対であるというのは、今日ではもはやロマンチシズムである。時代の主要な問題とも無関係に、また市民としての批判的働きもなさずに、ただ実験するとか理論を立てること、いわゆる学問のための学問、すなわち虚学は、人間の自己中心的なエロスを基盤とする。一般教育は、悪しく学問を自己目的化することへの抵抗感覚の育成である。

　以上の視点から現代における一般教育の中核に、「科学批判」をおくことは、極めて本質的であり実践的である。「科学批判」においては、学問が相対化され、大学は社会と接点を切り結び、専門家と素人が対話し、未来の脱工業化社会への価値指向を模索する。かくして、一般教育

の総合性が「科学批判」において実体化されることを主張したい。

　専門教育においては直接的訓練のほかに、創造的衝撃的契機を与える要素がなくてはならないが、そういう契機や経験を専門家だけのものにしないところに、一般教育の一つの重要な役割がある。学問的原体験を素人に体験させることをとおして、その学問固有の事態を素人に了解させ、それを正しく評価し、その限界を直観せしめることが、科学批判を可能にする。そして、逆に、学問の場に素人の感覚を導入する道を開くのが一般教育である。

　一般教育は学問の現状況と深くかかわっているが、それは学問ではない。一般教育は学の統合たる普遍学の樹立を目指すものではない。それは思想である。総合理念とは、知の偏りに対する抵抗感覚である。知そのものが偏りであるという直観であり、臭覚である。したがって、一般教育は伝統的学問によっては定義できない。それは、むしろ、未来において必要とされる精神の質において定義されなければならない（Kauffmann 1981）。

　一般教育は、第一に、教員の思想を問う。1969年を頂点として大学に吹き荒れた嵐の後、大学がそのエートスを失ったのはかかる意味において必然的であった。現在において、一般教育を論ずるエートスは何か。「一般教育においては、教員自身が常に人間の根源的問いと格闘し、それについて新鮮な驚きを学生と共有するような存在でなければならない。"to teach students is a liberal education" でなければならない。こういう意味において、一般教育はまず第一に教員自身の問題であるという認識が重要である（絹川編 1980）。したがって、一般教育は大学教員自身のためのものである。教員自身が己の生存をかけて価値の領域にかかわらねばならない。大胆に罪を犯さねばならない。そこではじめて一般教育における総合の理念は実体をもつであろう。

参考文献
　絹川正吉（編）『なぜ一般教育か』ICU 一般教育シリーズ6、1980年

絹川正吉『一般教育における総合の意味』ICU 一般教育シリーズ12、1982年
讃岐和家「最近のアメリカにおける一般教育の動向」『東北学院時報』、1981年11月
舘昭「アメリカ大学一般教育再考」『IDE』No.340、1992年
藤沢令夫『ギリシア哲学と現代』岩波新書、1980年
Iowa University, 1948, *Toward General Education*（玉虫文一訳編『現代市民の育成と大学』丸善、1953年）
J. L. Burkholder, 1973, *The validity of general education*, Goshen College Bulletin, October
N. L. Kauffmann, 1981, *Toward 2000*, Goshen Colleg Bulletin, March

II-2 「一般教育」の終焉と展開

1 「一般教育」50年の総括的視点

　新制大学発足より1969年までの、「一般教育」問題に関する経緯は、海後宗臣・寺﨑昌男(1969年)および大学セミナーハウス(1989年)、絹川正吉(1995年)に詳しい。それによると、新制大学における最も中心的な問題は、「一般教育」問題であったことがわかる。その「一般教育」問題とは、その対である専門教育との軋轢であったといっても過言ではない。したがって、新制大学50年の経過において、「一般教育」問題を総括する視点は、「一般教育と専門教育の相克」とならざるをえない。このことは、敗戦後日本の大学にとって不幸なことであった。

2 新制大学の構造

　問題を錯綜させた大きな原因が、新制大学の外部構造にあったことを、まず注意する必要がある。占領軍の指導で始まった戦後学制改革の結果、旧制度の「小学校6年・中等学校5年・高等学校3年・大学3年」が「小学校6年・中学校3年・高等学校3年・大学4年」の新制度に改められた。つまり、旧制の中等学校の一部が新制高等学校に、旧制高等学校の一部が大学に移り、旧制大学最後の一年が切り落とされた。戦前の学制では、高等普通教育(人間教育・全人教育・リベラルアーツ)は(旧制)高等学校で行われ、(旧制)大学には主として高等普通教育修了者が進学した。

　新制大学は、そのような(旧制)高等学校を大学の一部に取り込み、それを教養部として「一般教育(高等普通教育)」を担当させた(新制大学には、旧制専門学校等も吸収されたので、事情はさらに錯綜した)。このことが「一般教育の問題を日本の大学へ複雑なかたちでもちこむこと」(海後・寺﨑 1969)になったのである(ただし、上記で「一般教育(高等普通教育)」と記載することには、問題があるが、事情を単純化するために、このようにとりあえず記述しておく。前章参照)。

3 大学設置基準に守られた「一般教育」の侵食

大学設置基準によって、新制大学の骨格は定められた。「大学設置基準」は、はじめは占領軍民間情報教育局の指導に基づいて、諸大学協議機関である「大学基準協会」の「大学基準」として登場した。しかし、それはやがて（1956年に）文部省令として絶対的拘束力をもつ「大学設置基準」になった。それにより、学生は一般教育科目を、人文・社会・自然の3系列から均等に、合計36単位（卒業に必要な単位数は124単位）修得することが義務付けられた。

さて、ここから問題が発生した。この制度では、専門教育にあてる単位が不十分になる、という批判である。工学部系にこの批判が特に強かった。この批判に対して、「旧制大学の観念を捨てろ」と大学基準協会の担当者は主張したが、大学のイメージを変えることは至難であった。

さて、「一般教育」36単位制度に対する批判は、政・財界から極めて早期に提示されている（海後・寺﨑 1969：第7節）。その論旨の代表は、「大学教育の充実を専門教育の効率化、強化」とせよということであった。そして、その具体策として、一般教育科目の一部を、専門学科科目の基礎的科目で代置することを提案していた。この考えは、後に（1956年）、「一般教育科目の単位のうち、8単位に限り基礎教育科目の単位で代えることができる」という設置基準規程として実現した。新制大学発足7年で、新制大学の基幹とされた「一般教育」の専門教育による侵食が始まったのである。

「一般教育」への侵食はさらに続く。すなわち、1963年の中央教育審議会答申に端を発した懸案が、大学紛争の余波を受けて、「一般教育」にかかわる設置基準の改定として1970年に行われた。すなわち、人文・社会・自然の3分野均等履修をゆるめ、「総合科目」の開設も認め、「一般教育」36単位のうち12単位までを外国語科目、基礎科目、専門教育科目の単位で代えることができる、とした（大学セミナーハウス 1989）。そして、その究極は、1991年のいわゆる大学設置基準の大綱化である。これにより、設置基準上の科目区分としての「一般教育」は消滅した。

この改定の背後に、政財界の意志が強力に働いていたことは、新制度初期の状況と変わらない。

4 一般教育は専門教育の対立概念か

　戦後日本で問題になった「一般教育」は、日本固有である。というのは、前述のように、新制度大学基準を定めるときに、「一般教育」のモデルとされたのは、ハーバード大学のコナント報告書といわれている『自由社会における一般教育』であるといっても過言ではない。それには、「一般教育は互いに関連をもつ有機的複合体を評価判定することによって、専門に意義と目的を与えるのに役立つのである。であるから、それは、ある程度、あらゆる専門教育のうちにみなぎっていなければならないのである」と述べられている。このような一般教育であれば、専門教育のよき伴りょであるはずである。日本における「一般教育」が、上述のように専門教育にとって阻害原因であったということは、コナントの主張する一般教育ではなかった、ということになる。

　ではコナントのいう一般教育とは何か、を理解しなくてはならない（山本 1950）。

　　「一般教育と専門教育との差異は、先ず両者の目的の差異に見いだされる。一般教育はヒューマンなものまたはシティズンに関するものであり、専門教育は結局は職業的なものに関連するものである。両者のコースの相違は、科目の名称によるのではない。方法と目的又は観方の相違に因るものである。即ち同じく「歴史」と呼ばれる科目でも、教育の目的と方法によって、一般教養科目ともなり、又専門科目ともなるのである。一般教育の目的は次の四つの能力を培養するにあるともいえる。(1)効果的な思考の仕方（effective thinking）を教える。(2)意志、感情、情意の伝達、発表の作用（communication）に習熟させる。(3)総合的相対的な思考による判断（making of relevant judgement）を学ぶ。(4)価値判断の決定（discrimination among values）を学ぶ。以上の四つの項目も結局独立的に個々別々に考えるべきでは

なく、それぞれが互いに依存して成立するもの(coexistent function)である。ところで、ここで第一項の effective thinking を考察してみると、これは自然、人文、社会の科学の三系列においては、それぞれ次の如く養われるのである。極めて簡単にいえば、自然科学においては主として logical な、社会科学においては relational な、人文においては imaginative な考え方が養われる、といえよう。一般教育は、専門教育の幹となり、これを強める。逆に専門教育も一般教育を強めることを重視すべきである。一般教育は、一つの全体的な総合的なものである。即ち専門教育に目的を与える立場をとっている。」

このような一般教育を、日本では専門教育の立場から否定的対応したとすれば、日本の大学人は知性的でなかった、といわなければならなくなる。日本の「一般教育」は、結局コナントが期待した一般教育を達成できなかったのであろうか。

5 日本の「一般教育」のねじれ構造

日本の「一般教育」の不幸は、本節のはじめに述べた新制大学における教養部問題に始まる。そもそもアメリカ起源の一般教育は、アメリカにけるリベラルアーツ・カレッジにおいて展開されたことである。その論が、日本の新制度に導入されたとき、ねじれ現象が発生した(後藤1980)。すなわち、新制度であっても日本の大学は、旧制度を引き継いで専門学部組織のままであった(一部に例外はあった)。すなわち諸専門分野が大学を縦割りに割拠していた。この構造は、諸専門分野がいわば同居している構造をもつアメリカのリベラルアーツ・カレッジと全く異なるものであった。そこにアメリカ型一般教育を押しこめようとしたために生ずるねじれを、教養部という組織で吸収させたのである。しかも、旧制高等学校・専門学校教員を教養部に封じこめ、一つの大学の中に歴然たる階層組織を出現させてしまった。これによって、日本の「一般教育」問題は、教育論からはみだして、専門学部教員と教養部教員の階級闘争に転質してしまった(この闘争は、後述の大学設置基準の大綱化により、

一般教育論を虚空に放り出して、霧散することになる)。

6 教育改革運動としての「一般教育」

　一般教育とは何か、ということは論争的テーマである。アメリカでは「一般教育とは大学カリキュラム論の空き部屋である」といわれている。専門教育の限界に対する批判的教育コンセプトを、すべて「一般教育」と名付けられた部屋に放りこんでおくのである。また、「一般教育運動」とアメリカでいわれるように、一般教育とは、大学教育の改革運動のコンセプトとして機能していた。したがって、一般教育という用語にこめられた意味合いは、既存の教育システム等に対する批判的「改革運動」ということと、その改革の結実としての、例えばカリキュラム等に制度化された事柄を表現することとの二面性があることに注意する必要がある(小林 1980)。後者だけに注目するのでは、事態の本質は理解しがたい。そのような混乱は、新制度導入時から続いてきた。

　一例をあげれば、大学基準協会が「一般教育」のバイブルとして1951年に公刊した「一般教育研究委員会報告書」である『大学における一般教育』(大学基準協会 1951) は、コナント報告書の基調に準拠していたと見られる。しかし、同報告書のなかで、一般教育のコース編成方法の記述は、アメリカで歴史的に登場した各種の方法 (概観法、事例法、歴史的方法、古典法) を同等に併記している。これは珍妙である。例えば、そこで方法の一つとして「古典法 (Great Book Method)」が示されているが、これはシカゴ大学のハッチンス学長がかつて提唱した一般教育の方法で、そのインテレクチュアリズムへの過度の強調から古典帝国主義と批判されたものである。特にコナントはハッチンスの立場に明確に批判的であった。相互に批判的であった各種の方法を無批判的に併記するところに、当時の関係者の一般教育理解の限界がかいま見られる。そのような無理解は、それぞれの主張が、特定の大学教育文化の下で主張された事柄の成果を、普遍化して受容した結果であると考えられる。

　そもそもコナント報告書も、当時のアメリカでの政治的・文化的状況

のなかで主張されたことである。特にその具体的場面は、1940年代のアメリカの政治的課題、すなわち「少数者の質的優位を認めるジェファソニアン・デモクラシーと多数の平均の水準を引き上げようとするジャクソニアン・デモクラシー」を同時に追及するという課題であった。その可能性をコナント報告は人間性(human nature)に求め、それに基づく教育論を展開したのである。もちろん、その主張に普遍性があることは認めなければならない。しかし、それがそのまま政治的・文化的状況の異なる日本で有効であるとは限らない。日本が学ぶべきだったことは、一般教育が改革運動のコンセプトであり批判的視点を含んでいたことである。日本の戦後大学改革が、帝国大学を中心とする戦前の日本の教育制度に対する批判としての教育運動であったならば(そのような言論が少数者の間に見られはしたが)、あるいはその運動コンセプトは「一般教育」という形とは異なったものになったかもしれない。

7 「一般教育」から「学士課程」へ

　海後・寺﨑(1969)は、その論稿の結論で次のように述べている。「日本の大学が一般教育の課程を必ず設けるようになったことは、日本の高等教育史の上から見て、画期的な意義をもつ事実であった。新制大学の歴史的意義を、高等教育がより多くの国民に開放され、国家のための高等教育から国民のための高等教育に転換された点に求めるとすれば、『市民』育成のための一般教育の導入は、新制大学理念を現実化するための中心的改革であった。この意味では一般教育を、新制大学のいわば"光源"と評価し、ここに人々の希望が託されていた戦後初期の認識は、今ふたたび確認されるべきであると考える」。しかし、"光源"は消えた。そして、「一般教育」の光芒にかかわりなく、大学は圧倒的な勢いで大衆化した。

　この事態に対応して、大学審議会答申「21世紀の大学像と今後の改革方策について(1998年10月)」は、当面の学部教育改革の焦点を、「学士課程」(本書Ⅲ章参照)というコンセプトで総括する内容にすることを提唱している。しかし、そこには「一般教育」終焉の経緯に基づく経験から学ぶ

形跡は見られない。「一般教育」を終焉させた原理的理由の一つが、専門学部とリベラルアーツ・カレッジの構造のねじれにあったことについての洞察は見られない。したがって、再び、専門学部と「学士課程」とのねじれ現象が再発するのか、帰趨は定かでない。答申は「学部教育では、教養教育及び専門分野の基礎・基本を重視し専門的素養のある人材として活躍できる基礎的能力を培うこと、専門性の一層の向上は大学院で行うことを基本として考えていくことが重要である」と述べている。そうならば、「学士課程」の (専門) 学部との「ねじれ現象」はもはや杞憂にすぎなくなるのか。ねじれ構造の下での階級闘争は、アンビバレントで、それなりに正の方向へ振れる可能性をもっていた。しかし、「学士課程」が種別化構想の「教養大学」の代名詞になるならば、今度はねじれなしのストレートな階級闘争が出現し、事態は絶望的になりはしないか (本書Ⅰ-2参照)。

　一般教育が改革運動のコンセプトとしてアメリカで機能したように、「学士課程」が今後の日本の大学教育の改革運動のコンセプトとして展開するかどうかは、日本の大学教育において重大なことである。しかし、趨勢はそのような本質的洞察を欠いたまま、「知識基盤社会の人材育成」という直接的対応に走っている。状況は、「一般教育」が日本の大学に導入されたときと、思想レベルにおいてはほとんど変わっていない。変わったのは、「占領軍の指導」が「文部省の指導」になっただけのことである。こういいきってしまうことは、あまりにも悲観的であると叱正を買うことになるのだろうか。われわれは、「一般教育」の終焉を、「学士課程」に止揚しなければならない。これからの教養は、アメリカ人が自国人の教養を求めたように、「日本人としての教養 (共通の素養)」でなければならない。そして、それは「アジア人としての教養」から、さらに「世界人としての教養」に展開されるものでなければならない。

参考文献
　海後宗臣・寺﨑昌男『大学教育・戦後日本の教育改革9』第5章「一般教育」、

東京大学出版会、1969年
絹川正吉『大学教育の本質』ユーリーグ、1995年
絹川正吉「「21世紀大学像」の構図」『IDE』No.404、1999年1月、本書Ⅰ-2
後藤邦夫「一般教育概念再検討のための枠組み」『一般教育学会誌』2-1・2、1980年
小林哲也「一般教育概念の国際比較」『一般教育学会誌』2-1・2、1980年
大学基準協会「一般教育研究委員会報告書」『大学における一般教育』1951年
大学セミナーハウス編『大学は変わる』国際書院、1989年
山本敏夫「ハーヴァード大学報告・『自由社会における一般教育』」一般教育研究会編『大学──その理念と実際──』国元書房版、1950年

II - 3　グローバル化時代の教養教育

1　大学審議会「グローバル化答申」

　2000年10月22日に、大学審議会が答申「グローバル化時代に求められる高等教育の在り方について」(「グローバル化答申」) を出した。その答申の前の答申 (1998年「21世紀答申」) における大学像、あるいは1991年の非常に影響力があった「大綱化答申」に比べると、大変地味な答申である。しかしその短い答申の中に、いくつかの時代の徴が表れている。特にこの答申の中で「グローバル化時代に求められる教養を重視した教育の改善・充実」ということが提言された。そこでいうところの教養とは、次のようにまとめられる。

　(1)　高い倫理性と責任感をもって判断し行動できる能力の育成
　(2)　自らの文化と世界の多様な文化に対する理解の促進
　(3)　外国語によるコミュニケーション能力の育成
　(4)　情報リテラシーの向上
　(5)　科学リテラシーの向上

2　「グローバル化答申」の目的

　審議会の答申の中で、教養を重視した教育の改善・充実を求めるという項目に並んで掲げているテーマは、

　①　科学技術の革新と社会経済の変化に対応した高度で多様な教育の展開
　②　情報通信技術の活用
　③　学生・教育の国際的流動性の向上
　④　最先端の教育研究の推進に向けた高等教育機関の組織運営体制の改善と財政基盤の確保

ということである。特に教養を問題にする章のタイトルは「我が国の高等教育の国際的な通用性・共通性向上と国際競争力の強化を図るための

改革方策」としている。この標題からわかることは、私の歪んだメガネをとおして見ると、答申の本音は国際的経済競争に勝つために、科学技術、というよりは、答申の中心であるIT、インフォメーション・テクノロジーによる創造立国の推進が目的である、というように読めてしまう。したがってこの答申における教養重視も、同じ発想ではないかと、一応は前提をおいて読まなければならない。その理由は「高い倫理性と責任感をもって判断し行動できる能力の育成」、と書いてある1番目のテーマの説明に、「グローバル化時代においてますます価値観が多様化する中で、世界中の様々な人々と共生し」と書いてあるからである。再び私の歪んだメガネをとおして見ると、競争が中心的課題なのである。経済のグローバル化に伴って国際的競争に従事する者としては、その時代と活躍の舞台にふさわしい教養と専門的知識が必要である。このように述べている。そして、「多様な文化理解」の問題は、よくいわれる教養の内容であり、(3)、(4)、(5)は外国語・情報リテラシー・科学リテラシー、一括してリテラシーの問題で、それらは教養教育におけるいわば基礎的な内容である。

　したがって、「グローバル化答申」の最も中心的提題は、「高い倫理性」あるいは「多様な文化理解」という問題であると考えられる。「グローバル化時代に生きる新しい世代には、地球社会を担う責任ある個人としての自覚の下に、学際的・複合的視点に立って、自らの課題を探求し、論理的に物事をとらえ、自らの主張を的確に表現しつつ行動していくことができる能力が必要とされる。さらに、その根底には、深く広い生命観や人間観の形成、自らの行為及びその結果に対する深い倫理的判断と高い責任感を持って行動する成熟度が求められる」と述べている。私がここでこだわるのは、大学審議会十八番の「課題探求能力」と、後段の「深い倫理的判断」の問題である。論理的な思考と倫理的な思考の間には、いうまでもなく深いギャップがある。別の言葉でいえば、学問性と倫理性の問題である。その深いギャップに対してどういう視点から問題を問おうとしているのか、その根底が見えてこない。いわば大学審の答申は、

教育勅語のように徳目が記述されているだけではないか。「汝ラ論理的デアレ」といいつつ、また「倫理的デアレ」というが、いかにして倫理的でありうるか、その根源についての言及は皆無である。　推測すると、ここでいう教養とは学際的・複合的視点に立って自らの課題探求をする、論理的にものを考える、そういう能力を教養といっているのではないか。そうであれば、教養とは何か、ということをもう一度問い直す必要を感ぜざるをえなくなる。大学審の答申がいうところの教養という言葉の日本的な系譜というものを、もう一度問い返す必要があろうかと思うのである。

3　日本的教養の系譜から改めて「教養」を問う

　教養という日本語の起源は、周知のように修養にさかのぼる。その系譜については、いくつかの著書が詳しく説明している（以下、筒井 1995；絹川 2004参照）。修養の起源とは何であるか。それは維新後、明治政府が定着して、いわば官僚が社会を支配するようになった、そういう閉塞状況の中にあって、志ある若者がこの停滞状況を打破するために、一つの運動を起こした。それが修養主義運動であり、その修養主義運動から教養主義が生まれてきた、といわれている。

　「修養の本質は人格の向上、人格の本質は自己が自己の意義を自覚し、その価値を認知することにある」という言葉が残されている。教養という言葉は、明治の初期にはエデュケーションという意味に使われていた。ハーバード大学のロソフスキーの著書などの日本語訳などを読むと、教養と訳されている言葉の原語はエデュケーションである。教養という言葉は、日本独特の言葉である。

　「一般教養」という言葉は和辻哲郎が用いている。「数千年来人類が築いてきた多くの精神的宝によって自らをエデュケートとする」、これがいわゆる一般教養であると和辻はいっている。「この教養とは様々の精神的な芽を培養することです。これはやがて人格の教養になります。そしてその人が真であるはずのところまでその人を連れていきます。その

人の生活のテーマをはっきりさせ、その生活全体を一つの交響曲に仕上げていきます。すべての展開や向上はそれから可能になってくるのです」。このように和辻が述べているその教養主義が、周知のように学歴エリートの文化となったというわけである。学歴エリートの文化は、旧制高等学校の文化で、西欧の教養の享受による人格の完成が、その目標であったと一応はいえると思う。しかし、その実質は、教養イコール読書であるが、これこそは教養の誤解である。そしてその教養が、学歴エリートを差異化する文化となった。そういう教養というものが戦後の新制大学の発足において、簡単にいえば一般教育という言葉で受け止められた。したがって一般教育という言葉は一般教養という言葉にもなる。それが和辻がいった意味での一般教養に該当するのか否かは定かではない。教養という言葉と一般教育という言葉の誤用が生じたのである。この混乱については舘が明快に切り捨てている。しかし、私は切り捨てられない悩みを抱いている。いずれにしても一般教育と一般教養、もしくは教養との混乱を引きずって、1991年まで日本の大学は歩んできたわけである。

　話題がさかのぼるが、学歴エリートの差異化文化であった教養主義というものを、三木清は次のような言葉で批判をしている。「教養という思想が政治を軽蔑し文化を重んじた」。ここに、教養主義の一つの限界が端的に指摘されていると私は思う。

　さて教養主義を受け継いで一般教育を代置した新制大学の教養主義は、いま見るも無惨に衰退したことを、私どもは確認せざるをえない。その衰退の現象を、最近、浅羽通明（2000年）が次のような表現で指摘している。「教養とは何だったろう？　外国語ができて、古典に通じて、クラシック音楽を聞き、といった所が教養人のイメージならば、つまりはハイ・ソな趣味そのものだろう。かつて青年達が皆「左翼」を気取ったのも、それが当時、モダンで洋風だったゆえだ」。すなわち、主義は趣味であった。「そのような教養ならば、世の中がきらびやかな無数な趣味に彩られた高度消費社会のなかでは、多様な選択肢の地味すぎる一

つでしかなくなってしまったのだ」。現代の青年にとって教養というものは数多くある選択肢の一つでしかない。「パンキョー」という言葉が、事柄を端的に指摘していた。そういう選択肢の一つに、私たちは重い価値をおいてきたかのようである。

それでは趣味ではない教養とは何か。これも最近よく引用されるところだが、元一橋大学学長の阿部謹也（1999年）は次のようにいっている。「教養とは一人一人が社会とどのような関係を結んでいるかを常に自覚して行動している状態を言うのであって、知識ではないのです。自分がどういう人間かを知る、これが一般教養の核心です。学問が生み出した成果をどこまでも今ここの私たちのあり方とどう結びつくかという一点へ、知識を、理論をあくまでも私たちの生き方あるいは死に方へどうフィードバックできるかという一点へと、収斂させていくように教えるのが、一般教養教育である」。

このような意味では、一般教育は行われてこなかった。浅羽は「ビートたけしの本の『ザ知的漫才——結局わかりませんでした』（集英社 1999年）」を引用している。この本はたけしが天文物理学者とか解剖学者とか数学者とか、著名な学者との対談をまとめたものである。ビートたけしはその対談集の最後をこう結んでいる。「結局わかりませんでした」。これがこの本のタイトルになった。わからなかった理由は、「現在の学問が、私どもの生き方・死に方にフィードバックできる部分を全部切りそいでいる」からだといっている。

国際基督教大学（ICU）は先日、創立50周年を迎え、記念に次のような趣旨の「ICU選書」を企画した。「学問の歴史は『いかに生きるか』という問い、すなわち一般的教養（パイディア）の探求として出発した。しかし、近代科学の興隆は、今日の諸学に極度の専門分化をもたらした。その結果、学問はパイディアの探求に直接応える位置を喪失している。現代の重要な課題とは、専門分野を超えたパイディアの復権である」。これはビートたけしのいっていることと重なっている。端的にいえば生き死にに関係ないものは教養ではない。浅羽もいっている。「教養とは

学問ではありません。古典でも、もしそれが自分の生き方に還元できなければ教養ではない」。結局、旧制高校的教養というのは、知的なプライドである。そうすると日本の大学でこれまで行われてきたいわゆる教養教育というのは、こういう視点でもう一度全部問い直さなければならない。教養の問い直しというよりも、日本の大学の存在それ自体の問い直しが、必要ということになりそうである。先ほど指摘した、学問性と倫理性の乖離の問題が問われなければならないのである。

4　問われる大学教育の論理

「大学が存在してきた論理は次の3つの公理であった」といわれている（金子 2000）。1番目の公理は、特定の専門職への職業教育をしている、ということ。2番目の公理は、陶冶の論理、すなわち、専門教育を通じての思考訓練をしていること。3番目の公理は教養の論理、様々な知識・思考法に学生を直面させて、広い視野と思考を養うことをしていることである。

「実はこれらの大学の存在公理は経験的な事実ではなくて、大学教育を支えてきた壮大な仮説である」と金子はいう。仮説であるならば、その真理性を大学は立証しなければならない。しかし、大学人はその営みを放棄して、あくまでも「公理性」に安住してきた。この仮説がいま崩壊しつつある。3番目の公理である教養の論理が崩壊していることを、ビートたけしは痛烈に指摘したのである。かつては専門家集団としての大学に対する社会の信託があった。しかしいまその信託の根拠であった公理の真偽が問われ始めた。そういう真偽を問う社会的徴の一つは、前々からいわれているように企業が求める能力と、大学教育の内容との乖離である。大学の教育は企業に役に立たない、というよりも企業は大学の教育を評価していない。最近は、事情が変わりつつあるともいえるが、簡単には変われないであろう。

それでは大学生は、大学をどう評価しているのであろうか。奇妙な調査結果が出ている（濱中 2000）。70％以上の学生が、大学で学んだことは、

専門的知識・技術ではなく、教養だといっている。これでは、私がここまで述べてきた大学の教養教育無意味論は成り立たないことになる。学生はそういう無意味な教育を受けながら、自分たちが受けた大学の教育で評価できるのは教養だといっている。これは恐らくは学生の期待の表明であろう。受けた教育に価値があったのではなくて、そういう教育を受けたい、ということなのであろう。

　それでは企業が学生を評価する内容はというと（濱中 2000）、人柄が62％、志望理由が65％である。大学審議会が厳格な成績評価をして大学教育を意味あらしめよ、といっているが、大学審のいうとおりに大学教育を充実させても、企業はそういう教育を評価しない。そして、大学での勉強がより良い就職に結び付かないことを、学生自身は知っている。そういう学生たちにとって、大学教育への動機付けがもてないということは当たり前であろう。

　大学教育に対する学生の動機付けがなかなかできない、という問題を大学の責任とすることは、妥当ではない。大学審等、社会が指弾するように、日本の大学の教育は問題である。しかし、学生がモチベーションをもてないということを、大学教育あるいは大学教員の責任に一方的に帰するということは、日本社会の無責任の表現ではないか。

　もっと深刻な事態がある。それは私の同僚が指摘してきたところだが、「知離れ現象」である（風間 2000）。乳離れではない、知離れである。知恵の知から離れていることである。この知離れ現象が、いかに深刻にいまの子どもたち、若者に見られるかということを実証的なデータを用いて分析している。恐ろしい問題だ。大学教育を問う前に、そういう知離れ現象に対する対応の問題と、教養教育の問題とはどういうふうにつながるのか、あるいはつながらないのか、大学教育の根本は一体どこにおかなければいけないのか、答えなければならない。風間によれば、「学生達はこういう風に言っている。『なぜ学ばなければならないのか？』この問いは『なぜ人を殺してはいけないのか？』と裏腹のような気がします」という。

あるとき、私の学生が、突然「なぜ専門を選ばなければいけないのか」といった。ICUではリベラルアーツ教育の特色として、早期に専門を確定させない。だいたい2年次の中頃あたりからだんだんと自分の専攻領域を決めるように指導している。その指導のさなかで学生が私に突然「なぜ専門を選ばなければいけないのか」と問いかけてきたのである。それは自明のことで、自明のことは説明できない。公理というのは説明できないことを公理とする。その公理が問われたわけであるから、私は窮して答えられなかった。「なぜ専門を選ばなければいけないのか？」何のための教育なのか？何のための学問なのか？何のために生きるのか？こういう問いに重なった問いである。そういう心に深く内在した問いに対して、当然ながら学生は不安を覚えている。しかしこの問いに大学の教員が答えてくれないことを、学生は予感している。若者は学びの動機付けができない。結論をいってしまえば、動機付けをするのが教養である。教養とは単に幅広く学ぶことではない。繰り返しになるが、風間はこう言っている。「教養とは、何かを学び取って身につける事ではない。まして西洋文化の香りをアクセサリーのごとく身にまとうことではない。教養を身につけるという表現に日本人の思想の浅さを見る。そういう若者の問いに答える教育が今求められている。それが知離れに対する対応である」。さて、私どもはそういう問いに対してどう答えるか？ そういう問いに対する答えを、是非私どもは発見したいと願う。

5 多文化社会で生きる

そこで、大学審議会が提起しているもう一つの問題を考えたい。大学審の答申で、世界の多様な文化に対する理解の促進ということを、教養問題として取り上げている。この問題がどういう文脈で提示されているのか、そこに私は危うさを感ずる。日本の経済の相手、あるいはマーケットは、非常に多くの部分をアジアに負っている。アジアへの貿易拡大の戦略上、他文化理解が必要なのである、という発想でないことを私は願う。また大学審が共生を求めるといっているが、そういう共生を求める

思想的根拠というものは、どうやって築くことができるのか？　これは思想の問題である。現に日本の開発途上国に対する援助が、端的に経済的侵略を導いているのではないか、という危惧も表明されている。先日、ある映画を見た。画面はいきなりフィリピンのあるスラムにブルドーザーが入って、整地をしているところを映し出していた。住民を強制的に軍隊の力を使って追い出して、ブルドーザーでそのスラムを平坦にして、たちまちのうちに近代的な工場を造る。その工場を造る資金が日本の開発途上国への援助資金から出ている。そういう実状を写しとった映画である。そこでは、もちろんその地の住民との間にいろいろなトラブルが起こっている。そういうトラブルを解決するために、他文化理解を進めていかなければならない、という発想であったとしたら、何と恐ろしい教養ではないか。教養が暴力になる。

　他文化理解の問題が、日本の大学教育において、これまでどう取り上げられてきたのだろうか。ほとんどない。国際化ということも一応はいわれているが、国際化の内実もまことに表層的であり、その本質は、経済発展のための国際化にすぎないようである。他文化理解の問題は、日本の国の外の他文化理解の問題と、とかく私どもは受け止めがちであるが、実はそうではない。大変な見識を持った外交官出身の方から私が伺ったことだが、今日本で一番緊急の問題は何かというと労働力の問題である。日本人の労働価値が高くなったために、どうしても低賃金労働者を日本は外国に求めなければ、日本の経済は成り立たない。日本では生産が高くつくから、外国に生産工場を転出させる。そうすると、日本が空洞化する。外国での生産方針をとっても限界がある。やはり生産力を日本国内でキープしなければならない。そうするためにはどうしても、言葉は非常に悪いが、低賃金労働者を日本に迎え入れざるをえない。現にそれはものすごい勢いで始まっている。その方がいうには、あと20年以内で日本は完全に多民族国家になる。このことは想像を超えている。総理大臣が日本は神国である、といっているような思想的状況のなかで、私どは日本が多民族国家になるということが想像できるであろうか。し

かし経済的必然として、日本は多民族国家になる、とその方は予言している。そうなったときに、日本人は他民族と共に、この国で生きていけるのか、そのような準備ができているか。これはまた生き死にの問題である。インターナショナルであるということは、コンフリクトを引き受けることである。国際的であるということは、紛争を引き受けて解決するということである。紛争はルールによっては解決できない。そのための教養は、言葉の問題だけではない。思想的な問題である。

6 アメリカの General Education：多元価値社会への教育

　日本が多民族国家になったときに、日本人はコンフリクトを引き受けるだけの思想的基盤、文化的基盤をもっているか。皆無である。多民族国家であるアメリカは、まさにこの問題をこの100年間引き受けてきた。アメリカの General Education というのは、これもまた歪んだメガネをとおして見ると、実は多元価値社会への対応であった。アメリカの General Education というのは、古典的なリベラルアーツに対する批判である。すなわち西欧文化を絶対とする教育のシステムでは、アメリカは成立しない。すなわち、リベラルアーツでは足りない。あるアメリカの学者は、「General Education はリベラルアーツの空き部屋」と言った(Boyer & Levine, 1981)この発言の真実は、リベラルアーツで包含できないものを、すべて「General Education」ということでくくっておくことと理解されている。私はむしろ積極的にリベラルアーツの欠を補うものが、General Education であると受け止めている。別の言葉で言えば、リベラルアーツに対するクリティカルな思想が General Education なのである。

　単純に一般教育イコール一般教養とは私は考えない。一般教養と一般教育は違う。違うということを、私どもは見失っていたために、戦後高等教育改革が失敗した。新制大学において受け止めなければならないことは何であったかというと、一般教育というコンセプトで、戦前の帝国主義的な教育に対して、クリティカルである要素を導入することであった。それが本来の一般教育のエートスであった。そういうエートスでは

一般教育というコンセプトを受け止めないで、帝国主義的エリートの差異化文化の一般教養で受け止めてしまった。いわば、本来クリティカルに対すべき対象と同質化させてしまった。そのことは、一つの思想的混乱というよりは思想的矛盾を犯したことである。新制大学の核心であるべきであった一般教育が定着しなかった理由は、そういう思想的矛盾にあったのである。

　有名なコナントの *General Education in Free Society* では、General Education の一つの核というか、視点を unity という言葉で表現している。すなわち、差異 difference の中の unity である。アメリカの歴史的な重荷の difference の中で unity をどう築くのか、これは国家的目標の問題であった。最近、前の上智大学の学長であったヨゼフ・ピタウが、朝日新聞で語った（2000年11月19日）その中の一つの提言は、今日本に必要なことは国家的目標を持つことだ、ということであった。アメリカにおける General Education の問題というのは、私の見方によれば、つとにアメリカという国の国家目標の問題と重なって展開している。国家的課題の変化に応じて、General Education の内容も変化してきた。当然、コナントの General Education 理念も限界が出てきた。

　その限界を突き破るのが1960年代に始まったハーバード大学のコア・カリキュラム改革であると私は考える。もっとも、コア・カリキュラムも批判されている。日本語で『大学教員調書』（サイクス 1993）いう黒い表紙の本が出版されている。その中で徹底的に批判されている。その批判されている原因は、私がこれまで述べてきた日本の大学教育の問題と同じである。結局アメリカにおいても、General Education は生き死にの問題を削り落とした学問の断片でしかない。そういう問題性がやはりハーバードのコア・カリキュラムの中にも、如実に出ているということを、その本は批判的に述べている。しかしコア・カリキュラムの発想は、私は非常に重要だと思う（最近、コア・カリキュラムは廃止された）。

　特にここで問題になっている多文化理解の問題との関係でいえば、ハーバードのコアの一つが「外国文化」であったことは、極めて重要で

ある。このハーバードがコアに外国文化を取り上げる視点と、コナントの自由社会における General Education の視点とは本質的に違う。コナントの場合は difference における unity ということを、これはいい過ぎかもしれないが、やはり西欧の価値に置いている。西欧の価値の視点から、端的にいうとヒューマニズムであるが、この difference における unity を引き受ける基盤を探している。あくまでも西欧的な基盤である。ハーバードのコア・カリキュラムの場合には、はっきりとそこから一歩出ている。外国文化を端的に掲げる。その当時、コア・カリキュラムが発表されたときに、一つのショックをアメリカの教育界は受けたのである。外国文化をコアに取り上げたことは、当時としては画期的なことであった。はじめてアメリカのリベラルアーツ・カレッジのなかに非西欧的世界の学習が必修（コアということは必修ということ）として位置付けられた。私はこれがハーバードのコア・カリキュラムの思想性だと思う。

　要約すると、コナントにおいては多元化に直面しつつ、体制の基盤は依然として西欧であった。ヨーロッパであった。そのことを考え合わせれば、外国文化をコアと位置付けたことの衝撃が幾分かは理解できる。日本の大学教育において、韓国・中国・アジア研究等を一般教育のコア、必修とする気運があるか。コア・カリキュラム導入の中心的存在であったヘンリー・ロソフスキー（1992：135）はこういっている。「今世紀のアメリカ教養人は、偏狭であってはならない。つまり、他の文化や他の時代について無知であってはならないのだ。我々はもはや、もっと広い世界や、現在をつくり未来をつくるであろう歴史の影響力とは無関係に、人生を送ることはできない」。すなわち、他文化に無知であるということは、教養人として失格であるといっている。そういう教養教育の内容を本当に求めるために、日本の大学審議会は「自らの文化と世界の多様な文化に対する理解の促進」という提言をしているのであろうか。単に「理解」といっている限りでは、それはただ知識を与えることにとどまってしまうであろう。そこが私どもにとって重い課題なのだと思う。

7 科学リテラシー

　科学リテラシーの問題にも、言及しなければならない。IT時代において、IT産業を支える若者たちに、科学リテラシーが絶対的に必要である、という視点で科学リテラシーの問題を取り上げるとすれば、それは浅薄のそしりを免れない。科学リテラシーとは、一言でいえば、現代人として避けて通れない、あるいは、それなしには現代社会で生活できない科学という人間の営みを了解することばの習得ということである。そして、科学という人間の営みを了解することは、現代における知の営みの有効性とその限界の両方の相を知ることになる。というより、そのように科学という営みを学習することが、科学リテラシーを習得するということなのである。科学リテラシーをもつことは、科学の本質理解に基づかなければならない。

　戦略的視点からは、私はむしろ科学リテラシーということよりも、もっと端的に環境リテラシー教育を行うべきであると思う。環境リテラシーということでも十分ではない。STSという文脈で、教養教育を行うべきである。STSというのは、すでに定着した一つのコンセプトとなっている。Science, Technology and Society；科学・技術・社会である。そういう文脈で問題を捉える必要がある。われわれの日常の生活にとって、のっぴきならない問題としての科学リテラシー、または環境リテラシーの問題が、非常に重い問題として、私どもの生き死にの問題として覆い被さってきた。米本昌平がこういっている。「まず間違いなくいまの日本は人類史上初めての、異様な文明段階に入り込んできている」（1998：243）。私たちはそういうリアリティーを持っているであろうか。異様なのである、いまの日本というのは、oddなのである。oddであることを見る目がない。oddが見える目が、教養である。異様な文明段階に入りこんでいることが、わからない、まさに無教養の状態におかれている。

　さらに、米本はこう述べている。「来世紀は環境の時代であり、地球生命圏に対する人間活動の過剰が決定的になり、人間の健康、社会正義、安全保障がすべて環境問題と関連してきている。すべての科学は眼前に

ある環境問題に取り組むべきであり、既存の基本テーゼを再検討する必要がある」(同 255)。環境問題についての関心は、ずいぶん日本の社会に浸透してきているようである。その研究あるいは経済界における対応は、アジアあるいは世界で一番進んでいるともいわれている。しかし、日本で取り上げられている環境問題は、経済を発展させるための対応である。そのために「環境会計学」という学問が研究されている。環境というリスクを組み込んだ会計学の体系を考えるらしい。そういう会計法を作らないと、利益が上がらなくなってきている。

いずれにしてもそういう環境問題に取り組むべき時代が、もう差し迫っている。いままで立ててきたテーゼを全部組み替える、あるいは見直す必要がある。科学研究と政治的課題が一体化した知政学というものを、私どもは研究しなければならない。そういう問題に、私どもの教養の問題は重なってきている。

8 学術基礎教育

さて、私はそういうことを繰り返し考えながら、結局私どもが担わなければならない大学教育の根幹を、一言でいうとすれば何か、答えを探しあぐねているのである。『21世紀における大学像』答申の中で、学部教育(学士課程教育)は、基礎・教養であると大学審議会はいっている。カッコ付きで用いている「学士課程教育」というのは、一般教育学会が創造した言葉である。この言葉を大学審がカッコ付きで使うようになった。これを進歩というか。私どもはそれを喜ぶべきかどうか、そう簡単には喜べない。その理由は、専門教育は大学院にシフトするという、いわゆる大学院重点化政策に重なる提案をしているからである。私は大学院重点化政策に反対である。なぜ反対か。例えば、東京大学の教授は、いま全員「研究科教授」である。学部教授ではない。しかし、学部は存続している。では、学部の教育は誰が責任をもつのか。研究科教授が出前をすることになる。学部教育は出前で間に合う、という発想である。だんだん話が学問的ではなくて、アジテーションになってきたから、注意を

しなければならないが、やはり大学教育にとって最も重要なのは、学士課程教育である。その学士課程教育を私は「学術基礎教育」といい直したい（絹川 2000）。いま大事なのは「学術基礎教育」である。学術基礎教育とは、私がいう意味でのリベラルアーツ教育である。リベラルアーツを教養と訳すのは誤りで、むしろ学術基礎教育と訳すことを主張したい。

　米本昌平が「いまの日本は異様な文明段階に入り込んできている」といったことを紹介した。「日本の知識社会は今一つの危機の時代を迎えている」（筒井 1995）。そういう危機の時代に私どもはどういう教育で対応しようとしているのか。寺﨑昌男が最近の著書の中で次のようにいっている。「普遍的教養理念と現代学生のアイデンティティ確認への強い衝動との間に乖離がある。ギャップがある。断絶がある。この乖離解消問題に大学教員は「わがこと」として早急に取り組まねばならない」（寺﨑 1999）。私たちは、この乖離解消問題に、大学教員の各々が「わがこと」として取り組む契機を設定する課題を担っている。

追記　「一般教育と専門教育の有機的連関」という誤解

　「一般教育と専門教育の有機的連関」あるいは「一般教育と専門教育の総合」というテーマは、日本の戦後大学論においてしばしば問題にされながら、結局は解決を見ないうちに、一般教育問題それ自体が消散した。かつて、この論題が盛んに一般教育学会で議論されていた頃、私はアメリカに ICU 創設期の学部長を訪ね、このテーマについて意見を求めた。そのとき、私の問いに対して、彼はしばし沈黙して、それは一般教育問題とは異なる文脈の問題だと答えたことを、いま思い起こす。私は、そのとき、ICU 教養学部長を務めたアメリカの碩学の、その返事に驚き、彼の真意が理解できなかった。しかし、その疑念は、「一般教育はリベラルアーツの空き部屋である」というボイヤーの言葉を逆説的に捉えることをヒントにして解かれたと考えている。

　アメリカのリベラルアーツの基本構造は、伝統的なディシプリン（哲学、文学、数学、物理学、等々、日本の大学の専門科目に対応）から構成され

ている。したがって、私の言葉でいえば、学術基礎教育がカレッジ教育の基本になっている。問題は、そういう教育だけでアメリカの社会の要請に応えられるか、ということである。そこで学術基礎教育をどう補えば社会の要請に応えられるか、課題化が必要になる。その課題の捉え方で、補う内容が異なる。コナントの課題、ハーバードのコアの課題、等々、空き部屋のいろいろな埋め方が、それぞれの一般教育とよばれるものの内容になる。すなわち、基本はあくまでも学術基礎教育、専門科目の学習である。それを、それぞれの教育理念に基づいて補うのが、一般教育として一括表現されているものである。

このようにアメリカの一般教育を理解すれば、そこでは「専門教育と一般教育の有機的関連」というテーマは、無意味になる。重要なのは、いかなる教育理念・思想をもっているか、ということである。その理念にしたがって、学術基礎教育を補う教育内容を創作するところに、それぞれの大学の差異化が主張される。最近、大学の個性化ということが、盛んにいわれているが、学術基礎教育について、差異化することはほとんど不可能である。個性化は個性的理念に基づく一般教育に求めることになる。日本的にいえば、教養教育の個性化が、大学を差異化するのである（本書Ⅲ-3-9参照）。

参考文献
浅羽通明『教養論ノート』幻冬社、2000年
阿部謹也『日本社会で生きるということ』朝日新聞社、1999年
風間晴子「いま再び、"知の営み"を求めて」『科学』岩波書店、70巻11号、2000年11月
金子元久「「能力主義」と大学教育」『IDE』No.418、2000年5月
絹川正吉「学術基礎教育」『学術月報』学術振興会、2000年10月
絹川正吉「教養教育論の視点」『学士課程教育の改革』東信堂、2004年
C. J. サイクス（長沢光男訳）『大学教授調書』化学同人、1993年
筒井清忠『日本型「教養」の運命』岩波書店、1995年
寺﨑昌男『大学教育の創造』東信堂、1999年

濱中義隆「大学教育で身につけたものと企業で評価されるもの」『IDE』No.418、2000年5月
米本昌平『知政学のすすめ』中央公論社、1998年
ヘンリー・ロソフスキー『大学の未来』TBSブリタニカ、1992年
E.L. Boyer & A. Levine, 1981, *A Quest For Common Learning*, The Carnegie Foundation
J.B. Conant (ed.), 1946, *General Education in Free Society*. Harvard University Press

II - 4　これからの教養教育

1　教養教育の多様化

現行の大学設置基準第19条は、「幅広く深い教養及び総合的な判断力を培い、豊かな人間性を涵養する」として、教養教育を義務化している。しかし、その内容は大学の自主性に任されている。大学評価・学位授与機構による国立大学の教養教育の内容調査（大学評価・学位授与機構 2001）では、選択肢として用意された教養教育要素項目は32個にのぼり、さらにそれらに該当しない独自項目が38個も数えられている。それらをテーマごとに概略分類すると、次のようになる。

(a)　学術に関わる伝統的教養

人文学基礎と方法、社会科学基礎と方法、自然科学基礎と方法、（情報リテラシー、科学リテラシー、数理リテラシー）、学際的知識、芸術的能力、身体理解倫理、文化理解、環境問題、国際問題、ジェンダー問題、社会問題

(b)　基礎能力

外国語コミュニケーション能力、論理的文章能力、討論能力、課題発見能力

(c)　学習レディネス支援

学習適応能力、補習教育

(d)　学生の自己確立支援

職業観、人間関係能力、自己発見、ボランティア意識の育成、地域問題

これらを見ると、従来の教養教育である「学術に関わる教養」の領域を越えて、教養教育の範囲が大きな広がりを見せていることがわかる。

2　日本の大学は「教養大学」

大学における「教養教育」は、1991年以前には、法制上「一般教育」

と呼称されていた。1991年に大学設置基準のいわゆる大綱化によって、「一般教育」の名称が設置基準から消失したが、それ以後、日本の大学における教養教育は拡散し星雲状態になった。その状況を象徴するかのように、「一般教育学会」が「大学教育学会」に改名された。最近見聞したことであるが、昭和28年に国立大学一般教育担当部局協議会から出発した「中国・四国地区大学教養教育研究会」は、2007年には「中国・四国地区大学教育研究会」に改名された。

　このような事態は、いみじくも「一般・教養教育」が「大学（学士）教育」そのものになりつつあることを表現している。大学審議会の終わりから2番目の答申「21世紀の大学像と今後の改革方策について」（平成10年）において、「学部（学士課程）」というタイトルで今後の大学教育のあり方が示されている。すなわち、「学部（学士課程）教育については、21世紀における社会状況等を踏まえ、各大学の理念・目標、専門分野によって違いはあるものの、今後、自ら主体的に学び、考え、柔軟かつ総合的に判断できる能力等の育成が重要であるという観点に立ち、幅広く深い教養、高い倫理観、実践的な語学能力・情報活用能力の育成とともに、専門教育の基礎・基本等を重視するなどの方向で学部の教育機能を組織的・体系的に強化していくことが必要である。さらに、学生の多様な能力・適性や学習意欲に柔軟にこたえていくため、学部・学科を越えた共通授業の開設や転学・転部などについての柔軟な対応など、学生の選択の幅や流動性を拡大する工夫も重要である」としている。さらに加えて、「学部教育では、教養教育及び専門分野の基礎・基本を重視し専門的素養のある人材として活躍できる基礎的能力等を培うこととして、専門性の一層の向上は大学院で行うことを基本として考えていくことが重要となる」と述べている。

　以上の主張を総括的に述べれば、今後の大学教育は専門学部教育ではなく、学士課程教育、すなわち「日本的リベラルアーツ教育」である、ということである。いみじくも、「リベラルアーツ教育」を「教養教育」と言うように、大学教育の総体は「教養教育」であることが主張されて

いる。平成15年度から開始された文部科学省の「特色ある大学教育支援プログラム」の応募内容を見ると、上記の状態がすでに顕著に見られる。にもかかわらず、大学の基本組織が「専門学部」であるという矛盾をいまだに解消していないことは、日本の大学の大きな課題である（学校教育法第53条「大学には学部を置くことを常例とする」を参照）。「これからの教養教育」というテーマは、「これからの大学教育」という観点から議論されなくてはならない。この視点から、「これからの教養教育」について、以下若干の整理をしてみたい。

3 「初年次教育」

最近、大学の大衆化に積極的に対応するコンセプトとして「初年次教育」あるいは「初年次経験」ということが注目され始めた（山田 2004、2005）。学力不足等に対応した補修教育（remedial education）も「初年次教育」の部分になるから、「初年次教育」のコンセプトは広い。あるいは「導入教育」として、大学で学ぶためのスキル（情報検索技術とかコンピュータ使用技術等）の獲得を目標とする教育内容も、「初年次教育」の部分になる。初年次教育を包括的に言えば、「転換期を支援するための教育」（山田 2004）ということができる。「学生を動機付けて大学生活に円滑に移行させるという高校生活から大学生活への転換を支援していく」（同）ことを目的とする教育が、「初年次教育」である。大学生としての生活管理も支援するのである。ここで「大学生としての」という形容詞が重要である。単に生活管理の方法を教えるのではない。

そもそも「初年次教育」というコンセプトは、アメリカの一年次セミナー（First-year Seminar）を核とする教育課程（初年次経験 First-Year Experience: FYE）に由来する。アメリカでこのことが一般化した理由は、大学の大衆化とともに学生の基礎学力が多様化したことにもよるが、それ以上に重要な要因は Retention 率（二年次へ進む学生の残留率）の問題である。比較的自由に大学間を渡り歩くことが可能なアメリカでは、学生を自分の大学に引き止めることができるかどうかは、大学経営上重要な

問題である。日本でも早晩同じような事態に直面することが予測される。しかし、「初年次教育」というコンセプトは、そのような問題を越えてはるかに重要な意味を持っていると考えられる。すなわち、「大学」という営みが、次の世代に継承されるか否か、という深刻な問題に対応する営みとして、「初年次教育」を受け止める必要があるということである。そういう視点から考えると、「初年次教育」の中核は、学生が「大学」という営みに自己同一化することを支援することにある、といわなければならない。

　このように考える前提には、大学は高校の延長ではない、異空間であるという認識がある。「初年次教育」には、高校から大学への連接という連続性も含まれる。しかし、それを越えてというか、それと異質な不連続性を認識すること、すなわち、大学の本質的営みに触れることがはるかに重要な要素として含まれる。現実には「初年次教育」が学生の大学生活へのオリエンテーションとか生活支援であっても、その理念は大学論的であるべきであろう。初年次教育の最終目標は、大学の価値を認識させることである。それこそは教養教育の目標にほかならない。初年次教育を悪用して、学生を専門分科に囲い込む、というようなことがあってはならない。

4　キャリア開発教育

　いま、キャリア開発という呼称で、従来の就職支援活動が大きく変貌しつつある。ほとんどの大学生にとって、大学卒業後の生活設計、特に就職問題は、もっとも重要な問題である。しかしながら、大学における学びと学生の職業選択の問題は、必ずしも関係付けられていない。就職活動期になると、学生は大学での学習活動を放棄して、就職活動に専念する。就職が学生にとって究極の問題であるのに、そのことに大学での学びが無関係であるとすれば、学生は大学での学習を、自分の人生においてどのように位置付ければよいのであろうか。学生を学習に動機付ける要因は何なのか、改めて問う必要がある。

学生の就職支援は、従来は大学における正統的営みではなかった。それはサービスであり、大学教員の本務ではないという認識が一般的であった。したがって、就職支援は大学のスタッフの業務で、大学における営みとしては周縁化されていた。しかし、このことが最近大きく見直されるようになってきた。「初年次教育」が、大学の入り口における正統的学習として位置付けられことに対応して、「キャリア開発」が大学の出口における正統的教育内容になりつつある。すでに「キャリア開発」が大学における教育のコアとして位置付けられる事例が登場している。

　主体的なキャリア設計を支援するプログラムの要因として、次の項目が指摘されている (坂垣 2004)。

(1)　自己 (能力・人格・身体) 確認の支援
(2)　キャリア情報の提供
(3)　キャリアに関する体験の提供
(4)　キャリア・カウンセリング

　ここで注目したいことは、「キャリア」とう概念の展開である。「キャリア」とは単に職業選択の問題ではなく、生涯に及ぶライフスタイルの問題として捉えられていることである。「教養」とは、いかに生きるかという人生の質を定める要因であることを考えれば、教養としての「キャリア開発」が大学の教育課程として積極的な意味を持たなければならない。「キャリア開発」は単なる職業選択の支援ではないのである。すなわち、キャリア開発プログラムは、直接に職業選択に有効な知識の提供を越えた展望の下で設計されることが求められる。例えば、キャリア開発プログラムは次のようにデザインされる。

(1)　自己理解と他者理解能力の育成
(2)　世界理解能力の育成
(3)　スキルと経験を獲得する能力の育成
(4)　課題発見・解決能力の育成
(5)　自己同一性の確立支援

　このように書き出してみると、その内容は、教養教育にほかならない。

というよりは、むしろ正統的教養教育こそが、「キャリア開発」プログラムの基盤でなければならない。

5 「グローバル化時代に求められる教養」

「21世紀答申」に続く大学審議会最後の答申「グローバル化時代に求められる高等教育の在り方について」(平成12年)」において、「グローバル化時代に求められる教養を重視した教育の改善」を求め、その内容を次のように記述している (本書Ⅱ-3参照)。

(1) 高い倫理性と責任感を持って判断し行動できる能力の育成：グローバル化時代に生きる責任ある個人としての自覚の下に、学際的・複合的視点に立って自ら課題を探求し、論理的に物事をとらえ、自らの主張を的確に表現しつつ行動する能力
(2) 自らの文化と世界の多様な文化に対する理解の促進：共生のための理解力
(3) 外国語によるコミュニケーション能力の育成
(4) 情報リテラシーの向上
(5) 科学リテラシーの向上：科学技術の飛躍的発展にともなう倫理的問題への判断力

「グローバル化答申」の教養教育についての要求は、伝統的教養教育の内容を基盤としながら、世界の現実的必要に応える教養を求めているところに特徴がある。とくに倫理（価値）問題を前面に出していることに注目したい。倫理に関わることは「これからの教養教育」の焦点になろう。

6 思想としての教養

以上において概観した現代における教養教育の傾向には、現実問題に直接対応しようという方向が見られる。このことは本書の立場、すなわち、大学教育が教養教育であるという広義の教養教育の立場からは容認される。しかし、本来、教養とは実利のためのものではないはずである

から、前述のような教養理解については反論があろう。本書が主張していることは、教養教育の内容が実利的であっても、その根底に「教養」の機能が内在していなければならない、ということである。それでは、「教養」に期待される機能とは何であろうか。

前節において、教養教育の内容に倫理問題があることを垣間見た。このことは、教養問題が人間存在の根底にかかわることであることを示唆している。この関連で「教養」の意味について、改めて考察をする必要がある。

最近、目立った論調の一つは「教養の終焉」ということである（絹川2004）。世界観としての教養は不可能、ということである。そして、教養主義は機能しない、という悲観論である。その一方で、教養の重要性を説く主張が根強くある。教養は重要である。しかし、その内容について共通理解がない。前述のように、まさに教養問題は星雲状態にある。であるからこそ、教養の核心についての論を立てる必要があろう。そこで、加藤周一やノーマ・フィールドの説くところに注目したい（加藤2003；フィールド 2003）。

加藤によれば、教養主義の衰退の原因は、大学の大衆化にある。そもそも教養主義はエリートのものであり、直接的な効果を求めるものではない。そういう悠長なものに大衆は興味をもたない。「教養の効果」とは、自己を相対化し、すべてのことに批判的に対峙する資性である。そのような資性の根拠は、エリートの特性である選択能力（自己学習能力）にある。そして教養とは選択能力の根源である。教養がなければ選択は不可能である（ここに「教養」の成立の循環論がある）。

特に、テクノロジーの文化が強烈な時代において、人類はいかなる選択をするのか、答えなければならない。その選択を意味付ける教養が求められている。「教養主義は新しく再生しなければならない」と加藤は結んでいる。

ノーマ・フィールドは「アメリカのイラク攻撃実現は、アメリカの教養教育（リベラルアーツ・エデュケーション）の失敗を意味しているのでは

ないか」という挑発に答えようとする。「教養の大きな課題は、精神生活と物質生活をいかにして、創造的に、関係付けるか」と考える。しかし、「教養は思想、ましてや行動の倫理性を保証しない」と言うのであるが、それに続けてフィールドはこう言う。「今、どういう目的のために教養を活性化すべきか。一人一人が有意義な生涯を送ることができるような社会を目指すことが教養本来の意味ではないか。その前提としてまずは戦争、それから貧困をなくさなければならない。それを全うできるとは誰も思わない。しかし、そういう理想に対する執念を作り出すことがそもそも教養の役割でもある」。そして、正義という概念が空虚になっても、フィクション（真実を伝えうる虚構、すなわち教養）が、「正義の到来した世の中を心身で感知させてくれる」。そこに「世界に働きかける想像力と行動が生まれる」。ここで彼女の思想が教養に託されている。教養が思想を養い、思想が教養を意味付ける。ここにも教養の循環論が見られる。これからの教養教育は、この「教養の循環論」によって活性化されることを期待したい。

参考文献

加藤周一「『教養』の再生のために」『世界』2003年10月号、152-168頁

絹川正吉「教養教育・大学教育の新たな創造をめざして」『大学教育学会誌』26巻1号、2004年5月、3-12頁

坂柳恒夫「学生のキャリア設計と学部教育改革」絹川・舘編『学士課程教育の改革』東信堂、2004年

大学評価・学位授与機構「国立大学における教養教育の取り組みの現状」2001年

ノーマ・フィールド「戦争と教養」『世界』2003年10月号、152-168頁

山田礼子「初年次支援プログラムの構築とフレッシュマン・セミナー」絹川・舘編『学士課程教育の改革』東信堂、2004年

山田礼子「アメリカの一年次教育の構造」『大学と教育』No.37、東海高等教育研究所、2004年5月

山田礼子『一年次（導入）教育の日米比較』東信堂、2005年

III 学士課程教育を発想する

III-1 リベラルアーツ教育の意味と実践

1 リベラルアーツ教育の意味

　日本の現在の大学制度は、第二次大戦後の学制改革によるが、それ以来、アメリカのリベラルアーツ・カレッジの在り方に影響を受けてきた。しかし、日本においてはリベラルアーツ教育の意味がよく理解されていない。日本の大学教育はどう在るべきかを模索するために、アメリカにおけるリベラルアーツ教育の思想を素描しておきたい。

　「大学の氷河期」とか「大学冬の時代」というような言葉を数年前にはよく聞いたが、日本の大学を取り巻く環境はさらに厳しさを増している。日本の大学も権威の伝統に座していることは許されず、生き残り作戦を考えなければ、ということで、大学の広報活動が盛んである。UI(University Identity、大学の自己同一性)とか、大学の個性化をめぐる話題が氾濫している。しかしそのような事態を裏返していえば、大学がいま意味のある教育をしているのか、という問いを突きつけられていることにほかならない。いわゆる日本の伝統的専門学部教育によっては、個性化を明確に展開することが困難な状況にある。それゆえに、専門学部教育の対極にあるリベラルアーツ教育に注目し、時代の要請にかなう高等教育の手がかりを、そこに求めてみたい。すなわち、専門学部教育ですらも、現在ではリベラルアーツ的にならざるをえない、と考えられるからである。

　アメリカにおいては、リベラルアーツと現実主義、就職第一主義は常に拮抗している。1980年代にアメリカの大学は、冬の時代に直面し、

危機感をつのらせた。多くのカレッジがリベラルアーツのカリキュラムを、より現実的なカリキュラムに変えることによって危機を回避しようとした。しかし、現実主義が強くなればなるほど、それに応じて伝統的教養主義の復権も叫ばれている。ボイヤーの『アメリカの大学・カレッジ』(1988年) がアメリカで大ベストセラーになったことも、そのことのしるしの一つであろう (同書については、後節で改めて紹介する)。

　それでは、リベラルアーツ教育とは何であろうか。さらには、リベラルアーツ教育を受けた人間が身につけたこととは何であろうか。この問いに直接に答えることは、リベラルアーツの性格そのものからして不可能である。しかし、このことは問いに回答ができないということではなく、またリベラルアーツが常に危機にあることを意味するものでもない。そもそもリベラルアーツはそのこと自体のゆえに、一義的に限定できることではない。常にそれは問いなのである。常に問いであることは、そのことがあいまいであるということではなく、無限の深さと広さを意味することである。

　アメリカにおいて、リベラルアーツ教育への復権運動が常に繰り返されていることは、驚くべきことである。ブルームの『アメリカ精神の終焉』(1988年) がアメリカでベストセラーとなったこともそのしるしである。ブルームは大学が大衆化し、「その聖域が大衆の強烈な情報の餌食」となっていることを痛烈に批判する。特に大学が「野放図な寛容の名のもとに、一切のものを平準化し、権威を失ってしまった」ことを問う。そして、その根底にあるものが、価値相対化の思想であることを剔抉する。その結果アメリカ人は「生を高揚させる模範が見出せなくなった」。そして、彼らは「人間の完成や自己の克服を可能にする天界を仰ぎ見る能力」を失ってしまったのである。いまや解体に瀕している大学の危機、それはアメリカの精神的空洞化を意味するが、そこからの再生の道は、「近代のさまざまな観念の残骸の下に隠された原初的な自然についての古典哲学の叡知への回帰以外にあり得ない」。そこにブルームは解体に瀕している大学の再生の拠点を求める。すなわち、価値相対化の危機を

乗り越えて、絶対的なるものへの回帰が希求されているかに見える。

さらに、この視点から、ブルームは現実の大学を分析する。そこには多種多様な科目はあるが、学生が何を学ぶべきかに関しては、大学全体に合意がない。そして、各々の科目が互いにどんな関係にあるのかわからない。教授は自分の専門分野にしか関心を寄せない。専門に秀でることによって、あらゆる報酬が得られるような世界で、個人的に昇進することにしか、彼らは興味を示さない。ビジョンへの洞察を学生に与える教師がいない。専門において優れた大学は、ささやかなGeneral Educationプログラムすら作り出せない。これは現代の寓話である、とブルームは言う。

そして、学生は人生を見つめる前に職業で成功することばかり気に病んでいる。大学にはそういう学生の空虚を満たすものがない。General Educationも広さのイデオロギーに支配されて、いろいろの分野をカバーさせるが、それは放縦のイデオロギーで、身振りのみ、こんなものはGeneral Educationでない、とブルームは痛烈である。いわゆる総合科目も、学生の一般的な欲求を少しは考えているが、時流に引きずられて、厳格さを欠いている。そのようなものからは、恒久的問いを独力で追求する手段は得られない。

それでは、真のGeneral Educationとは何であろうかと、ブルームは問う。General Educationは、学問の全体を通観するものであると同時に、精密でなければならないし、またそうありうる、という感覚を植えつけるべきである。そのためには、非常に小さな問題を詳しく論究するのが、最善の方法である。ただし、この問題は、全体に開かれた形で組み立てられなければならない。そして、このような科目は、明確な意図――恒久的な問題に至ろうとし、学生にそうした問題を自覚させ、それを扱うという重要な仕事をする能力をつけようという意図――をもたなければならない。すなわち、学生の真理への愛や、善く生きようとする情熱を養うものであるべきだ。そのための唯一のまじめな解決は、グレート・ブック・メソッド（西洋古典を読むことを中心にしたGeneral Education）であ

る。古典をとにかく読ませることである。古典に基礎を置くプログラムは、学生の心に王道をもたらすであろう、とブルームは古典的リベラルアーツへの復帰を主張しているかのようである。彼の主張には聞くべき点も多いが、古典主義が現代のカレッジの問いに答えうるか否かは、異論のあるところである。

　ブルームの主張といささか趣を異にしつつ、同じくアメリカの教育の危機に対する一つの提言として、ハーシュ『教養が国をつくる』(1987年)についても、ここで述べておきたい。ハーシュは、アメリカの教育の失敗の原因は、アメリカの教育をこれまで指導してきた教育理論にあるという。その理論の特徴は、いかなる文化圏にも適用できるという、結局は枠組みだけの形式主義教育論であった。わずかな典型的経験から、広範囲にわたる知識を習得できる、とするものであった。しかし、その帰結は価値相対化を招き、内容欠落教育を生んだ。

　そもそも教育の目標は、共同体に参加できるようにする「文化条件づけ」であると、ハーシュはいう。共同体が共有する特定の情報を積み重ねることによってのみ、人々は共同体の他の人たちと複雑な協同活動に加わることを学ぶのである。したがって、人間社会における教育の根本目標は、集団やポリスの成人たちが共有する具体的な情報を若者に伝えることである。アメリカの衰退は、まさにこの共有の文化的常識が見失われていることにある。読み書き能力とは単なる技能ではなく、社会の文化によって条件付けられているものである。それゆえに現代アメリカ青年における言語能力の衰退は、アメリカにおける危機の兆しである。共有情報量の減少に、彼らの言語能力の衰退の原因がある。文化的常識ということは、文明全体を包含する深い概念として捉えられるべきことである。民主主義的社会の維持は、言語能力の全国水準を高く保つことなしには期待できない。言語能力は国家的性格を有するのである。この視点から、アメリカにおける伝統的教育理論は批判されなければならない。それは、共有する情報の総体を縮小させ、国家的常識を衰退させてきたところの元凶である。大学におけるカフェテリア式教育も、文化を

断片化させ、共有する情報の量を減少させている。かくして、ハーシュは極言する。国家的共有文化常識、具体的には「アメリカ基礎教養五千語」が策定されるべきであると。

　これはボイヤー、ブルーム等の主張と味わいを異にするが、にもかかわらず、彼らの主張のすべてに通底する思潮を感じとることができる。すなわち、教育の根源は普遍的・絶対的価値に根を置くべきである、というのではないだろうか。日本とアメリカとの間には差異はある。しかし、問題の所在は同じである。

2　リベラルアーツ教育の実践

　前節の所論と日本の大学教育の現実をふまえて、リベラルアーツ教育の一つのモデルを素描してみよう（University of Redlands 1980：資料は最新ではないが、その内容はモデルとしての価値を失っていない）。

　カレッジの目的は、学生にそれぞれの人生開拓のための価値選択と職業選択を、リベラルアーツの文脈において、成し遂げる場を提供することにある。カレッジは、21世紀に向けての学生の関心と必要に的確に応える場であろうとする。学生は一般に専門志向が強いが、しかし、リベラルアーツ・カレッジにおいては、個人の価値と人間性に根ざす教育の価値を、学生に知らしめることを目標にする。

　カレッジの教育において、学生が習得すべきことの第一は、思想と意志の伝達の方法、すなわちコミュニケーションのスキル（実践的知識と能力）である。それには、書く能力、聞く能力と表現能力が含まれる。カレッジにおけるすべての科目は、学生のコミュニケーションの能力の育成に焦点を置く。すなわち、各コースにおけるレポートや試験の成績評価に、書く能力、文章の構成等の視点を加える。

　すべてのコースが置くべき第二の焦点は、問題解決能力、すなわち分析と総合の思考能力の育成である。各コースにおいて、想像、総合、分析の過程が重視される。それぞれのコースにかかわる問題解決の過程を強調する。その分野の英知が、いかにある問題を展開し解決したかを例

示する。そして、試験やレポート、その他の学習場面では常に発問し、学生たちが獲得した知識と方法を、その問いに答えるために用いる場面を用意する。

スキルの習得と充実に加えて、学生には過去の人文および科学における偉大なる成果についての知識と、積極的関心と評価（アプリシエーション）をもつことが期待される。学生にスキルと知識と方法の着実な基盤を備えさせるために、カレッジは究極的価値をめぐる思索の場として、固有の使命をもつ独自の場であろうとする。諸々の価値は、カレッジにおけるすべてのクラスやあらゆる活動において、鮮明に意識されていなければならない。特にコア・カリキュラム（後述）の焦点は、価値の諸問題に置かれていなければならない。価値の諸領域にかかわる総合科目の充実と発展を期することによって、「価値中心の教育（Value Centered Education）」はよりいっそう強化されよう。

現代のリベラルアーツ・カレッジにおいては、国際関係にかかわる学びと経験を用意することは、もはや常識になりつつある。学生が国際的視野に立って、その価値観を形成する必要性は極めて高い。そのための研修制度の拡充は急務である。アメリカのあるカレッジ（Goshen College）では、第3年次の1学期間を、第三世界での海外研修を含めた総合カリキュラムで満たすことを勧めている。それには研修国の言語、文化、歴史、芸術等についての準備教育と、現地研修と帰国後の総合演習が含まれている。それは単なる語学研修以上のもので、学生の価値観の形成にとって本質的影響を及ぼすものである。

カレッジは多くの専門分野（Department）から構成される。カレッジにおける教育では、リベラルアーツ教育と専門準備教育、カレッジ・プログラムと大学院プログラム、伝統的方法と非伝統的方法との間の調和が十分に配慮されていなければならない。

カレッジの学生に対するカリキュラムは、専攻分野と副専攻分野から構成されるが、学生はそのいずれかに人文学の一つの分野を含めることが求められる。専攻科目と副専攻科目の選択においては、次に述べるコ

ア（必修）・カリキュラムの構造が反映されていなければならない。

コア・カリキュラムは、すべての学生に効果的学習と学問性を体得するための基本的なスキルを習得させ、学生に自己の価値観と社会の価値指向を検討させるために用意される。コア・カリキュラムに基づき、専修分野および慎重に選ばれた選択科目を総合することによって、カレッジの学生は、はじめて知的関心を拡充し深めることができるようになる。

コア・カリキュラムが本来的に目指すものは、個性の展開と人生の方向付けである。それによって獲得されるスキルは、学生がいかなる分野を選んでも、その分野の特性にかかわりなく、それを超えて意味があるようなものである。諸々の価値の領域は、学生に自分の価値観を吟味させるばかりでなく、学問の世界の多様性を認識させる。

以上の理念が守られているならば、学生は自分の専攻分野の科目を、コア・カリキュラムの部分に充当させることができる。コア・カリキュラムによって達成される最も重要な効果は、学問の諸領域にかかわる広さの経験である。

コア・カリキュラムは、次の4つのスキル関連科目と4つの価値関連科目から構成される。

(1) 文章表現能力。文章によるコミュニケーション能力は、リベラルアーツ教育にとって必須の能力である。自分の思想を自分の言葉で表現できなければならない。

(2) 数学または外国語能力。自国語以外の言語の学習は、学生の知性をさらに鋭くし、思考の新しい方法を開拓するとともに、学生の経験の幅を広げることを加速する。

数学は一つの専門分野であるとともに、それは他の学問分野で用いられる言語である。また文化の諸場面で、数量的思考が深く影響していることを考えなければならない。

(3) 科学の方法。科学の方法は現代世界に大きな影響を与えている。科学の成果とその限界を知ることは、リベラルアーツ教育を受ける者の必修条件である。

(4) 創造過程の経験。芸術などの創造の経験は、人間生活の普遍的基盤である。創造の営みの経験によって、学生は自己の創造的能力のポテンシャルを理解する。

(5) 倫理への使命の自覚。人間の営みとしての学問は、価値と倫理にかかわらなければならない。人間の諸状況における倫理的価値的問題を認識し、解決することに有効な理念と方法を扱う（以下の）科目を、学生に履習させる。

(a) 社会への貢献の仕方
(b) 国家と世界の成立についての理解
(c) 文化的歴史展望。文化の目標、価値、美的意識及び文化の社会システム、文明の歴史は、人間とは何かについての理解を深める。

以上、素描したリベラルアーツ教育の実践においては、学生に対するカリキュラム・ガイダンスが必要である。結局、リベラルアーツ教育は、知的営みを価値あるものとし、学習と成長がともに達成されることを企図している。

3 『アメリカの大学・カレッジ』

（本章のはじめに引用したボイヤーの著作『アメリカの大学・カレッジ』について著者の書評を本項で紹介する。これをとおしても、リベラルアーツ教育の真髄が察知できる。）

本書は Ernest L. Boyer（カーネギー教育振興財団会長）による *College: The Undergraduate Experience in America.* (Harper & Row, Publishers: New York, 1987, 328p.) の全訳である。本書は、カーネギー教育振興財団が100万ドルの巨額と数年間を投じて行った調査に基づく、アメリカの大学の学部課程 (undergraduate, college) の現状分析と具体的提言の書である。本書の内容が1986年に公表されると同時に、アメリカの高等教育界に空前の反響が起こり、いまや、アメリカで大学教育に責任を負う人びとにとって必読書となっている、と訳者は解説で述べている。評者も一気に

本書を読了して、深い共鳴と興奮を覚えたのである。

　本書はその副題が示すように、アメリカの学士（学部）課程の経験を論じたもので、その論点は狭義の教育内容を問うことを越えて、カレッジの学生の全体像を浮き彫りにしながら、大学というものを社会全体とのかかわりにおいて問おうとしているのである。特に、アメリカの高等教育の独自性を学士課程（カレッジ）に見定め、この学士課程こそは、他のすべての段階の教育に影響を及ぼすべきものであるとの理念の下に、アメリカの大学教育の歴史と伝統から、現状を分析・批判し、基本的問題点を指摘しつつ、大学が当面する課題と改革の方向を細密かつ大胆に展開した、最新の現代アメリカ大学論である、と訳者は紹介している。

　本書の視点は「プロローグ　大学——分断された家」に要約されている。学士課程の General Education は、なぜ必要とされているのか。それはひとえに、学士課程の経験には、人をより完成された人間へと導かずにはいないような何ものかが存在する、という社会も全体として支持してきたビジョンによるのである。しかし今日、学士課程の大学の多くは、学生への質の高い教育を提供する教育機関であるよりは、むしろ学歴という資格付与機関として繁栄しているといわざるをえない。この批判的視点をふまえて、著者は1980年代に、実質上すべての大学が直面した問題を8点に要約している。

　第1の問題は、高校までの学校教育と高等教育との間の不連続の問題である。第2の問題点は、大学の目標をめぐる混乱である。多くの大学は使命感を喪失し、学生は学んだことを自分の生き方と関連付けることができにくくなっている。教養主義（リベラルアーツ）と就職第一主義とが対立しているのである。第3の問題点は、教授団における忠誠心の分裂である。大学教授は研究業績によって評価されるが、学士課程の教育は教授に教育への献身を要求する。そこで教授たちはしばしばこれらの競合する義務の間で引き裂かれている。第4に、この大衆教育時代に、学生を独立した自己主導的・創造的学習者にすることが可能なのか。第5に、大学は共同体（コミュニティ）とよばれる実体をもつか。大学内の

学習と社会的生活との間には、大きな隔たりがある。第6に、大学をいかに管理すべきか。そして、第7に、大学教育の成果はどのようにして測定されるべきか。単に授業科目の成績にとどまらない全体的な評価があるべきではないか。そして最後に、一種の知的・社会的孤立化が大学の効用性を減少させ、学生の視野を狭めさせているのではないか、と問うのである。

今日では、文化的統合性がなえてしまったばかりか、共通性という観念までが、現代生活の強烈な多様性には全く適用しがたいものと見える。それでもなお著者たちは、学士課程の経験は、分断された部分をつなぎ合わせて、その総和よりも偉大なものをつくり上げ、将来への展望を提供できるのではないか、と信じているのである。学士課程とは、高等教育の本来の形態である教養教育（リベラルエデュケーション）の自然な住み家であり、そこでは自己の幸福と、自己と社会の問題とが中心的課題とされている。著者たちが、こうした大学という共同体への関心を強調するのは、それが民主主義的な生き方の成否にかかわるという認識に基づいている。それゆえ、本書の一貫したテーマは「共同体の伝統」の現代的展開である、ということができよう。

学士課程の経験は、高校生の大学選択の問題から始まる（第1章 進学への期待と大学選択、第2章 大学進学の適正化）。「学生のリクルートにとっては、学部長より施設部長のほうが重要なのかもしれない」ことを憂慮し、大学の心臓部である教育課程に注目せよという。その大学には、単に科目の寄せ集めでない明確な目標を持った General Education のカリキュラムがあるか。専攻は専門を狭く追求するものか、広い経験を与えてくれるものか。教室外の生活はどうなっているか。共同体精神がキャンパスに活気を与えているか、といった問いを発することを強調している。そして学生たちが自信を持ってその希望と期待を実現できるよう、有効なガイダンスを提供することが課題であると指摘している。第2章においては、アメリカにおける大学入学選考のシステムが分析されていて興味深い。

学士課程の経験の第一歩はオリエンテーションである（第3章）。それは学生に対して伝統を確認させ、大学という学問共同体へ正式に受け入れさせることである。著者は、その一部として、「大学——その価値と伝統」といった名称の単位認定コースを開設することを提案している。さらに、学生たちの履修科目の選択等、学習面でのカウンセリングを要望している。

　次に著者は、大学は明確で活力ある使命を持っているか、と問う（第4章　二つの基本目的）。しかし、分裂した現代の大学を、共通のビジョンで導くことは可能なのであろうか。目的の探求は単なる気晴らし以上のものでありうるのか、と反問する。にもかかわらず、学士課程教育は「巧みに調整された百貨店」以上のものでなければならない、という。このような発想は、アメリカの初期の大学が統一（coherence）というビジョンに導かれていたことと深くかかわっているのであろう。それゆえに、著者はアメリカにおける教養（リベラルアーツ）カレッジの歴史を調べ、現代における大学教育の意味を問い直すのである。大学が今日直面しているのは、個々の専門学科が何を為すかを標榜すると同時に、大学全体として何を為すかを選択し、決定する必要性である。危険なのは、大学が生き残りのために、深い意味付けもなしにカフェテリア方式のカリキュラムで、狭い技能訓練に走ることである。大学教育を意味あるものにするためには、個人の好むところを学べる余地が与えられると同様に、その構成員が共通に抱く知的、社会的価値を学ぶ余地がなければならない。個人性と社会性の重視は、アメリカ高等教育の貴重な伝統であることを、著者は強調してやまない。

　学士課程教育の第一の課題は、言語能力を与えることである（第5章　第一の必要条件）。言語の学習は、単に技術的手続きの修得にとどまるものではない。それは文化の共通の知識を表しており、それなしには社会の凝集力が消えてしまうのである、と著者は述べている。

　今日の学生たちは、共同体への要求が弱く、個人の欲求充足が強い。そして大学は、この自己中心主義と社会的孤立主義の傾向を助長してい

る。そのことは、General Education が学士課程の教育の中で継子のように無視されていることに表れている（第6章 一般教育——統合必修科目の提案）。教育が共通の目的の追求ではなく、個々の訓練の集積となっている。そして学生たちは、科目相互の関連性を発見できず、また全体を見直すことができない。一般教育に対する大きな障害は、大学のこの分裂化と専門主義の進行である。しかし、大学人は「隣人と重なり合う」世界に生きているのである。すべての人びとに共通な普遍的な経験、すなわち、それなくしては生活の質が減退してしまう共通の活動にかかわる General Education プログラムとして、「統合必修科目」なるものを著者は提唱する。

　学生は深さと広さの間を行き来し、自分の専攻する分野の価値と意味を問うようになるべきである。学士課程のプログラムでは、General Education と専門教育は結合されるのである（第7章 専門化——拡充専攻の提案）。General Education と専門教育が競合する目的を持つのではなく、共通の目的のために協力し合うようにしなければならないという立場を著者はとるのである。学士課程の特別な役割は、リベラルな学習の価値を職業に結び付けることにある。そこで著者は、学士課程教育の中心としての「拡充専攻 (enriched major)」を提案する。それによって、「その分野の検討されるべき歴史と伝統は何か」「理解すべき社会的、経済的意味は何か」「対決すべき倫理的、道徳的課題は何か」という問いに答えさせるのである。それらの問いに答えない「不毛な知識の無意味さは悪徳」なのである。

　以上によって、本書の前半を著者の言葉で埋めることにより素描した。それらの言葉こそは、評者の共鳴を誘引してやまない部分である。このように著者の発言を引用してみると、本書の主張の根底にあるものが何であるか、もはや明瞭であろう。本書の後半部も、ここに示されているテーマに基づいて、学士課程の経験の諸相が分析され、具体的提案が示されているのである。

　評者は、本書に示されている著者たちの思想性に圧倒される思いを禁

じえない。日本における大学論の不毛は、まさに思想性の欠如にあることを痛感しているからである。本書はそれが悪徳であることをわれわれに突きつけているのである。本書は日本においても、真に教育を憂うる者の必読書となるべきであろう。

参考文献
E. D. ハーシュ（中村保男訳）『教養が国をつくる』TBSブリタニカ、1987年
アラン・ブルーム（菅野盾樹訳）『アメリカン・マインドの終焉』みすず書房、1988年
E. L. ボイヤー（喜多村和之他訳）『アメリカの大学・カレッジ』リクルート出版、1998年

Ⅲ-2　学部教育の展望

1　学部組織の変貌

　そもそも日本の大学は、法学部、工学部のように三文字学部から始まった（ここでは三文字ということにこだわるが、もっと本質的な問題は、工学部というような実利を目的とした学部を大学の中核にして出発したことである。しかし、ここではその問題に深入りしない）。それが四文字学部（例えば、経済学部）となり、さらに六文字学部（例えば、国際関係学部）が登場した。このことは学問の発展に対応する事態であるともいえる。しかし、いまや華々しくもカタカナ十数文字の学部（例えば、メディアコミュニケーション学部）まで現れてくると、いささか戸惑いを覚える。当然ながら、名前と実態の乖離を直感的に学生たちは知っているようである。

　そのような新設大学・学部のカリキュラムを見ると、いくつかのパターンが見られる。その一つは、いわゆるディシプリン（伝統的学科目）を中心としないことである。つい最近までは、学際的と称して複合ディシプリンのカリキュラムが中心であった。学際的なカリキュラムを担う教員はほとんどが何らかの伝統的学科目を専門にしていて、それらの複数の教員が寄せ集められて、学際的に見えるカリキュラム用語を作り出し、それらの用語を散りばめてカリキュラムを作文しているようである。しかし、教員はあくまでも伝統的学科目しか教えられないから、複数の学科目の並列でカリキュラムを構成するしか能がない。それなのに新しい名前の学科目をそれらにあてがう。しかし、中身は結局は伝統的学科目のそれと同じものである。このことを「浴衣を裁ちなおしてワンピースに仕立てるようなこと」と表現した人がいた。これは一種の詐欺ではないか、というと口がすぎるであろうか。日本の大学改革は偽りに満ちているといわれたくないものである。そもそも教育の内容が急に変わるというのもおかしなことである。高度の専門レベルで「学際」ということは意味をもつのであるから、そのような高度の学問状況を直接的に大学

学部段階の教育に持ち込むことは、本来は不可能なことで、教育としてはあまり意味がないように思われる。最近はテーマ別科目を集積してカリキュラムを見せることがはやってきた。学生が基本的ディシプリンの訓練に耐えられないから、大学も面白そうな話題、イッシュを適当に集めてカリキュラムと称するのである。

　もう少し健全な傾向は、教養と実学を組み合わせたカリキュラムの流行である。昔は教養と専門の組み合わせが大きな問題で、「教養と専門との有機的連関」というテーマが教養論の中核を占めていた。しかし、いまはそういう高尚な議論は流行らない。日本経済の先行きが全く見えない時代に生きる現代の大学生は、生きて行くための手立てを賢く求めて、様々な資格を取得するために大学と専門学校のダブル・スクール・ライフに懸命になった。時代は少子化であり相当数の大学が「Fランク」という位を付けられようになってきた。

　学生定員を充足しなければ私立大学は破産である。サバイバルの手段として、学生のダブル・スクールを、ワン・スクールにし、学生の重荷を軽くすることで、学生を引きつけようというのである。すなわち、専門学校で教えることを大学で教える。これなら学生はわざわざ専門学校に行かなくてもすむ。しかし、それだけでは大学の名を騙る専門学校という汚名を被せられるので、資格学習と教養を合わせるカリキュラムを売りに出す。かくして「教養と実学」を売りにする大学が続々と登場してくるのである。そういう大学に学生が集まる。教養はしょせん刺身のつまであり、本体は実学である。これで日本は豊かな国に脱皮することになる。私立大学にとって実学万歳である。と皮肉もいいたくなる。こういう状況の下で、大学の教育課程はどうあるべきか根本に立ち返って考え直す必要がある。

2　学部教育目標の混迷

　最近日本においても大学評価の問題が取り上げられるようになったことは、一つの進歩であろう。しかし、一体われわれは何を評価しようとし

ているのか。評価の基本的前提が明確でないことが、評価の最大の問題なのではないか。すなわち、日本の大学教育、特に学部教育は何を目標にしているのかを明らかにしないで、いったい評価ということが意味をもつのであろうか。教育目標の混迷こそが、大学評価の中心的問題点である。

　学部教育の目標が混迷していることの一つの要因は、general students、一般学生の登場である。日本の学部教育は、一般学生の問題に適切に対応しているとはいえない。大学では旧態依然の一方的な講義中心方式の専門教育が行われている。せっかくの設置基準――1時間の講義に対して2時間の予習・復習活動を合わせて1単位の学習量を定める基準――も有名無実となっている。一般学生の発達段階を無視した教育（それは教育とはいえないのだが）によって、日本の学部教育は無意味化しているのではなかろうか。一般学生にとっては、「なぜ専門を定めなければならないのか」、ということが重大な問いなのである。専門学部教育の目標が見えにくくなってきているのが現実なのである。このような事態の責は一般学生にあるのではない。一般学生の存在は現代の成熟社会の必然でもある。この社会的必然に対応しない大学に、事態の混迷の責があろうというものである。

　混迷の第二は、一般教育（教養）の問題である。一般学生にとってこそ意味のある一般教育が混迷していることにより、日本の学部教育の混迷はその度合いをいっそう深くする。極言すれば、従来の専門学部教育が一般教育と不適合なのである。そもそも専門志向を前提とする入試選抜を経て入学する学生が、いきなりヨコ割りの教養課程に放りこまれて、専門学部教育が混迷しないわけがない。さらに一般教育が専門教育と何ら連関をもたず、水と油のように分離されている。これでは学生にとって大学が無意味になるのは当たり前である。このような状況の下で、一般教育もまたその目標を具体的に提示できない。学生に「一般教育とは」と問うと、「あそこにある感じ」と答える。最も学生にとって意味をもつはずの一般教育が、最も無意味なものになっていることに、現代日本の学部教育の無意味性は極まるのである。大学教員は、大学教育の目標

の設定には責任がなく、ひたすら技術的知識の切り売りに終始しているのではないか。いま必要なことは、大学教育の目標を問うことである。「一般教育対専門教育」という図式からではなく、そもそも4年間全体としての「学部（学士）課程教育」とはいったい何なのか、が問われなければならない。そして、大学評価の問題は、この大学の目的を問うことと不可分な営みである、という当たり前のことを改めて認識しなければならない。ここでは、「目標から評価へ」の方向は逆転し、「評価から目標」を彫琢するという逆説を受容しなければならないのである。

3　学部（学士）課程教育

学部教育目標の混迷を打開することを意識してかどうか、既述のとおり、大学審議会「21世紀答申」では、「学部（学士）課程」という呼称が用いられている。さらに、2005年1月の中教審答申「我が国の高等教育の将来像」では、「学士課程」という用語が用いられている。しかし、それらの答申では、「学士課程教育」の革新的意味が明らかにされていない。以下、「学士課程教育」の意義を明らかにしたい。

学部課程教育の目標の混迷の責任を、大学教員の側にのみ課することは、公平ではない。大学教員だけが悪いのではない。混迷の実相は時代状況に深くかかわっているのである。大学の混迷は、時代の気運・潮流・趨勢の不透明さの反映ともいえる。現代世界が歴史的転換期に直面していることに異論はないが、転換後の世界像を誰も提示することはできない。このような状況下で、大学においては、いわゆる「虚学」は衰退の傾向を示し、功利的実学が主流をなすかのようである。にもかかわらず、実学的専門教育も一般学生の前には無意味と化していることは、前述の通りである。大学の使命は、本来は時代を超えた思想の提示にある。教育の目標とは、思想の問題である。大学の活力は、危機の時代における幻想の提示から得られるものである。時代の思想的読み取りなくして、大学の目標設定は本質的には不可能であろう。

しかし、抽象論にとどまることは許されない。より具体的に学部課程

教育の思想的課題を論じなければならない。その一つは「非西洋化」の課題であろう。そもそも大学は西洋の所産である。すなわち、大学は「西洋社会の発展を普遍的モデルとする普遍主義のイデオロギー」によって支えられてきた (油井 1989)。しかし、そのイデオロギーは危機に直面している。エコロジストの運動やカウンター・カルチャー運動などの「反システム運動」は、この直面する危機によって意味付けられよう。したがって、大きく世界を展望するとき、「より平等主義的な世界システムへの長期的移行」が始まらなければならないのである。これはまさに「非西洋文化の復権」であるがゆえに、西洋的イデオロギーに立つ伝統的大学観では、これに対応ができない。それゆえに大学の思想的変革が大きな課題となってくるのである。具体的には、地球宇宙圏的発想に立つ教育像を求めることが課題となるのである。「反システム運動」を取り込んだ思想に基づく教育像を展開し、教育目標を設定し、教育実践を行うことが求められているのである。

4 学部（学士）課程教育の教育像

大学の大衆化、一般学生の登場を正面から受け止め、大学の本来的使命に基づいて、学部課程教育とは何かを問わなければならないが、率直にいって日本にその手がかりとなるものがない。日本の伝統的価値観は、「非西洋化」の潮流の中で、積極的な意味を持つはずなのであるが、現実の大学をめぐる状況の中では、学部課程の教育像の彫琢に手を貸さないのである。そこでアメリカの大学教育論に注目してみると、前述のようにボイヤーの言説が大きな影響をもたらした。ボイヤーによれば、大学人は「隣人と重なり合う」世界に生きるべきであるといわれる。その意味するところは、大学の学部課程の教育が、「すべての人々に共通な普遍的経験、すなわち、それなしには人間の協力関係が解体し、生活の質が減退してしまう共通の活動に関わる」こととして、位置付けられるということである。教育はそもそもは個において出発するが、にもかかわらず、それは多とかかわるのでなければ、その意味を全うしない。わ

れわれはここで「すべての人々に共通な」ということを、西洋的普遍を超える地球圏的発想で受け止めたい。そして、このような理念に立つ教育が一般教育であることを認識するならば、そこでは「断片的知識の集積が浅薄であり、無意味であることを知り得る感覚」(ボイヤー 1988) が基調となるであろう。教育の内容は必然的に学生の人生と結びつき、創造的世界観の形成にかかわる知的レディネスの熟成に主たる関心がもたれることになろう。

　学習が創造的思考活動にかかわるならば、その領域はいわゆる一般教育対専門教育の図式を超えるものとなろう。確かに一般教育は専門教育が全体像から切断され、「部分の合理性が全体としての非合理に転化しやすい」(扇谷 1983) ことへの抵抗として、固有の意味を持っている。しかしながら、上記のような理念による学部課程教育においては、「専門的知識が general という性格を獲得する」ものとして位置付けられ、専門は常に「事態の全体構造にいかに適合されるか」という視点から問われ、「人間的価値の実現」にいかに用いうるかが、不可分のこととして取り上げられるに違いない。かくして、学部課程教育においては、一般と専門の区別はなく、統合されたカリキュラムにおいて、その理念を実現することとなる。これは最近の社会的発言に見られる「一般教育廃止論」ではなく、「一般教育と専門教育の結合」というスローガンをも超越する。この発想はすでに扇谷の主張したことでもあり、ボイヤーのいう「拡充専攻 (enriched major)」の発想でもある。

　ボイヤーによれば、拡充専攻においては、ある確立された領域の知識の学習という事態を一歩踏み出し、意味の世界との連関領域における学習が目標とされる。より直接的にいえば、「リベラルな学習の価値を学生の職業 (専門) 選択」の営みに連結させたものが、拡充専攻である。そこでは、その分野の検討されるべき歴史と伝統を学び、その分野の社会的、経済的意味を問い、対決すべき倫理的、道徳的課題を模索することになる。一つの専門領域の学びが、常に人間の知的領域の全体性をふまえて、意味付けられなければならないのである。「リベラルではないの

に適切であるというような専門教育は存在しない」のである。このような拡充専攻においては、カリキュラムを一般と専門に分割する必要はもはやない。

5 学部課程教育の具体相

　以上の考察を基にして、学部課程教育の具体相を求めてみたい。
第一に、「複雑な相互依存関係にたつ世界では、自分の知識や人生を広い視野のもとに位置付けることのできない学生を卒業させるわけにはいかない」(ボイヤー)ことに徹すべきであろう。「われわれの共通の住みかである地球との協力関係を否定することは、存在の現実を否定することである」との認識をもつことが求められる。それゆえ、学部課程教育のカリキュラムには、必修させるべきコアがなければならない。必修科目がないということは、全学的理念の表明がないということである。すなわち、教育が共通の目的の追求ではなく、個々の訓練の集積になっていることを意味する。それでは学生に対して何を期待しているのかわからなくなる。学生は知識の総合的体系の重要性を認識できない。いわゆる「総合科目」なるものが、ばらばらの知識の集積であって、「総合は学生がすること」というのは無責任なのである。しかし、一般教育の必修科目と専門教育の必修科目を定めることは、すべてを固いカリキュラムにすることではない。学生の自発性を求めるためにも、必修と選択との調和が図られなければならない。この調和に対応して、学習形態についても、伝統的方法と非伝統的方法の調和、すなわち、論理統合様式 (essentialism) と因果展開様式 (experimentalism) の調和 (井門 1985) がなければならない。「すべて真の学習なるものは、受動的ではなく能動的性格を持つ。そこではたんなる記憶力ではなく、精神 (mind) の働きがなければならない。学習とは発見の過程であり、そこでは教師ではなく学生が主役になる」(ボイヤー) べく、学習の形態に配慮が払われていなければならない。

　そして、学部課程教育においては、学生の発達段階が十分に留意され、

その主たる具体的目標は、基礎学術という広い分野の中で、「知的レディネス」を獲得させることである。したがって、専門教育も「学習の過程としての専門教育」として位置付ける。すなわち、専門とは、学生によって選びとられる学習目的としての専門であって、いわゆる専門技術教育ではない。このことは、「一般学生」の存在を対象とする教育を、学部課程教育として明確に位置付けることなのである。カリキュラムは、必修というハードな基礎をもちながら、ソフトでなければ、このような学部課程教育を支えることはできない。

　さて、学部課程教育の必修科目をどのように定めるかは、重大な問題であり、教員間で、場合によっては学生と共同で、討論すべきことである。ボイヤーは、その一つとして、「言語能力」の育成をあげている。現代の日本の学生に言語能力、特に概念形成能力が欠けていることは、看過できないことである。学部課程教育の独自の目的は、言語能力の獲得である、と総括することさえ可能である。なぜなら、言語とは文化に共通な知識の表現であり、真の言語リテラシーの獲得は、文化リテラシーをとおして達成されるからである。具体的には、学部課程のすべての科目において、学習目標を言学能力の習得におくことを提唱したい。カリキュラム全体が「論述作文能力」の育成という目標において統合されることが、現実的効果的な方策の一つではないだろうか。

参考文献
　井門富二夫『大学のカリキュラム』玉川大学出版部、1985年
　扇谷尚「大学における一般教育と専門教育の有機的関連について」、国庫助成
　　に関する私立大学教授会『研究資料』No.17、1983年
　絹川正吉「一般教育における総合の意味」『ICU一般教育シリーズ』12、1982年
　絹川正吉・原一雄「大学教員評価の視点」『一般教育学会誌』第7巻2号、1985年
　絹川正吉「ボイヤー『アメリカの大学・カレッジ』書評」『IDE』、1989年
　アーネスト・L・ボイヤー（喜多村・舘・伊藤訳）『アメリカの大学・カレッジ』
　　リクルート出版、1988年
　油井大三郎「転換期の世界と文化の重要性」朝日新聞、1989年3月2日夕刊

Ⅲ-3 学士課程教育

1 大学教育の一般化

　現在、多くの学生は、大学における講義が理解できず、また興味がもてないといわれている。事態は深刻であって、いわゆる補正教育等の手段によって克服できるようなこととは思えない。大学審議会の「21世紀答申」においても、専門教育は現行の学部4年間では不可能であるとし、学部教育は一般教養・基礎教育に中心を置く、と述べている。すなわち、学部教育では、一般と専門を区分することはもはや無意味になろうとしている。改めて、大学4年間全体でいかなる教育がなされるべきかが、問われているのである。大学4年間の教育は、限りなく一般化せざるをえない状況にあるのである。

　それでは、大学における教育の一般化とは、一般教育の空洞化に見られるように、大学の知的荒廃状況を加速する事態として、憂うべきことなのであろうか。否である。そもそも、学ぶということは、眺めることではなく、為すことである。doingである。そして、大学におけるdoingの中核は、ロゴス化の営みである。しかし、現代の学生は、このロゴス化能力の訓練を欠いている。このことは、単に学生の責任に帰せしめられることではない。それは、現代の若者文化が過剰に感覚的であることにも起因している。この現代文化の構造的問題の前に、本来の一般教育は、課題を発見すべきであった。それゆえに、大学が直面している困難こそは、実は大学を存立せしめる重大な契機である、と認識すべきであろう。この認識に立てば、大学4年間の教育は、このような意味で、一般化すべきであり、それによって、大学は時代の要請に、本来的に応えることができるのではなかろうか。

2 学部教育から学士教育へ

　現行法の下では、大学の基本組織は「学部」である（学校教育法53条）。

この学部は通常は専門学部である。したがって、学部教育といえば、それは専門学部教育を意味した。しかし、その一方で、最近は大学を卒業した者に与えられる学士の学位は、従来のように専門分野別の称号(例えば工学士、文学士)のような区別はしない。すなわち、大学卒業者に与える学位は「学士」一本になった。工学部であっても、文学部であっても、いずれもただ「学士」である(もっとも、卒業証書には、「学士(経済学)」と専攻分野を付記するのが一般的である)。すなわち、学部教育にはある共通性が前提にされていると考えられる。その共通性を教育課程でどう表現できるかを明確にすることが、大学教育改革の現代的課題である。そういう教育課程を「学部教育課程」と呼ぶことは、もはや適切でない。

2005年の中央教育審議会答申「わが国の高等教育の将来像」は、「国際的通用性のある大学教育または大学院教育の課程の終了に係る知識・能力の証明としての学位の本質を踏まえつつ、今後は、教育の充実の観点から、学部や大学院といった組織に着目した整理を、学士・修士・博士、専門職学位といった学位を与える課程中心の考え方に再整理していく必要があると考えられる」と述べている。そして、学士学位教育として「学士課程」という言葉を用いている。しかし、その内容については、「21世紀答申」のレベルを超えてはいない(下記参照)。

さて、現代の大学教育はどうあるべきか、という問いについての論議の中で、これまでの「学部教育」という言葉に代えて「学士課程」という言葉が氾濫している。既述のとおり、「学士課程」という用語は、そもそもは一般教育学会(現、大学教育学会)の創作である。それは、従来の日本の大学が、専門学部で構成されていたことに対する批判を含んでいる。専門学部ということでは、現代の学生に対応できないという認識を含んでいるのである。そのような考えが登場してきた背景の一つは、日本の大学が長い間悩んできた「一般教育」の問題である。外形的な視点でいうと、学部の教育構造が一般教育2年と専門教育2年に分断されて、教養教育についても専門教育についても中途半端であることを解決し、4年間一貫教育が求められる、そういう教育課程の表現として「学士課程」

という言葉があてられたのである。

　文部科学省の大学審議会は1998年に「21世紀の大学像と今後の改革方策について——競争的環境の中で個性輝く大学——」という答申を出したが、その中ではじめて「学士課程」という言葉を使った。ただし、その用い方は中途半端で、「学部（学士課程）」とカッコ付きで用いたのである。答申でその言葉が使われているところを、以下に引用しておこう。

　　「学部（学士課程）については、21世紀における社会状況等を踏まえて、各大学の理念・目標、専門分野によって違いはあるものの、今後、自ら主体的に学び、考え、柔軟かつ総合的に判断できる能力等の育成が重要であるという観点に立ち、幅広く深い教養、高い倫理観、実践的な語学能力・情報活用能力の育成とともに、専門教育の基礎・基本等を重視するなどの方向で学部の教育機能を組織的・体系的に強化していくことが必要である。さらに、学生の多様な能力・適性や学習意欲に柔軟にこたえていくため、学部・学科を越えた共通授業の開設や転学・転部などについての柔軟な対応など、学生の選択の幅や流動性を拡大する工夫も重要である。」

　この文章を読むと、なぜ「学士課程」がカッコ付きで用いられているかが推測される。すなわち、日本の専門学部教育は成立しがたくなっているが、にもかかわらず、専門学部制を全面否定できないという問題を抱えている、ということであろう。思いきりよく「専門学部」を捨てて「学士課程」に移れないのである。せいぜい、専門学部制度に学士課程の要素を繰り込んではどうか、というのが、この答申の趣旨ではないか。大学審議会の「学士課程」はアンビバレントであるといわざるをえない。

　数年前に大学基準協会は大学基準を見直し、そこで「学士課程基準」を定めた。そこでの「学士課程」という言葉の使い方は、「学部・学科及び学士課程（以下「学部等」と表記する）」となっていて、専門学部とは区別して学士課程を考えているようである。にもかかわらず、学士課程の使命および目的を次のように記述している。「学部・学科及び学士課程は、それぞれの専攻に係る専門の学芸を教授するとともに、幅広く深い教養

及び総合的な判断力を培い、豊かな人間性を涵養することを目的としている」。これは、大学設置基準第19条からの引用である。

3 なぜ「学士課程」か

さて、改めて「学士課程」とは何か考えなければならないが、明快には答えられていない。明快には答えられないのが、日本の大学の現実である。「学士課程」に対応する英語は undergraduate と考えられるが、厳密には対応しない。そもそもは、undergraduate は Graduate School すなわち大学院から発想する考えを表しているので、大学院の予備門という意味が含まれていて、学士課程にそのまま対応させることには異論が出る。すなわち、アメリカでは College には College 固有の使命があるとして、College が Graduate School の予備校になることには常に抵抗がある。一方で、学士課程は Liberal Arts College の訳であるとすると、日本の大学の現実からは相当に距離がある。

そもそも、なぜ今「学士課程」が問われるのか。一つは大学設置基準の大綱化 (1991年) の後始末であると考えられる。大綱化によって、設置基準の上では科目区分が廃止され、それに伴う混乱から「一般教育」が崩壊した、という批判に対応して、一般教育 (教養教育) を改めて大学教育の中核に据えるために、大学教育課程を再構築する必要がある。その視点では学士課程教育は、学部教育における一般教育と専門教育の分裂に対する改革理念でなければならない。大学設置基準の大綱化によって、基準上では大学における授業科目の区分はなくなった。しかし、教育課程のデザイン、すなわち、カリキュラム編成のためには、依然として「一般教育」という概念はその有効性を失ってはいない。一般教育を何と称するかは、重要なことではない。一般教育というコンセプトの有効性を捨ててはならない。そういう視点で「学士課程」を問うことは、重要な視点であろう。

また、前にも述べたように、大学のユニバーサル化 (大衆化) が急速に進展して、旧来の大学のコンセプトでは、現実に対応できなくなってき

た。それとともに、ユニバーサル化に対抗する社会の要求がある。いま、日本は「第二の敗戦」・「第二の戦後復興」という言葉で表わされるような危機的状況にある、といわれている。すなわち、日本が知識基盤社会への対応において、遅れをとっているという政財界の危機感がある。この危機を乗り越えるためには、大学教育を改めなければならない、といわれている。この危機感を受けて、大学審議会は、その答申「21世紀の大学像」において、「学部（学士課程）」教育を提言した。そこで描かれている「学士課程」像は、構造上、リベラルアーツ教育に近似していると思われる。そうだとすると、大学審議会は、日本の大学の学部教育は、すべからく、リベラルアーツ教育にすべきである、と提案しているということになる。しかし、そういうふうにこの提案を読むことは、日本の大学の現実から空論になりかねない。このような課題を担う「学士課程」教育のモデルを創造することが、求められているのである。

4　大学審議会の「学部（学士課程）」像

　大学審議会答申「21世紀の大学像」に示されている「学部（学士課程）」のイメージを次に見ておく。答申では「学士課程」の定義は直接には述べられていない。いわば、その提案内容が文脈的にそれを定義しているといえよう。

　答申は「学部（学士課程）」教育の目的を次の3箇条で示している。
（i）「学部（学士課程）」教育の目的
　　(1)　課題探求能力の育成
　　　　「主体的に変化に対応し、自ら将来の課題を探求し、その課題に対して幅広い視野から柔軟かつ総合的な判断を下すことのできる力」を育成する。
　　(2)　教養教育の理念・目標
　　　　「学問のすそ野を広げ、様々な角度から物事を見ることができる能力や、自主的・総合的に考え、適格に判断する能力、豊かな人間性を養い、自分の知識や人生を社会との関係で位置付けるこ

とのできる人材を育てる。」
(3) 教養教育と専門教育の有機的連携
「専門教育においても教養教育の理念・目標を踏まえた教育を展開する。専門分野の基礎・基本を重視し専門的素養のある人材として基礎的能力を培う。」(専門性の一層の向上は大学院で行う)

さらに答申は、「学部(学士課程)」教育の具体的目標を次のように(キーワードで)示している。
(ii) 学部(学士課程)教育の目標
・地球規模での協調・共生の必要性
・激しくなる地球規模での相互の競争
・国際的な通用性・共通性の確保
・国際競争力の強化
・多様な学生に対応
・高校教育の多様化に対応して、高校と大学の接続

また答申は教養教育のテーマについて、次のように述べている。
(iii) 教養教育の内容
・(社会生活に必要な)基本的知識と技能
　外国語による文章作成・討論・プレゼンテーション、情報活用能力、数量的・科学的思考法、専門基礎教育、心身健康教育
・現代社会が直面する諸課題について、テーマ(主題)別講義・セミナー(例えば「環境問題と社会」「現代社会と法」「地球環境と生物」)
・体系化された学問を幅広く経験する。専攻する学問分野の違いを越えて共通に必要な複合的視点や人間性を涵養する。
・専門教育において、関連する分野に関する幅広い視野に立って学際的に取り組む力を培う。

以上は答申がいう「学部(学士課程)」の教育内容についての記述であるが、答申は教育の在り方についても言及している。
(iv) 教養教育の形式
　課題探求型学習、主専攻・副専攻、ボランティア活動・インター

ンシップ
(v) 教養教育の責任組織は全学体制

さらに答申は、従来の専門教育の見直しを求めている。

(vi) 専門教育の見直し

（学生が主体的に課題を探求し解決するための基礎となる能力を育成するよう配慮する）

学部段階の専門教育においては、細分化した狭い分野に限定された知識をそのまま教えるのではなく、基礎・基本を重視しつつ、関連諸科学との関係、学問と個人の人生及び社会との関係を教える。

専門的素養：基礎重視、専門の骨格、総合的

そして答申は、「学部（学士課程）」は基礎・教養に重点をおき、専門教育は大学院にシフトすることを主張した。

以上に示されている大学審議会答申の「学部（学士課程）」の内容を、次表にまとめておく。

	学部（学士課程）
共通基礎教育	外国語による論述訓練、情報活用能力、保健体育
教養教育	専門基礎、数量的・科学的思考法、現代社会の課題科目
専門教育	専門的素養（基礎、骨格、他分野連関）、専門と教養の総合

以上に紹介した大学審議会の「学部（学士課程）」のイメージは、日本の大学が専門学部制をとっていることを前提にしている。したがって、専門学部の基本構造の下で、いかにして直面する大学教育の諸課題を解決するか、という問いへの一つの回答にはなっている。

問題は、はたしてこのような教育課程で、課題が解決できるか、ということである。課題探求能力の育成を答申は課題として掲げているが、上記の教育課程でこの課題に応えることは、依然として問いである。専門と教養の有機的連携はいかにして可能か。それを実現するカリキュラムをどのように構成するか。教養教育の全学責任体制をいかにして実現するか、等々、多くの課題が残されている。以下、このような課題に対

して若干の考察を試みてみよう。

5　アメリカ型リベラルアーツ教育

　アメリカのリベラルアーツ教育の例については、Ⅲ-1で述べたところである。ここでは大学審議会答申の「学部（学士課程）」教育の本質を理解するために、アメリカ型リベラルアーツ教育の構造を見ておきたい。アメリカ型リベラルアーツ教育といっても、多様であって、どれが一般的とはいいきれないが、比較的多く見られる例をモデルとして示す。

　アメリカ型リベラルアーツ教育の教育課程を構成する基本コンセプトは、「集中と分散」構造であるといってよい。ここで集中ということは、一つの専門分野、例えば数学とか心理学のような専門分野をある程度深く学習することである。それを major（主専攻）という。分散の構造とは、集中に対して広く学ぶことである。この分散構造にはいろいろなタイプがある。一つは major と組み合わせて minor（副専攻）として、major とは異なる専門分野の基礎を学ぶ。修得単位数は major が約40単位に対して、minor はその半分程度を要求する。major と minor との組み合わせで、「集中と分散」構造を表現することになる。分散に対応する部分を general requirement、一般科目で充当させる構造もある。この general requirement が general education、いわゆる一般教育である場合もあるし、そこに共通基礎となる科目を入れている場合もある。あるカレッジの例では、卒業の要件は、major、minor、elective で合計80単位、general education が40単位で、合計120単位となっている。以上からわかるように、アメリカ型リベラルアーツ教育の内容は、日本の専門学部で学ぶ専門科目に重なっている。そうすると、アメリカ型リベラルアーツ教育で学ぶ内容と日本の専門学部で学ぶ内容に差が認められないことになる。では両者の違いは何か。それは、内容ではなく、専門を学ぶ目的と学習の構造の相違にある。

6　リベラルアーツ教育の学習スタイル

　リベラルアーツ教育の特色は、カリキュラムよりは、学習スタイルに強く現れる。リベラルアーツ教育の学習スタイルの特性を拾い上げてみよう。

　特性(1)　学生の自己教育（主体的学習）とカリキュラムの選択構造。
　特性(2)　late specialization：早期に専門を固定しない。
　特性(3)　「専門科目」の教養化：「専門科目」も教養の一部とする。
　特性(4)　教育の社会性：一般教育で表現される。
　特性(5)　批判的思考力・課題発見・解決力の育成等、知的営みのための基礎能力の育成。
　特性(6)　キャンパス・ライフ等の潜在化した学習課程（全寮生活でジェントルマンを育成する等）を含む。

　特性(1)の学生の自己教育（主体的学習）等については、次節以下で説明することにする。ここでは特性(2) late specialization について付言しておこう。日本の専門学部では入学時に学生は専門を選んで学科に入学する。最近はだいぶゆるめられたが、通常は入学した学科は卒業まで変更できない。学ぶ内容も入学した学科に固定される。このようなシステムが、現在の多様化した学生に適合しないことは明らかである。リベラルアーツ教育では、入学時には専攻は決めていない。カレッジに入学するので、学科に入学するのではない。通常は2年次の終わり頃に専攻を一応決める。しかし、この専攻の決定は、専門学部における専門の決定とは意味が異なる。そのことを、「学習の過程における専門選択」という。すなわち、とりあえず、ある専門分野を選択して、深く学んでみる、という意味での選択である。一度選んだ専門に、自分を生涯アイデンティファイするということではない（もちろん、そうしてもよい）。そういう学び方の意味については、あとで触れることにする。

7　学生の自己教育（主体的学習）

上記の特性の第一に注目する。リベラルアーツ教育の根底にある基本思想は、「学生の自己教育（主体的学習）」である。これがなければ、リベラルアーツ教育は成立しない。リベラルアーツ教育は、自己教育において、その真価を発揮するのである。

 したがって「（リベラルアーツ教育に模した）学士課程教育の正否は、学生の自己教育能力にかかっている。学生の自己教育を原点とする4年一貫大学教育は、これからの大学の第一原理である。したがって、学生の自己学習能力支援が重要な教育内容になる」（堀地 1998）、といわねばならない。

 自己教育理念の源は、フンボルトの大学理念であるといわれる。すなわち、「学問は常にいまだ完全に解決されていない『問題』として、たえず研究されつつあるものとして扱う」「教師は学生のためにあるのではない。教師も学生もともに自学自習することを学ぶのだ」（堀地 1998）。このことは日本の現状では逆説的である。

 著名なリベラルアーツ・カレッジである Amherst College では「学生の知的責任に関する教授会宣言（FACULTY STATEMENT ON INTELLECTUAL RESPONSIBILITY）」を提示している。それによると、「人の教育とはその人自身の知的努力の成果である。Amherst College は、自分自身を教育しようとしない人の教育はできない」。すなわち、学習は自己責任である、と明言している。ここにリベラルアーツ教育の原点がある。もっとも、この宣言の具体的目標は、学生がカンニング等の不正行為をしないようにすることにある。宣言は次のように続く。「自分の教育についての責任と教育を受ける機会を放棄する者に対しては、Amherst College の諸施設は何の価値もない。Amherst College にとどまろうとするすべての学生は、それゆえ、自分自身で作成しなかったレポート等を提出することが、Amherst College の目的と、Amherst College の学生としての自らの存在を否定することになることを、理解しなければならない。いかなる理由も、以上の原則を否定する根拠にしてはならない。さもなければ、知的コミュニティの尊厳とその成員間の信頼関係は維持できない。それ

ゆえ、Amherst College においては、試験を教員が監督する慣習を廃止する」。

日本の大学でこれほど毅然とした姿勢をとっているところが、どれほどあるだろうか。大学教育の根本をしっかり据えることを、日本の大学は怠っているのではないか。

日本でも、学生の自己教育に全く無関心であったわけではない。大学設置基準における単位理念は、学習の自己責任の表現であると考えられる。すなわち、「一単位の内容は、教室での課業のほかに教室外での学習活動を含んでいる」。ここに自己教育の理念が制度的に表現されていると見なければならない。日本の現今の大学問題は、このことが成立しなくなっていることに集約される（一般教育学会 1997）。

授業をセミナーや討論中心に運営することは、自己教育に有効な教育方法である。また、次のことも自己教育に貢献するであろう。

- コモン・ベイシックスのスキル
- 学習共同体づくり
- 学生参画型授業
- テュートリアル（自己開発型学習）
- Minute Paper（授業時間ごとに学生の反応を記述させる）
- 学生のやる気の自己点検
- SST (Service Study Term)、Service Learning 奉仕・共生学習
- 単位制度空洞化の克服方策

さらにラディカルな例がある。アメリカの Redlands 大学に、Johnston Center for individualized Learning が設置されていて、そこでは学生による完全な自由学習が行われている。Redlands 大学は、このプログラムで一躍その評価を高めた。そのプログラムでは（量的）履修条件、伝統的教授団、固定的卒業要件、等の影響から自由な学習を可能にするものである。そこでは学生と教授が共同で学習する。評価はすべて記述式である。学生は、このプログラムのための専用の学生寮に教授（一部）と共に居住する。そのプログラムの要点は次のようになっている。

(1) コースのはじめに、学生は教授と、自分の学習の内容、目的、方法等を討議して、学習計画を作成する。テュートリアル学習以外に、カレッジが開講している科目を利用することもできる。
(2) 学習計画を大学と契約する（計画は途中で協議の上で変更可能）。契約は Johnston Center の教員による委員会で承認されて成立する。

すなわち、このプログラムは学生の自己教育を徹底しているといえよう。

教育は本来地味な営みである。カリキュラムは平凡でよいのではないか。奇をてらう必要はない。むしろ、日常の教育活動で、知識量を極力押さえ、じっくり訓練することが重要である。現代日本の教育の一つの問題は、訓練を忘れていることでないか。「課題探求能力」は、訓練を中心とするような地味な教育活動によって、育成されるものであろう。

8　リベラルアーツ教育における専門学習の意味

次に明らかにしなければならないことは、リベラルアーツ教育における専門学習の意味である。

最先端の情報技術企業である米ヒューレット・パッカードに女性社長（カーレント・フィオリーナ）が就任した。この女性社長の学歴は、スタンフォード大学のカレッジ卒業で、学生時代の専攻は「中世史と哲学」であったという。ここにアメリカのリベラルアーツ教育の特性が如実に表れている。

著名なリベラルアーツ・カレッジであるハバフォード・カレッジの物理学の教授が、次のように述べていることも、その辺の事情を示している（カダノフ 1994）。

「カレッジの物理教育にとって、何を成功と数え何を失敗と断ずべきであろうか。ハバフォード・カレッジの物理卒業生がついている職業のリストをみると、医者、弁護士、製造業の幹部などなど、およそありとあらゆる専門職が並んでいたが、物理とその関連分野はごくわずかであった。いったいこの結果は、カレッジの物理教育

にとっては失敗とすべきなのであろうか。結論は、この結果を良しとするものである。

その理由は、物理のカレッジ教育が、潜在的に次のような恩恵を学生たちに及ぼしていることにある。

- 学生が就職市場に参入するとき、彼らは一つの職業分野から他の分野へ転身できるくらい、深く広く訓練されていなくてはならない。われわれ大学人は、われわれの学生が、材料開発の仕事を始めるべく学び、ついで金融市場の解析に転じ、そののち経営者とか科学記者になるのをよろこぶべきである。自分のもとの学生が、真に価値ある仕事にその知性を十分にかつ熱心に傾けているのを見れば、教師はかっさいを叫ぶにちがいない。
- カレッジの教育では、職業的物理学者向きの教育の大部分は止めてしまうべきである。そのかわり、十分に広い範囲で才能と関心のある学生に対して、われわれが物理学の伝統のうち真に価値あり文化的に貴重な部分を紹介するカリキュラムを、展開する努力をしなくてはならない。」

以上の引用が主張していることは、次のように要約できるであろう。「リベラル・アーツにおける専攻(学科専攻)の主要なねらいは、卒業生がなにかひとつの学問的思考様式(分析のみでなく統合を含む)を身につけて、自分の能力に自信を持つことである。学生に学問との一体感を体験する機会を与えるため、深さの学習を提供する」(扇谷 1989)。このことは次のようにいい換えてもよい。すなわち、専攻学問の知識探求方法の基礎訓練を受けることにより、人間の知的営みへの本質的参加を経験し、知識人としてのアイデンティティを形成することが、リベラルアーツ教育における専門学習の意味である。

以上のような捉え方を、「専門の教養化」という。専門科目の学習が、専門教育(professional education)のためではなくて、人間形成を目的とするものになるのである。そういう意味では、専門が教養なのである。この視点は、次の課題、「専門と一般の有機的統合」という厄介な問題に

対する答えにもなる。ここでいう「一般」とは、「一般教育」または「一般教養」といわれていることを指す。

9 専門と一般の有機的統合ということ

本来、一般教育はリベラルアーツ・カレッジで構想されるものであった。それを、早期に専門が確定する日本の専門学部に導入しようとして、「ねじれ」が生じた（本書Ⅱ-2-5、後藤 1998）。すなわち、専門学部の学科縦割構造に、各専門分野（ディシプリン）の集合（縦割ではなく併存）からなるリベラルアーツ・カレッジの構造を調和させなければならない、という無理が生じた。このねじれの解消策が「教養部」の設置で、それによって、大学前期と後期の分断と階層化ができてしまった。このねじれと階層化を理念において克服しようとする試みが、「専門と一般の有機的統合理念」という発想であったと考えられる。専門にアイデンティティをもつ大学教員は、現実を捨象して、その矛盾構造を抽象的理念で克服しようとしたのである。そこでは、あたかも専門と分離した固有の一般教育があるかのように考えられているから、両者の総合ということを目標にしなければならなくなった。しかし、人間の知的営みの現実において、専門と一般の分離などはありえない。したがって、両者の総合とか有機的関連付けということは、本来無意味なことなのである。「学士課程」という発想は、このような日本の大学問題に対する改革運動のコンセプトである（本書Ⅱ-3、追記参照）。

10 文脈学習

歴史的には一般教育は、ドイツ科学主義大学に対する批判であると理解される。ドイツ科学主義大学の欠陥を補うコンセプト全体を、「一般教育」は表しているのである。ドイツ科学主義大学の欠陥をどのように埋めるかは、それぞれの教育観であり、世界観になる。すなわち、問われているのは、専門の社会的意味である。「一般教育は大学の現代社会にたいするコミットメント」でなければならない。「一般教育」というこ

とは、思想の問題であることを、日本では理解できなかった。このことが、日本に「一般教育」が根付かなかった最大の理由ではないかと考える。したがって、求められていることは、専門と一般教養の有機的統合という幻想ではなくて、専門を社会的に問う視点である（Ⅲ-4参照）。すなわち、ボイヤー（1989年）が主張する「豊かな専攻（enriched major）」における次のような問いに答える内容が、「一般教育」になるのである。

(1) その専門分野で検討すべき歴史と伝統とは何か。
(2) 理解すべき社会的経済的意味は何か。
(3) 当面する倫理的、道徳的論争問題は何か。

「専門家の判断が技術的にのみでなく、歴史的、社会的、経済的、倫理的考察を含まなければならない」ということである。このような専門を社会的に問う「文脈学習」は、学部前期課程のものというよりは、むしろ、後期課程・高学年において行われなければならない。ここで、「一般教育は前期課程プログラム」という刷り込みを崩さなければなられない。

11　学部教育の自由化 (Liberalization)

　日本の大学の現実を考えると、専門学部を根底から解消することは不可能である。学士課程教育の発想は、そのような現実にリベラルアーツ教育の要素を持ち込むことを意図している。したがって、学士課程教育ということに焦点をおくならば、リベラルアーツ教育の特性を活かすように学部教育のカリキュラムを再編成する必要がある。学部の枠組みを固定的に捉えずに、複数の学部にまたがる大学全体のリベラルアーツ・カレッジ化に適合した体制の形成が課題になろう（後藤 1998）。このことを「学部の自由化」という。

　エリートの育成とユニバーサル化の現実を克服するために、例えば、次のような構造改革が考えられる。

(1) 専門学部を次の二本立てにする。学生はそのどちらかの課程を選ぶ。

(a)　従来の専門教育を基調に、文脈的一般教育（専門教養）を強調する。
　　(b)　専門学部全体の科目群を用いて、リベラルアーツ型カリキュラムをおく。
　(2)　工学部教育においては、次の二本立てにする。学生はそのどちらかの課程を選ぶ。
　　(a)　グローバル・スタンダード（例えば、JABEE, Japan Accreditation Board for Engineering Education）を目指す課程。
　　(b)　グローバル・スタンダードを無視して、リベラルアーツ型課程。
　さらに学部の自由化モデルとして、次のような構造が考えられる。例えば、10の学科で構成されている専門学部で、10の学科をグループ（学群）に分ける。各グループは完全に独立ではなく、共有する学科があるようにする。入学者の選考は学科ごとではなく、グループごとに行う。すなわち、入学に際しては、専門分野を特定しない。第2年次に進級するときに、専門学科を選択する。専門学科の選択は所属グループから選ぶのが原則であるが、グループを越境することも認められるようにする。すなわち、進級できる学科は完全には自由化はされていない。このシステムは、late specialization に相当する。
　このような構造は、多くの学部で利用できる「学士課程」の一つの例になる。

12　学士課程教育の阻害要因

　学士課程教育の成否は、学生の自己教育能力にあることを述べた。日本の学生の現実は、自己教育からはなはだしく遠いと思われる。そのようになった原因は、「応答責任能力」の衰退であると考えられる。「『応答責任原理』の希薄化が、やがて日本病の代表的症状になるのかもしれないと考えるのは杞憂であろうか」（一般教育学会 1997）。「応答責任原理」を人間生具の能力（資質）に根拠付ける考えでは弱いのではないか。「制度責任」が他律的であるのに対して、「応答責任原理」には人格的関係が

深く介在する。このようなことを視野においた教育が、いま最も求められているのではないか。

　学士課程教育の阻害要因として、学生の側にのみ注目することは、本質を見誤る恐れがある。日本の大学問題の中心部分は、大学教員論にある、と考える。学士課程教育の成否は、それを担う大学教員の役割・資質・期待にかかっている。「大学教員論」の本格的展開が求められる（後章で多少論ずる）。

参考文献

一般教育学会編『大学教育研究の課題』第Ⅲ編外題、玉川大学出版部、1997年

扇谷尚「大学教育（学士課程）の総合的な再検討」『一般教育学会誌』11-2、1989年

レオ・カダノフ「物理学を学ぶとということ～上級教育～」『パリティ』Vol.09、No.10、1994年

絹川正吉『大学教育の本質』ユーリーグ、1995年

後藤邦夫「日本の学士課程教育における一般・教養教育再建の課題と展望」『大学教育学会誌』20-1、1998年

アーネスト・L・ボイヤー『アメリカの大学・カレッジ』リクルート出版、1989年

堀地武「学士教育・学生の自己教育」『大学教育学会誌』20-1、1998年

Ⅲ-4　専門教養科目の可能性

1　専門教育と教養教育

学士課程教育における専門科目の位置付けは、専門教育ではなく一般教育であるという趣旨のことを述べた。専門科目も一般教育科目の位置付けなのである。絹川（1995年）は、日本の大学教育の改革への一つのコンセプトとして、「専門教養科目」を提案した。その趣旨を以下に引用する。

> 「現代の大学生は、専門教育を受ける以前の、専門を自己のアイデンティティとして選択する過程にある。そういう学習者の条件に応える内容をカリキュラムとして実現しなければならない。したがって、カリキュラムは、人間の知的営みについて広やかな視野をもち、専門選択への展望を与えるような構造を備えていることが不可欠となる。そのようなカリキュラムの構造は、必然的に発散的構造になる。それと共に、学習は収束する必要がある。学習者は、やがて自己同一化と専門選択を重ね合わせなければならない。それに応えて、カリキュラムは集中構造を持つ必要がある。もっとも、この集中構造といっても、それは旧来の狭い意味での専門教育の構造とは異なる。集中専門学習は、あくまでも学習の過程における専門であって、必ずしも最終的な専門選択を強制するものであってはならない。したがって、集中構造を持つ学習の成果は、単に特定の専門領域にとって意味をもつものであってはならない。特定の専門領域における学習であっても、そこでの学びが、人間の知的営みの本質に関わる普遍的内容を示唆するものであることが期待される。すなわち、一つのディシプリンに焦点を置きながら、トランスディシプリンの性格を持つ学習こそが、学士課程教育のカリキュラム構造である。このようなカリキュラム構造を実現するコンセプトとして、『専門教養科目』を提案したい。」

この主張は、前述の学士課程教育の構造から来ている。すなわち、「専門教養科目」というコンセプトが成立するか否かは、学士課程教育が成立するか否かを問うことでもある。本節では、「専門教養科目」の成立根拠を考察することにしたい。
　本論に入る前に、「専門教養科目」というコンセプトを立てることに対して以下のような批判があることにも注意したい (高橋 1996)。

　　　　大綱化が一般教育の廃止を意図したものではない。にもかかわらず、教養教育を軽視するとも思える現今の改革の実態は極めて憂慮すべき事態とみなさねばならない。こういう状況下で、専門教育と安易な妥協に陥ることで、教養教育の正当性をかろうじて主張する試みがある。「専門に対する前専門の教育」または「専門に対する非専門の教育」としての一般教育は、一般教育そのものの存立性を損なう。さらに、新たな傾向として「専門を通して教養を教えるという発想」がある。そこには、教養教育の基本的意義を否定する全く危険な契機が潜んでいる。このような教養教育の新ヴァージョンが「専門教養科目」というコンセプトである。

　批判を要約すれば、次の3点になる。
(1)　「専門教養科目」は専門ディシプリンの枠組みを前提としているから、当のその専門ディシプリンを否定する契機をもたない。
(2)　専門ディシプリンのなかにあって、はたして「人間の営みの本質に関する普遍的」認識へとたどりつくことができるか。そういうことは論理矛盾であり、不可能なことではないか。
(3)　なぜ、専門ディシプリンを通じて教養教育を行わねばならないのか。つまり、教養教育のために専門ディシプリンをあえて選ばなければならない理由は何か。

　　　　むしろ次のように主張すべきである。「人間の知的営みの本質に関する普遍的内容」について直接に扱い、様々な専門ディシプリンの論理やそのよって立つ基盤さえも否定しうる自由な立場の「リベラルアーツ教育」すなわち、専門ディシプリンの枠組からは全く自由なる

ものとしての教養教育を構築することこそが最も肝心な点である。

この最後の主張は何を意味しているのか、明らかでない。そもそも専門ディシプリンを全く否定した知の営みということが、現実にあるのだろうか。また、伝統的ディシプリンを基盤としないリベラルアーツ教育の例を知らない。もしも専門教育(ディシプリン教育)が一般教育と敵対するのであれば、アメリカのほとんどの大学教育は、一般教育に敵対することになる。

そもそもディシプリンとは何か。また欧米におけるリベラルアーツ教育または一般教育とは何なのか、改めて考察をしておかなければならない。

2 ディシプリンの原方向性

藤沢令夫(1990年)は学問の起源を要約し、次のように述べている。

> 教育には「テクネー(専門職技術)」を学ぶためのものと、「パイデイアー(一般的教養)」のために学ぶものがある。後者は、「一個の素人としての自由人が学ぶにふさわしいもの」である。西洋における学問の歴史は、パイデイアとして出発する。しかし、その営みは個別の分野(ディシプリン、専門)の研究として進められた。すなわち、ディシプリン(専門)はパイデイアのためのもの、いわば専門教養なのであった。しかし、それが専門教養であるということは、プラトンの営為におけるパイデイアーの位置づけをふまえて主張される。すなわち、プラトンにおける営為は観想と実践である。観想は善のイデア、すなわち、価値のイデアを観るための営為であるから、実践のための観想であった。観想は実践と不可分であった。ところで、観想の方法は、観相的禁欲、すなわち、対象から一歩距離をおいて冷静にそれ自体を観きわめることである。
>
> アリストテレスはこの観想的禁欲を徹底化する。その結果、考察の視野を精査可能な小範囲の部分に限定して、全体への視野を切り捨てることにおいてのみ、学問(ディシプリン)が可能となるような

事態を導いた。これは学問の「方法的禁欲」の結果である。そして、このことは、近代における科学の興隆によって、徹底的に加速され、今日の科学の極度の専門分化をもたらした。さらに、科学が技術と融合することにおいて、科学の探求はテクネーに転質する。観想知であるよりも、対象を操作して改変するための操作知になった。ここにいたって、パイデイアとしてのディシプリンが、それと峻別されるべきテクネーとなる、という自己撞着に直面した。そして、この操作知は効率至上主義という価値原理を体現する。もはやディシプリンは「専門教養」の位置を喪失したのである。

したがって、現代における専門がパイデイアのための専門教養性を復活することが課題なのであって、ディシプリンを否定することが課題なのではない。その課題を、藤沢は「プロトディシプリナリー」という概念を提起することで表現した。ディシプリン（専門）のパイデイアへの根源性の回復を目指すものである。

学問の構造にはプロトディシプリンが反映している。各ディシプリンがプロトディシプリンに照らして変容していることを見極め、その欠を補うことが教養教育である。ディシプリンそのものを否定することは過剰反応である。そのような視点でディシプリンの構造を明らかにし、ディシプリンの構造をふまえたカリキュラムを構築することが求められているのである。

学問が読者の教養となる、すなわち世界観に本質的に影響を与えるような学問性が問われている。ディシプリンがプロトディシプリンへ向かうとき、それは「専門教養科目」の内容になる。「学問的知識の本質が一般教養の観念と矛盾するものではない。最先端の学術研究の諸成果を軽視したのではいかなる教養も成立しない」（村瀬 1992）。

3 専門主義の野蛮性

専門ディシプリンの否定に関連して、オルテガ・イ・ガセット（1995

年)の所説を注意しておく。オルテガは「専門主義」の野蛮性 (153頁) を次のように批判する。

> 科学、文明の根源が自動的に科学者を近代の未開人、近代の野蛮人にしてしまう。科学が発展するためには、科学者が専門化する必要がある。ただし、あくまでも科学者であって、科学そのものではない。科学そのものは専門主義的なものではない。ところが、科学に関する労働は、不可避的に、専門化せざるをえない性質のものである。科学者が、一世代ごとに自分の活動範囲を縮小しなければならなかったために、徐々に科学が他の分野との接触を失ってゆき、宇宙の総体的解明から遠ざかっていった。ところが、この宇宙の総体的解明こそが、ヨーロッパ的科学、文化、文明の名に値する唯一のものなのである。19世紀には創造的活動は、個別化の性格を帯びた。つぎの世代には、専門化傾向が個々の科学者から総合文化を追いだし始めた。特定の科学だけしか知らず、しかもその科学のうちでも、自分が積極的に研究しているごく小さな部分しかしらないという人間が現れた。しかしながら、そういう科学者は、自分が知らないあらゆる問題において無知者としてふるまうのではなく、そうした問題に関しても専門分野において知者である人がもっているあの傲慢さを発揮するのである (160頁)。大衆人の特性である「人の言葉に耳を貸さない」という傾向は、まさにこの部分的資質をもった人間においてその極に達するのである。

このようにオルテガは痛烈に科学者の専門主義を批判しているが、それは科学者に対する批判であって、discipline である「科学」を排除しようとしているのではない。

4　専門教育は教養教育

それでは伝統的ディシプリンが大学教育で歴史的にどのような位置付けを持っていたか。いわゆる専門教育が何であったか。「18世紀以前の

専門職の根拠は古典の学習（ギリシャ語とラテン語と古典の文章理解力）にあった。古典は科学知識の主たる宝庫であった」（ベン＝デビッド 1997、以下本節の引用は同書）。この考えは近代科学の出現によって否定される。そして、古典学修の意味は、知的優秀性を証明する基準となった。

　19世紀にはじまる専門科目の学習が、専門職の資格に連なるという考え方は間もなく訂正される。高等教育の目的は、知的遺産の伝承であって、学生を専門家に育てることに直接役立ってはいなかった。ドイツやイギリスのエリート大学の専門科目の学習は、専門職に役立つものというよりは、知的エリートの資格を付与する教養教育であった。フランスでは、科学的知識は高級官僚を選考する手段として用いられた。「基本的には、共通に、文法、修辞、論理、数学のような一般科目が、すべての専門的知識の基本であると考えられているので、一般教育と専門教育のあいだの継続性は非常に強い。大学では、将来、専門的職業に就いたときに、身に付けた知識を生かせるように学ぶのである。」

　大学の課程を分類する基準を、その課程を経た大多数の学生たちがつく職業に置けば、アメリカの教養コースは専門職教育だということになる。オックスフォードとケンブリッジは、ドイツの科学革命の影響を引き受けたとき、専門教育を「精神の鍛練を目的とした一般教育」としてしまった。そこでは、少数の専門科目を深く学ぶことにより、一般教育の理想が達成されると考えた。専門教育は、知識の源泉に触れる教育であり、知的資質の保証となる専門教養というべき性格のものであるとしたのである。

　エリート大学で学ぶことが上級公務員や経営管理職の道につながっていたから、そういう教養教育は、職業に必要な専門職教育である、ということになる。ある学科目が時に専門科目となり、時に教養科目となる。すなわち、学科目自体が教養科目であるか専門科目であるかを決定するのではない。学問分野（ディシプリン）の学習が専門教育として古典に取って代わり、古典は教養になる。学生にとってどう機能するかによって、同じものが専門にもなり教養にもなる。専門と教養の区別は相対的で、

専門が独自のもので教養に敵対するということは、虚構である。

5 専門教育の自由化

扇谷尚（1993年）は、専門教育から教養教育を発想することを主張している。すなわち、専門の中で行われる専門主軸の一般教育を認める教養課程を考える。それは一般教育的内容を専門教育に取り込むものである。人文主義的な全人教養の重視ではなく、専門教育の基礎的資質としての自由な知的探求心を鍛える教養課程である。これはボイヤー（1998年）の「豊かな専攻（enriched major）」の敷延であろう（本節の引用は扇谷1993）。「一般（教養）教育理念は、一般的関連性と普遍性への洞察（知識の一般化）、専攻の可能性と限界についての感覚（知性の自由化）、および考えることと生きることの一致（英知の働き）である。これらの一般（教養）教育の理念・目標は大学教育全体の中で実現することが必要である」。

ところで「専門学部における学生の教育経験の中核は専攻である。したがって、専攻分野と分離している一般教育は否定される」。そこで従来のような偏狭な専攻概念でない、新しい専攻概念が必要である（絹川はそれを専門教養という）。それは自由教育的性格を帯びた専門教育である。そういう「健全な専門教育（開かれた専攻）に含まれる一般（教養）教育」の特性は次のようになる。

1) 専門教育は、学生が自分の専攻する学問との一体感を体験する深さの学習であるが、その際次の点を強調する（ことにより、一般（教養）教育理念を表出する）。
    (イ) 一つの学問の方法論の基底を重視し、その学問を一般的な知的領域に関連づけて、自由学習的な性格の確保に努める。
    (ロ) その学問の歴史と哲学的前提を理解する。
    (ハ) 隣接領域との相互関係を探る。（一般的関係と普遍性への洞察、知識の一般化）
2) どこまで事実と真理の全体に到達できるか、専攻の可能性と限界に対する感覚を与えることにより、知性の自由化を図る。

3) 特殊専門的知識と技術を身につけて、専門的に生きようとしている学生に、広い視野に立つものの見方を持たせ、考えることと、生きることの統一に努める英知の働きを促す。

扇谷はボイヤーを引用して、次のようにいう。

要するに、専門家の判断が、技術的にのみでなく、歴史的社会的経済的倫理的考察を含む総合的な判断であることの認識に立って、専攻の内部に一般教育内容が取り入れられることを意味している。専門が包みこまれている社会的文化的文脈についての学習を、専門教育の外にではなく、専門教育の内部に包摂して、「豊かな専攻」概念を樹立することである。

「開かれた専攻」あるいは「豊かな専攻」概念によって、専門教育自体が一般教育的性格をもったものに変わって、深さと幅のある専攻学習が展開できることを、扇谷は主張している。しかし、そういう教育課程の可能性についての論証はない。

リベラルアーツ・カレッジ型の教育では、学生は将来の進路を特定しないで入学してきている。そのような学生に、専攻を決めるのを支援するのが、入学直後に実施する一般(教養)教育の主要な目的の一つなのである。したがって、この目的のための一般(教養)教育は、ディシプリンの基礎科目である。基礎科目は一般(教養)教育ではないとは即断できない。

6 教養教育と学問の構造

専門科目(学問)は一般教育の対立概念であるか、「学問の構造」(有本 1988)から検証しておく必要がある。日本語の「専門」という言葉の意味は、学問分野(disciplines)を指し、ときに特殊技能(specialty)を意味する。絹川が「専門教養科目」というときの「専門」は主として学問、ディシプリンを意味する。disciplines をどう訳すか、日本語における文脈の展開で、日本語訳は適当な言葉を選ばなければならない。いわく、専門、専

門分野、学問分野、学問。単純にいえば、それは知識の部分または分枝である。しかし、それは単に知識の断片を指すものではない。歴史的に営まれてきた人間の知の意味をもつある部分をディシプリンという。「ディシプリンは現実の世界ないしは人間の側面と、人間とその世界の相互作用とに対する注目から生じる。ディシプリンは抽象化によって真実の現象を組織化し研究する体系的方法を表す」(有本 1988)。

すなわち、ディシプリンは現実の世界と人間および両者の相互関係への注目から発生する。ディシプリンは抽象化(概念化)の方法によって、現象を組織的に研究する。その関係は対称的な**図表Ⅲ-1**で表現される(Dressel and Mrcus 1982)。

発問	
論理	経験
概念	現象
カテゴリー　命題	事実の関係　知識の応用
理論	実験
学習	

図表Ⅲ-1

ディシプリンは人間の知の営みの集大成である。ディシプリンの歴史を述べることは、学問の歴史を述べることになる。学問がディシプリンの総体で表されていることは(表さざるをえないことは)、学問にとって避けがたい本質的なことである。

ディシプリンズは組織的に連関している。**図表Ⅲ-2**はそのことを表している(Dressel and Marcus 1982: 133)。

一つのディシプリンが

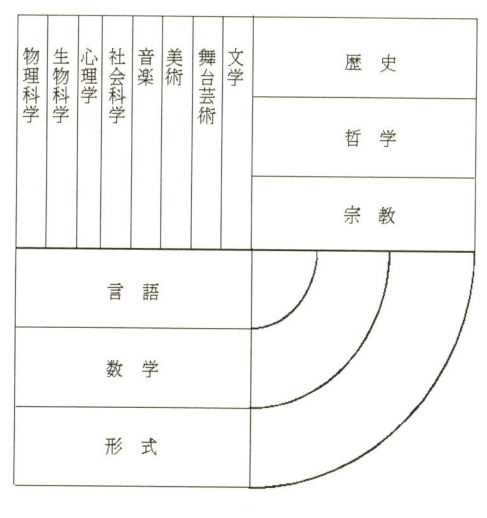

図表Ⅲ-2

ディシプリンズの三次元構造（知の全体像）の関連で学ばれるとき、それは専門教養となる。「各種のディシプリンは知識の全体性の探求と、それを追及する方法および追及の意味を現している。ディシプリンズは客観的事実と主観的理念のマトリックスとして展開されている」(Dressel and Marcus 1982 : 107)。

ディシプリンズの間には様々な差異があるにもかかわらず、ある種の共通性がある。それによって、ディシプリンの異同を確認し議論することができる。それによって、カリキュラムの構成を考えるばかりでなく、学生に様々なディシプリンから意味のある学習をさせるアイデアを得ることができる。「ディシプリンの全体性は人間の精神が世界やそこでの人間の関与を説明しようと努めてきた種々の方法を現す」(Dressel and Mrcus)。「ディシプリンは知識の全体性を研究する方法とそれを獲得し、組織化する手段をあらわし、人類が意味追及の過程で産出した加工品という性格を持っている。」

有本章 (1988年) は Dressel and Mrcus に従い、ディシプリンの全体性を学問の構造性から説いている。Dressel and Mrcus はさらに Phenix (1964年) (本稿では、佐野他による訳 (1980年) より引用) に基づき、人間精神の働きの場としての「意味の領域」という視点で、ディシプリンの全体性の説明を補完している。すなわち、Phenix はディシプリンを意味領域によって分類し、ディシプリンが世界認識の方法であることを明らかにしている。そして「教育が奉仕すべき最高の善は、人間に独特な諸能力をできるかぎり十全に実現することであり、またこれら人間的能力の役目は意味ある生活を営むことにある。したがって、学習課程は意味を極限にまで拡充するようなものでなければならない」という。

Phenix はディシプリンを6つの意味領域に分類している。すなわち、象徴（記号）の領域（言語、数学、非推論的形式）、経験の領域（物理科学、生物学、心理学、社会科学）、審美の領域（音楽、視角芸術、動作芸術、文学）、共知界（了解の領域、個人的知識；実存的な局面における哲学、心理学、文学、宗教）、倫理の領域（道徳的知識、倫理）、通観（統合）の領域（歴史、宗教、哲学）とな

る。「これらの意味の領域はそれぞれ自律的領域ではあるが、それらはすべて相互に連関して複合的な統一を形成している」のである。これによって、人間の精神活動の全体性がディシプリンによって説明されていることが説かれている (フェニックス 1980:290)。

「意味というものはすべて、経験についての一定の区別、組織化、および解釈からなっている。それぞれの意味領域は、経験の複合的全体の内部での特殊な種類に属する選択と視点を集中することとに起因する特有な論理的類型をもった経験の諸局面を含んでいる。言語の意味が取り扱うのは、通約的な形態の象徴化である。科学の意味が係るのは、経験的抽象とか、一般化とか、理論的定式化といったものである。審美的意味が取り扱うのは、特定の非論証的表象に含まれる理念的抽象である」(同202)。したがって、「一般（教養）教育の教育課程は人の本質的な人間性という面で、人を発達させるために必要なこれら六つの学習内容」(同292) をもっていなければならない、という。「これらの領域は論理的には識別できるが、実際の教育では相互に連関している。教員はこれらの領域の構造を把握し適切にカリキュラムの設定や教授の過程にそれを配置し、生かさなければならない。学生の学習を刺激し促進するような適切な形でそのような構造や領域の特性が有機的に活用される必要がある」。さらに、すべてのディシプリンは、ある程度まで、本質的に統合的である。したがって、ディシプリンのいくつかの筋道を実際に横断することは、個々のディシプリンの学習においても行えるのである (同341)。

一般（教養）教育にとってディシプリンは排除できないばかりでなく、ディシプリンは一般（教養）教育の淵源であることになる。大学教育が圧倒的にディシプリンを基に構成されていることは、人間の知的営みの歴史的必然であり、それを否定することは現実的に意味をなさない。しかし問題は、ディシプリンの意味とディシプリンが担っている人文的影響についての理解が不十分なことである。大学教育において重要なのは、ディシプリン相互の関係とそれらの文脈的理解を深めることである。人

間の知の総体において果たしているディシプリンの役割を総合して学ぶ必要がある。特に、ディシプリンの構造をふまえたカリキュラムを研究する必要がある (Dressel and Marcus 1982:85)。教養教育と専門（ディシプリン）教育は同盟関係にある。教養教育はディシプリンを用いてその目的を達成できる。リベラルアーツ教育や一般教育の条件を記述するために、ディシプリンは欠くことができない。

7 専門教養科目の実践

有本章 (1988年) は Dressel and Mrcus を引用して次のように述べている。「大学は「認知的合理性 cognitive rationality」を制度的価値としている」。一般教育であっても、それが大学の学習内容であるならば、「学問の構造」を無視しては意味をなさない。このことが専門教養科目論の第一前提である。

第二に、「専門教養科目論」提唱の戦略的意味を述べておかなければならない。有本は次のようにいう。「研究機能は大学の諸機能の中で、ますます確たる地位を固める可能性が強い。研究と教育の機能が緊張している現状では、単に教育機能の見直しを唱道しても無意味である。研究と教育を、両者が有機的に連係すると考えられる「学問の構造」のなかに位置づけて、それとの関係で教育機能を再考することが必要である」。人間の知の営みの本質すなわちディシプリンに根差した教育によって、教育と研究を統一する方向で、大学における一般（教養）教育の在り方を考える必要がある。この要請に応える一般（教養）教育を、「専門教養科目」として定位するのである。

専門教養に携わるときは、専門家である教師が、ひとたびは自分を相対化せざるをえない。問題はいかにしてそれが可能か、ということになる。専門それ自体から、そのような立場を導出することはできない。そういう意味では、高橋他 (1996年) の主張は正しい。しかし、それは専門（ディシプリン）を全面的に否定することではない。ディシプリンに深く根差しつつ、それを越える視点が求められているのである。その視点

は教師の思想であり、世界観にかかわる。専門教養科目の可能性は、そういう思想に基づく実践、カリキュラム開発によってしか証明されない。証明は論理的なことではない。

　それでは、「専門教養科目」の可能性はいかにして保証されるか。原理的にはすでに述べたディシプリンの構造による。しかし、「専門教養科目」を抽象的に述べるのみでは不十分である。そのような教育の実践が求められているのである。

　一例を示そう。若桑みどり（1997年）（千葉大学史学科）は次のような報告をしている。「理系偏重の世の中で、人文系学部の存在の意味は何か。人間性にかかわるすべての知見を問うことに、その社会的意味がある。特に「史学科」の存在理由は、歴史と社会の中に生きる意識を学生に与え、社会をつくる意識を学生に育てることである。さらに「美術史」の存在理由は、心性と想像力を研究することである。その教育的意味は「社会の主体は「人間」しかも「個人」である。個人の身体と心性の無視の上に社会・歴史の学問は成立しない。科学・技術も畢竟「人間」のために存在する。「人間」を忘却した社会・国家・企業は滅亡するであろう。21世紀は人間を中心にして、政治・経済・科学・技術のパラダイムを再構築することなしには、人類は生き延びることはできない。その意味で、いまほど人文・社会系学部が声を大にしなければならない時代はない。」

　このような視点で若桑が行っている教育実践は、専門教育の枠を越えている。そこには明らかに価値領域へのかかわりがあるからである。そして、それは研究と教育の接点を創りだしている。このような教育実践の内容を「専門教養科目」というのである。千葉大学のカリキュラム構造は、「普遍科目」と「専門科目」からできている。この「普遍科目」の特性は、「文脈的思考」である。すなわち、専門技術中心の千葉大学において、他の専門とどうかかわるかを問わせる。この文脈的思考は「専門教養科目」の特性でもある。

8 作品としての専門教養科目

　専門教養科目の具体的性は、専門研究の「仲立ち」・「作品化」ということでも表現できる。「大学の本質と結びついた教育は知的探求の手ほどきという限定された教育である。学生は専攻領域での基本的知識（その分析、総合、適用）、基本的理論、および研究方法（洞察の仕方）について学び、これらを通して学問発展の内面的精神（自由探求の学問的精神）を身に付ける。自由探求の学問は、精神の解放のために、自分の理解や行為を支配する原理への覚醒、並びに自分と環境に対する批判的知性の獲得を狙うものである。そして真理を進んで知る自由と、真理による自由の獲得を目指す」（扇谷 1993）。このような教育が実現可能であるためには、大学教員の特別な営みが要求される。村瀬裕也（1992年）は、それを教員の学生への「仲立ち」といい、それは「知識体系のヒュマナイズィング」にほかならない、と述べている。そして、これこそが一般教養の課題であるという。このヒュマナイズィングに要求される「学問性」とは何か。それは学問の専門性ではない（通常は、「専門性」のことを「学問性」としている）。既成知識の教育的咀嚼（ポピュラリゼイシヨン）ではない。素材は既成の学問の知識であるが、新たな質的性格を伴ったそれらの再編成すなわち、単なる教育的咀嚼を越えた何らかの高次の営為に伴う特質としての学問性が問われる。そのことを村瀬は、学問における「作品性」という具体性で捉えている。「一つの世界をなして丸ごと一人ひとりの読者に対する」もので（内田 1981、村瀬 1992:64）、「専門家ならざる一般読者に直接届き、かれら一人ひとりのなかでコペルニクス的転換が起きることを念願して書かれた『作品』である」「このような作品性を保証するものがヒュマニゼイションとしての独自の『学問性』にほかならない。学問の人間化は単に教育の問題ではない。学問を人間味豊なものにすることは、「創造的作品性」を具えた学問世界の形成に繋がる」（さらに「作品性」については本書Ⅴ-2を参照）

　村瀬（90頁以下）は学問のヒュマニゼイションの特性を示している。

(1)　歴史化

「一般教養に寄与する科学教育の形態として、過去の努力の歴史に代わりうるものはない」「科学教育を人間活動としての本来の思考＝認識過程において把握しなおすこと、しかもそれを人類共通の基盤たる「意味」の土俵において意味確認的に把握しなおすことにある。」

(2) 方法の鮮明化

「一学問における統合的要素たる方法を浮彫りにし、それを機軸として徹底的に簡素化した知識を編成する。」

(3) 課題化的認識

「歴史的現実の重荷を背負いながら、歴史的現実に即して、歴史的現実を変更していくという問題、その問題の基本的内容を歴史的現実そのもののうちに探り出すことによって、問題直感を課題認識へ定着させていく（上原専禄）。」

(4) クリティシズム

「教養世界のシステムにおける上位機構の主たる機能の一つが批判性にある」「科学が研究を切断面として、結論を目指し、アカデミーに所属するのに対し、常識はクリティシズムを切断面とし、見識を目指し、それ本来の意義において想定された限りにおけるジャーナリズムに所属する。」

(5) 表現性

「学術史上の偉大な古典作品における学問性が、審美的機能を伴った独自の表現の創造と結合していることを念頭に浮かべる必要がある。」

9 専門教養科目批判への反論

以上において「専門教養科目」の可能性を論じた。以下、いくつかの補足をしておきたい。

(1) 「専門教養科目」の本体は各専攻の中に置かれた専門科目それ自体ではもちろんない。ボイヤーの enriched major を扇谷（前出）は言葉ど

おりに「豊かな専攻」と訳している。何を豊かにするか、それは「専門」の欠けていることを補うことにより、人間の知の全体性を回復することである。われわれが直面しているものは、ディシプリンであって、架空の教養理念ではない。ボイヤーの enriched major を「総合専門科目」と翻案するのは、ディシプリンを現実として踏まえながらそれを超克しようとする意図を表現するからである。「専門教養科目」とか「総合専門科目」というように「専門」の語を消去しないことは、「専門」を本体としていることの逆説的肯定である。「専門教養科目」は、「専門ディシプリン」を本体として、それを超克する課題を大学教員に課すことを主張しているのである。

(2) 「統合必修科目」というような一般教育の本体をなんら前提とせずに、単に専門教育の側からのみに拡充を図るような「専門教養科目」という発想では、一般教育の目標は達成されない、という批判がある。ここで「統合必修科目」というのは、ボイヤーの integrated core を意味している。

ボイヤーの「統合必修科目」は、ディシプリンの境界を乗り越える冒険へ挑むよう鼓舞するカリキュラムのことである。その枠組みをボイヤーは次の7領域で示している：言語、芸術、伝統、制度、自然、仕事、自己認識。その具体性として、言語については、「記号とコミュニケーション」というコースの例をあげている。芸術については、「芸術と社会」、伝統については「西洋文化の三大危機——裁かれる文明」、制度については「アメリカの大統領制」、自然については「地球と生命の歴史」、仕事については「仕事と文化」、自己認識については、「心理学と宗教」などを例示している。日本の大学の総合科目に類似のものをボイヤーは考えている。ハーバード大学のコア・カリキュラムに対応するものとも考えられる。

そういう科目を適切に配置することにより、学生の視野を広げ、学習を広い文脈へと位置づけることを可能にするのである。さらにボイヤーは、「既存の英語、歴史、社会学、科学といった科目が、その目的を広

げることによって効果的に一般教育の使命を果たすことができるかもしれない」と述べている。これは「専門教養科目」の主張に重なっている。

さて、本項の冒頭で述べた「専門教養科目」という発想に対する批判に戻る。すなわち、「専門教養科目」の発想は、一般教育への指導理念を欠いていては不可能だということである。「統合必修科目」というような指導理念が前提とされないところで、「専門教養科目」を提案することの危うさの指摘であるとも考えられる。

しかし、「統合必修科目 (integrated core)」が先行しなければ、「専門教養科目」は不可能というわけではない。ボイヤーは「豊かな専攻 (総合拡充専攻、enriched major)」を専門教育の側から、一般教育を志向する営みとして捉えている。むしろ「統合必修科目」の可能性は「専門教養科目」の可能性を前提にしているというべきであろう。

さらに、enriched major の内容は、「専門教養科目」である。ボイヤーは次のように述べている。

> enriched major は特定分野への深い研究を助長するだけでなく (すなわち、専門の学びを前提に、そこにとどまらないで) 専攻分野を正しい視野の下に置くことができるような専攻である。そのような専攻を一般教育と競合するものと見るのでなはい。固定的絶対的規範を前提にするのではなく、広さ (一般) と深さ (ディシプリン) の間を学生が行き来して、知識の統合に目覚めさせるカリキュラムが問われているのである。そのようなカリキュラムのもとでは、一般教育と専門教育 (specialized education) とは結合されるのである。

とボイヤーは主張している。

各学科 (department) が専門性をより広い文脈のもとに置くならば、学生はこのようなカリキュラムを通して、深さから広さへと進むことができる。一般教育の目標は、適切に設定されるならば、専攻を通じて達成できる。これが「専門教養科目」の発想である。

統合必修科目 (integrated core) について、ボイヤーは次のように述べている (喜多村等の訳を基に一部改訂)。

一般教育はある専門分野（ディシプリン）の主題が他の分野（ディシプリンズ）の主題と触れ合うことなしには完全なものにならない。各専門分野（ディシプリン）間に橋が渡されなければならない。」
　この叙述から明白なように、一般教育はディシプリンを前提にしている。もちろんそれだけでよいとはいっていない。現実がバラバラのディシプリンの累積であることを批判し、それらの間に橋をかけるために統合必修科目を提唱している。「専門教養科目」も同じ目的を主張している。しかし、抽象的に連関を論じれば、それは単に概論で実質が希薄になる。そういう科目は学生の関心を引かない。むしろ、個別ディシプリンから出発して、そこから他のディシプリンへ手を伸ばすことを主張する。一挙に全体を掌握することは理念としては容易に理解できるが、それは実践的ではない。むしろ学生の関心である個別ディシプリンが欠如体であることに目覚めさせることのほうが、全体への関心を呼び起こしやすい。
　「専門教養科目」が一般教育の中核であるのではない。専門科目を一般教育化（リベラルアーツ化）せよ、といっているのである。そもそも「統合必修科目（integrated core）」なるものが先天的に存在するはずがない。天下り的に唯一の「一般教育」なるもの、絶対的価値を前提にするようなものに現実性はない。存在しているのはディシプリンズであって、それらのディシプリンズをリベラライズしたものが「専門教養科目」であり、それによって「統合必修科目（integrated core）」が構成可能になる。「統合必修科目（integrated core）」とはディシプリンズから出発する欠如体克服の教育過程（プロセス）なのである。「統合必修科目（integrated core）」なる絶対的な規範が存在して、それが一般教育へと専門科目を導くのではない。
　(3)　「特定の専門領域における学習であっても、そこでの学びが、人間の知的営みの本質に関する普遍的内容を示唆するものであることが期待されている」というのは、教養教育の方向性を指し示すのみで、教養教育そのものではない、という批判がある。この批判に対しては二点から反論できる。第一は、「専門教養科目」の主張は、日本の大学の専門学

部教育の現実に対する処方である。専門を自己の関心と適性から選択することを許されないで、不本意入学をして、大学に不適応をおこし、学習への動機づけができない多数の学生、すなわち、非伝統的学生に対して、意味のある教育を、専門学部の中でせざるを得ない現実にどう対処するか、その方法として考えられている。その意味では、専門教養科目は教養教育そのものでなくなる危険性はある。しかし、そもそも専門教育しか行なわれない事態よりはより良い選択である。さらに純粋に専門から区別される「教養教育」という発想自体が観念論で現実の教育の場で意味を持ちえない（本書Ⅲ-3-9）。

前述と接続することであるが、いわゆる専門の大部分は「ディシプリン」であり、それが人間の知の営みの本質から派生していることは、先に論じたところである。「専門教養科目」という発想それ自体が教養教育の内実を形成するので、単に教養を示唆するにとどまるとはいえない。もちろん、教養教育に到達しえないことも多くありうるが、それは担当教員の資質開発と自覚に待つほかはない。「専門教養科目」という主張は、専門教員に変貌を期待する課題提示である。

(4) 「専門教養科目」というような回りくどいアプローチではなく、ストレートに教養教育を提示すべきである、という批判がある。すなわち、専門ディシプリンの中からは、「人間の営みの本質に関する普遍的」認識へとたどりつくことはできない。なぜ、専門ディシプリンを通じて教養教育を行わねばならないのか。つまり、教養教育のために専門ディシプリンを敢えて選ばねばならない理由は何か。むしろ「人間の知的営みの本質に関する普遍的内容」について直接に扱い、様々な専門ディシプリンの論理やそのよって立つ基盤さえも否定しうる自由な立場の「リベラルアーツ教育」すなわち、専門ディシプリンの枠組みからは全く自由なるものとしての教養教育を構築すべきである。専門教養は専門ディシプリンの枠組みを前提にするから、当の専門ディシプリン自体を否定する契機をもたない、というのである。

この論では、「教養科目」は専門ディシプリンに対する否定だという

ことになる。現実の大学教育の本質的な部分は専門ディシプリンであるから、大学をトータルに否定することが、「教養教育」だということになる。これはかって聞いた主張であり、信条倫理の臭いを嗅ぐ。しかし、ディシプリンから発想することは一般教育の敵などとはボイヤーはいっていないのである。すでに論じたように、ディシプリンが教養教育の契機を内包していないという認識は正当でない。ディシプリンが教養教育の契機を内包していることを、発見しようという提唱が「専門教養」なのである。発見できないのは教員の思想の貧困であって、ディシプリンに原罪があるのではない。「専門」家というものがあまりに固陋である現状を、専門ディシプリンの本質規定としてしまったから、それを前提として論理的整合性をただ追うことの結論として、このような主張を導いてしまうのである。

　教養が専門の否定である、という主張が正しくないことは、すでに論証したところである。ディシプリンは教養への契機をもつのである。

　また、「人間の知的営みの本質に関る普遍的内容」について直接に扱う、というとき、ディシプリンと独立に一体何を扱うのか。そういう内容の提示なしには、このような主張は意味をなさない。推測すればおそらくそれは一つの思想、一つの価値体系の主張になるであろう。そのような主張がどうして「普遍的内容を直接に扱う」ことになるのか。普遍的内容を所与のものとして措定することはできない。

　教養教育を構築することとは、「専門ディシプリンの枠組みからは全く自由になる」ことではなく、専門ディシプリンの枠組みとの緊張のなかで、それぞれの個人がそれぞれに知の全体性を回復する世界観を構築する営み、またはそういう営みをする態度を養うことが、教養教育なのである。人間存在としての coherence、首尾一貫性があることが教養なのである。

　「専門教養科目」の主張は、より直接的に既存のディシプリンを内側から変革して、現代における学士課程教育の実質を展開しようとする試みである。その意図するところは、大学教員の直接的関心事を疎外する

ことなく、学問の構造を十全に踏まえて、学士課程教育の内容を教養教育化することを主張している。大学教員の直接的関心事を無視して、高踏的に専門教育を否定し、教養教育を強制することはできない。先にも述べたように、ディシプリンの構造に教養教育の構造があることを認め、その構造に基づく学士課程カリキュラムを構築するとともに、そこに登場する個々のディシプリンを「専門教養科目」として内容を再構成することが、現実に適切に対応する戦略である。

10 なぜ一般教育か

前節においてディシプリン (disciplines) を基盤とする専門教育は、専門職教育に対する教養教育の側面を有していたことを考察した。私は教養教育と一般教育を区別する。日本における「一般教育」概念は、普通高等教育の誤訳である、という主張もある (舘 1993)。その説には肯定できる点とそうでない点がある (絹川 1995)。それでは、一般教育とは何か、改めて問う必要がある。一般教育とは、大学教育とは何か、という問いに答えるカリキュラム空間である。この考えには、専門教育だけが大学教育ではない、という前提がある。したがって、大学教育についての考えに応じて一般教育の内容は異なる。

日本の大学問題とは、大学教育とは何かという問いがないことである。ないままに、教員の専門志向だけが原理になっていることが問題なのである。大学教育を問うことは社会を問うこと、これが欠落していることが、日本の大学問題である。1970年代から1980年代にアメリカで一般教育復興運動、リバイバルが起きたのは、アメリカ社会のベトナム戦争等の悲劇に大学が敏感に反応したからである。日本の大学に、日本の将来をどう描こうとしているのか、という問いに基づいて教育を考えようとする機運があるか。「一般教育とは大学の現代社会に対するコミットメント」である。そのために、認識の基盤としての academic disciplines を学ぶことを拒否する理由はない。専門が教養にもなることを拒否する必要はないが、専門教養ということで意味したことは、専門学術にこと

さらに拒否反応するのでなく、専門に異なる要因を加えた教育内容を指示するためである（一般教育論については、Boyer and Levine 1981）。結論をラディカルにいえば、一般教育といえども、ディシプリンがその基盤にある。その欠けたるを補うのが一般教育であるということである。専門教育は一般教育の敵対概念ではなく、相補的でさえある。

参考文献

『IDE』天城会長会議記録、1997年

有本章「学問の構造と大学教育の関係」喜多村和之編『大学教育とは何か』玉川大学出版部、1988年

内田義彦『作品としての社会科学』岩波書店、1981年

扇谷尚「専門教育の自由化としての一般教育」『一般教育学会誌』15巻2号、1993年

オルテガ・イ・ガセット『大衆の反逆』ちくま学芸文庫、1995年

絹川正吉『大学教育の本質』ユーリーグ、1995年

高橋邦彦・森山茂他「改めて大綱化の意味を問う」『一般教育学会誌』18巻2号、1996年11月

舘昭「高等普通教育としての「一般教育」」『一般教育学会誌』15巻2号、1993年11月

P. H. フェニックス（佐野安仁他訳）『意味の領域』晃洋書房、1980年（P. H. Phenix (1964), Realms of Meaning, McGraw-Hill）

藤沢令夫「学問の原方向性」『一般教育学会誌』12巻2号、1990年

ジョセフ・ベン＝デビッド（天城勲監訳）『学問の府』サイマル出版会、1982年

村瀬裕也『教養のヒューマニズム』白石書店、1992年

Eanest L. Boyer and Arthur Levine, 1981, *A Quest for Common Learning*, The Carnegie Foundation for the advancement of Teaching, Princeton Univ. Press

Eanest L. Boyer, 1987, *The Undergraduate experience In America*, The Carnegie Foundation for the advancement of Teaching, Harper and Row Publishers （『アメリカの大学』リクルート出版、1988年）

P. L. Dressel and D. Mrcus, 1982, *On Teaching and Learning in College*, Jossey-Bass

Ⅳ 学士課程教育の舞台を作る

Ⅳ-1 カリキュラム開発の視点

　大学審議会の「21世紀答申」では、「教育方法等の改善─責任ある授業運営と厳格な成績評価の実施」という標題の下に、学部（学士）課程教育の具体策として次の事項について言及している。
　⑴　授業の設計と教員の教育責任
　⑵　成績評価基準の明示と厳格な成績評価の実施
　⑶　履修科目登録の上限設定と指導
　⑷　教員の教育内容・授業方法の改善
　⑸　教育活動の評価の実施
　学士課程教育は、教育内容に特徴があるというよりは、教育プロセスに特徴が置かれる。本章では、学士課程教育の実践の視点から、上記に関連する事項について述べる。

1　教育課程とカリキュラム

　いわゆる大綱化された「大学設置基準」では、「一般教育」等の科目区分は消滅し、新しく「教育課程」という言葉が登場した（基準第6章）。これに伴い、日本の大学でカリキュラムの改革が盛んに行われた。その動向には、一つの傾向が見られる。すなわち、一般教育科目という科目区分を廃止し、「共通科目」という新しい科目区分を定めることが、一般的のようである。そして、そのような改定とともに、一般教育担当教員組織の改廃ということが進行した。それに伴い、全学の教員が教養教育

にかかわる「全学出動体性」が一般的になった。この事態は、日本の大学にとって好ましいことか、十分な検討が必要である。

　カリキュラム論はこの点に深くかかわる論題である。

　「curriculum カリキュラム」という英語に対応する日本語は「履修課程、教育課程」である。しかし、「日本の大学にはカリキュラム（論、理念）はない」という批判がある (喜多村 1982；井門 1982)。旧来の大学でも、教育課程がないわけではないから、批判の意味は、カリキュラムとは教育課程と同義ではない、ということになる。この区別を明らかにすることが、本章の出発点になる。

　日本の大学組織の基本単位は、旧来の大学から続いて学部、学科、「講座制」である。この組織原理は、現在の大学設置基準にも厳然として残留している (基準第3章)。講座制は、特定の専門分野の研究者である一人の教授を核として構成される。このような組織原理は、大学は研究機関であるという認識に基づいている。したがって、講座の責任者である教授の主たる任務は、自己の専門分野の研究である。そして、その講座を維持するために、後継者を養成するという副次的に発生する教育義務が、教授の任務の一部となる。その限りにおいて、旧来の大学にも教育課程が存在した。その教育課程の内容は、それぞれの教授の専門性から必要とされる科目の集積である。そこには、科目の難易度による順序構造以外には、教育理念に相当する構造はほとんど発見できない。講座制を基本とする大学の教育課程の特徴は、教授の専門性に基づき一方的に発想されたもの、といえよう。

　現在の日本の大学では、学問の変容に伴い、旧来の講座は組み替えられ、大講座制に変わりつつある。にもかかわらず、「講座制」は日本の大学教員のイデオロギーとなり、大学の教育課程を専門から発想する体質は全く変わっていない。講座制は主として国立大学の専門学部編成原理で、私立大学に関係がないように思われるが、イデオロギーとしての「講座制」は、私大教員にとっても無関係ではない。この「講座制」のイデオロギーの解体から、大学のカリキュラム論が始まるのである。

2　学習者から発想するカリキュラム

　さて、それではカリキュラムとは何であろうか。カリキュラムとは「学習課程」の構造のことである。「教育課程」というときには、教授に強調が置かれるが、「カリキュラム」の場合には、学習者に強調が置かれていることに留意したい。学生の側から発想し、学生が主体的に学ぶ意思を励まし学習を実現するために、カリキュラムは構想される。教育課程は固定的であるが、カリキュラムは学習者の条件に応じて可変的であらざるをえない。教育課程とカリキュラムは、共通部分をもちながら、その発想はラディカルに異なる。

　カリキュラムを構成することは、学習課程を構造化することである。構造化の第一点は、学問の内在的構造と学問の現代的趨勢に基づく。大学での学習の本質は、人間の知的営みに学習者が主体的に参加する経験をもつことにあるから、大学のカリキュラムが学問の構造を反映することは当然である。この点では、講座制イデオロギーによる教育課程と、カリキュラムに大差がないように思われる。しかし、前者が狭隘な個別専門領域から発想されるのに対して、後者は学問の全体性または学問を超えた視点から発想されるところに、大きな差がある。このことは、カリキュラムの構造の第二の視点に深くかかわる。

　第二の視点とは、学習者の与件（初期条件）である。最近、大学のカリキュラムに、補正教育や導入教育あるいは初年次教育が加えられつつあることは、この第二の視点による。しかし、これは初年次教育等にとどまることではない。現代の大学はユニバーサル化している。多様な意図をもつ学習者を、大学は受容しなければならない。ユニバーサル化した学生を狭い専門領域の枠組みのみで受け入れることは不可能である。すなわち、旧来の専門学部教育は現代においては不適合である。このことは、専門（学部）教育を全面否定することではない。個別専門教育を包みながら、トータルに学習者に学習の意味付けをさせる時と場を、大学が用意しなければならない、ということである。

すなわち、以上の課題に答えるカリキュラム原理は、前章で主張した「専門教養科目」の理念（Ⅲ-4-1）にほかならない。現代の大学生は、専門教育を受ける以前の、専門を自己のアイデンティティとして選択を模索する過程にある。そういう学習者の与件に応える内容をカリキュラムとして実現しなければならない。したがって、カリキュラムは、専門選択への展望を与えるような構造を備えていることが不可欠となる。そのようなカリキュラムの構造は、必然的に発散的構造となる。それとともに、学習は収束する必要があるから、カリキュラムは集中的構造をもつ必要がある。

　もっとも、集中構造をもつ学習の成果は、単に特定の専門領域にとってのみ意味をもつものであってはならない。すなわち、一つのディシプリンに焦点を置きながら、トランスディシプリンの展望をもつ学習こそが、学士課程教育のカリキュラム構造である。

3　一般教育の内在化

　以上の視点をより強調すれば、およそ専門教育であっても、それが人間にとってどういう意味をもつものであるかが問われるような学習を目指す内容が、大学のカリキュラムには含まれる、ということである。それは、ボイヤーが言う「総合拡充専攻」（enriched program）ということになる。結局、大学のカリキュラム開発のポイントは、発散構造と集中構造をどのように調和させるかということになろう。

　さて、設置基準の大綱化によって、「一般教育」という科目区分は消滅した。しかし、一般教育は不要であるということではない。そのことは新設置基準第19条に明確に示されている。ただ、旧来の一般教育は必要がない。ではどうするか。この問いに対しては、上で論じたことが、すでに答えになっている。すなわち、ここで示したカリキュラム構想は、その内容からして、一般教育を本来の意味で内包している。「一般教育」という科目区分があるか否かではない。現代における大学教育の質は、どれだけゼネラルであるかによって決定される。スペシャルであるより

は、ゼネラルであることに価値を置くべきであろう。このことは、大学院重視の傾向と相対立することではない。むしろ大学院での修学を基礎付けるものである。

4　学生が選ぶカリキュラム

　大学のカリキュラムの構造化の第三点は、以上で論じたことから必然的に導かれるように、選択構造の程度の表現である。旧来の教育課程は、専門領域ごとにタテ型の壁を築く構造をとる。そこには学習者による科目選択の余地はほとんどない。したがって、そのような教育課程は、専門選択の過程にある学習者にとって不適合を起こしがちである。学生が学習のレベルと目的に応じて、科目選定ができるような枠組みこそが、大学のカリキュラムである。そういう自由度と、一方では大学教育として欠くことのできないコアの設定に伴う必修度との調和を図ることが、大学のカリキュラム構成のポイントとなる。意味のある選択構造をどこまで許容できるかによって、大学のカリキュラムの個性化が図られるのである。

　カリキュラムに選択構造を導入する一つの方法は、横断型（学際的）カリキュラムの開発である。そのようなカリキュラムを構成するためには、旧来のディシプリン中心のタテ型構造のハードな壁を浸透膜にすることが必要である。そのうえで、タテ型課程を横断するインターディシプリナリーな学習プログラムを開発すればよい。すなわち、タテ型とヨコ型を組み合わせる行列構造のカリキュラムを導入することで、学習者の選択幅は著しく拡大する。行列構造カリキュラムは、まずは一つの学部内で構想するが、さらにそれを発展させて、学部間横断カリキュラムに発展させることが可能である。そのようなカリキュラムに基づく学習を、仮に「グローバル専攻」と呼ぶことにする。

　グローバル専攻は、発散型の学習であるから、無意味に拡散しないようカリキュラムモデルを提示することが重要である。モデル名として、「科学・技術・社会」(STS)、「多文化社会」「国際関係と平和」など、現代

世界に対する大学のコミットメントを表現するテーマを選ぶのも一方法であろう。さらに、このようなカリキュラムの運営のために、カリキュラム・ガイダンスができる教職員の育成が急務となる。

5　学期制度・FD

　学習者の選択の自由を許容するカリキュラムを実現するためには、通年制度(学年制)を、二学期制または三学期制に改めなければならない。通年制は旧来の教育課程を支える枠組みであって、単位制を中心とする大学の在り方にはなじまない。行列型カリキュラムを組むためには、三学期制が最適である。

　以上で論じた大学のカリキュラム改革の視点から、必然的に問題になることは、そういうカリキュラムを支える教員の資質である。特に「総合拡充専攻」において問われていることは、教員の狭い専門性である。いまや、既存の学問体系は、地球圏あるいは宇宙圏的視点で組み直すことが求められている。そういう学問状況をふまえた教員の資質開発は、これからの大学教員にとって必須の課題である。カリキュラム開発は、教員資質開発と相補的なものである。(本書V章参照)

参考文献
　井門富二夫「大学カリキュラムの理念」『IDE』6月号、1982年
　喜多村和之「大学におけるカリキュラムの位置」『IDE』6月号、1982年
　アーネスト・L. ボイヤー『アメリカの大学・カレッジ』リクルート出版、1988年

IV-2　シラバス

1　シラバスとは

　大学設置基準大綱化の原点となった「大学審議会」の報告書に、「大学自己点検・評価項目（例）」という一文が併記されていた。その一つの項目である「教育指導の在り方」の中に、「各授業科目ごとの授業計画（シラバス）の作成状況」という記述があった。このことがきっかけとは限らないが、「シラバス」をつくり公刊することが、日本の大学で流行した。そして、『電話帳』のような分厚い「（総合）シラバス集」を数多く見かけるようになった。かつて「大学紛争」時代に、「紙吹雪の大学改革」と揶揄されたことがあった。こんどは何といわれるのであろうか。

　大学審議会が「シラバス」に注目したのは、アメリカの大学における授業形態を調べたからであろう（アメリカにおける大学基準認定のための基本資料にシラバスがあげられている）。私の経験の限りでは、アメリカで電話帳のようなシラバス集を見たことはない（大学要覧〈ブリティン〉とは別のことである）。せいぜい教室（デパートメント）ごとに各科目担当教員の書いたシラバスをホチキスでまとめたものしかなかった。バークレーのカリフォルニア大学の数学教室では、それを事務室でつくって、実費2ドルで売っていた。アメリカの大学のシラバスは、科目担当教員が、自分の意志でつくるもので、御上の一言でいっせいに、同じ型にはめてつくるものではない。シラバスをつくっておかないと、学生との応対で教員は大変な目にあうから、という事情もある。教員の側にちょっとでも隙があれば、学生からクレームを突きつけられるという状況も無視できない。

　日本の大学の教員は、羊のように従順な学生を相手にしているから、シラバスをつくっておかなければならない必要を感じていない。このようにいえば極論であろうか。苅谷剛彦（1992年）はアメリカの大学の固有な文化状況を無視して、アメリカの大学教育の「小道具」を日本の大

学に持ち込むことを批判している。日本の大学でシラバスが意味をもつようになるか否かは、日本の大学文化の在りようにかかわっていることはいうまでもない。『電話帳』をつくることよりも、そういうものが必要になるような大学の在り方の検討が先行していなければ、どのように立派な『電話帳』をつくっても、それは浪費に終わるだけである。

シラバスとは何か、ということは、大学の授業をどのように行うのか、という問いである。そして、シラバスは「小道具」であるが、「大道具」がしっかりしていなければ、「小道具」の効用も生まれないのである。

「シラバス」は日本の大学のいわゆる「講義要項」に対応する概念ではない。シラバス論はこの認識から出発する。もちろん両者には共通する部分がある。「講義要項」は大学教員から学生への一方向的告知という性格が強い。特に日本の大学の教育課程が、大部分を必修科目で埋めている事態の下では、「講義要項」は権威的性格を払拭することは難しい。「シラバス（syllabus）」を日本語に訳せば、「講義（授業）要項」とするほかはないが、「シラバス」と「講義要項」では、それぞれの言葉をめぐる文化状況が全く異なるといってよいであろう（苅谷 1992）。すなわち、「講義要項」は一方的通告であるが、「シラバス」は大学（教員）と学生との間の双方向的コミュニケーションの道具である。特に選択構造を中心とする教育課程においては、「シラバス」という教育サービスのカタログを見て、学生は受講する科目の登録をする。その際、「シラバス」は大学教員と学生との間での双務的契約書に対応する（苅谷 1992）。教員はシラバスで予告したように授業をする。学生はシラバスで指定してあるように予習しなければならない。そういう授業の在り方の下で、シラバスは意味をもっている。大学における授業をこのように双方向的に認識する記号として、「シラバス」は登場する。したがって、「シラバス」を作るということは、これまでの権威的大学文化を新しい双方向的文化に改革することを意味している。この認識がないと、「シラバス」を作っても、それは依然として「講義要項」でしかありえない。「シラバス」とは行動的コンセプトなのである。

2 シラバスの事例

　アメリカの大学で見かけるシラバスの典型的な例を次に示しておこう。典型的といっても、それぞれのシラバスには教員の個性が表れていて、同じものは一つもない。以下に示すものは、いくつかの実例を基に合成したものである。このシラバス例を見ると、アメリカの大学で授業がどのように行われているか、想像ができる〔アメリカの大学のシラバスの一般的型については、苅谷 1992、および原 1994に詳しい紹介がある〕。次に示すシラバスの例で注目したい一つのことは、「私（担当教員）」から「あなた（受講学生）」に当てたメッセージの形をとっていることである。このような点にも、アメリカと日本の大学文化の差異が垣間見られる。

　　　　　　　＊＊＊＊＊＊＊＊＊＊＊＊＊＊＊

（シラバスの例）
〔科目名〕コース番号 E108「現代作家論」(3単位、既修科目条件なし)
〔開講学期〕1995年冬学期
〔曜日・時限〕月・水・金　10：00－11：00
〔教室〕ラント229号室
〔教員名〕スーザン・シャノン
〔オフィス〕ブレッグ212号室　電話415－8912
〔オフィス・アワー〕水曜日13：00－14：00
　　　　　　　　　　金曜日12：30－13：30
　　（その他、要アポイントメント）
〔教育助手〕マーガレット・コーリン　ブレッグ 190号室
〔目的〕このコースでは、現代における文学作品の数篇を、社会的、文化的、歴史的に分析して、それらの作品における現代の影響を考察する。すなわち、20世紀における社会の都市化と工業化の影響を調べる。このコースで学ぶことにより、あなたは現代社会における文学の意味を再認識し、あなたが自分の専門を選択するための手がかりを発見することが期待される。
〔授業方針〕このコースではかなりの量の指定図書を早いペースで一挙

に考察するから、あなたはすべてのクラスに時間どおりに出席することが求められている。その際、指定されたテキストについて、問題提起と討論ができるように、十分な用意が必要である（教育助手〈ティーチング・アシスタント〉はあなたの準備に対して、適切な助言を与えることができる）。あなたは1週ごとに1冊の本を読み通すことになる。それらの指定図書はそれぞれ300頁以上の分量がある。このクラスであなたができる最も重要なことは、テキストを注意深く読んで、クラスでの討論に参加することである。限られた時間内で広い範囲のことを扱ってしまうから、1回でも欠席すると、取り返しがつかないことになる。出席厳守を求めることは、欠くことのできない授業方針である。どうしても出席できない場合は、1回に限って罰則なしに認める。2回以上欠席したときは、成績は3分の2になる。欠席したクラスの内容を補充することは、あなた自身の責任である。

　学期中に5〜6頁のレポートを提出する。最後の週に試験をする。指定図書についての短いクイズを8回行う。そのうちから高得点の7回分の平均を最終成績に加える。クイズは各週の演習のセッションで行う。受けられなかったクイズの再試験はしない。期限を過ぎて提出されたレポートは非常に不利に扱われる。よほどのことがない限り、そのようなレポートは受け取られない。提出期限について問題が生じたときは、期日の1週間前に私または教育助手に連絡しなければならない。授業についての意見を歓迎する。

〔成績基準〕成績は大学が定めたガイドラインに従って与えられる。成績Aは非常に秀れた成果に対して与えられる。成績Bはこのコースが要求しているレベル以上の成果に対して与えられる。成績Cはこのコースの基本的履修成果に対して与えられる。成績Dは基本的要求を満たしていないが、単位は取得できるレベルに対して与えられる。成績Fはこのコースの基本的条件を満たしていない場合で、単位は与えられない。

成績は、次の基準に基づいて計算される。

　　出席と討論への参加：20％

毎週のクイズ：10％

　　レポート：35％

　　最終試験：35％

〔指定図書〕（書名①〜⑧、本書では略す）

　指定図書は大学ブック・ストアーで購入できる。ただし、⑤はコピー・センターに予約して入手すること。

〔授業予定表〕（変更することもある。変更はそのつどクラスで通知する。）

(第1週) コースの展望について討論。

(第2週) 指定図書①を読み、「性差とジャンル」について論ずる。

(第3週) (略)

(第4週) 指定図書③を読み、「民族性の表現」について論ずる。「中間レポート」の課題を示す。

(第5週) 指定図書④を読み、「ポスト・モダン」について論ずる。「中間レポート」を提出する。

(第6〜9週) (略)

(第10週) 指定図書⑨を読み、「フェミニズム」について論ずる。「最終試験」についてコメントする。

(第11週)「最終試験」「授業評価」を求める。

〔その他の注意〕

　(a)学問的誠実性の要求：学問をする者がしてはならないことを、大学は次のように定めている。他の学生の学ぶ権利を侵害してはならない。他の学生の必要な資料を奪ったり、学習を妨害するようなことをしてはならない。また自分の学習の結果を偽って表現してはならない。すなわち、試験における不正行為、レポートの盗作、同じレポートを他のコースで（許可なく）再利用すること、等は学問的誠実性に反することで、してはならない。他人の考えやことば（文章）を、出典を明記しないで用いることは盗作である。不正行為をしたときには、そのコースでの学習成果はすべて取り消される。

　(b)支障がある場合：コースに参加して能力を十分発揮することに何ら

かの支障がある場合には、適切な方法を相談するから、遠慮なく申し出ること。
(c)教育助手の指導に不満があるときは、遠慮することなく、私か教室主任に伝えてほしい。　　　　　　　　　　　　（以上）

＊＊＊＊＊＊＊＊＊＊＊＊＊＊＊

3　シラバス論は授業論

　アメリカの大学では、学期はじめに学生たちが開講されるコース（科目）のシラバスを参照しながら、ショピングをする、といわれている（Gullette編 1982、以下同書参照）。シラバスとはショピングのためのメニューである。学生たちはコースについて、できる限り詳細な情報を求めている。リーディング・リスト／アサインメント（指定図書一覧）のみでなく、試験の方法やレポートの提出回数に関心をもつ。授業はどのように行われるのか、ディスカッションがあるのか、教員との交流の密度は高いか、学生の質問に十分に答えてくれるのか、成績の基準はどうなっているか、等に強い関心を学生はもっている。ある意味で学生は科目登録票にサインすることを、一種の契約書の作成と受け止めている。そのような学生の要求に応えて、教員はコース・シラバス（教授課程要目）を用意する。

　シラバスの形式については、いろいろある。しかし、シラバスが第一に含めなければならない内容は、コース全体のフレームワーク（枠組み）と、そのコースで学ぶことによって到達する目標（付加価値）である。この目標は、教員から学生に受動的に与えられることではなく、学生が能動的に獲得すべきことであると位置付けられている。契約は双務的であって、シラバスに書いてある内容について、教員の側だけに責任があるのではなく、コースを登録する学生の側にも責任がある、ということである。そういう意味での契約内容が、シラバスには明記されていなければならない。

　シラバスにはコースで扱う内容とともに、なぜそういう題材を議論するのか、その理由も示されていなければならない。そして、そのコース

が専攻の全課程の中にどのように位置付けられているのか、その展望が説明されていることが必要である。そのような展望の中で、そのコースが特に強調していること、集中して考えるポイントをシラバスに書いておく(マッキーチ 1984)。そのことによって、学生ばかりではなく教員も、常に教育の全体像に関心をもち、全体の部分としてのそのコースの役割を認識するのである。コースがただ教員の専門的興味だけからつくられてはならないのである。よく構成されたシラバスというのは、学生がそのコースについての考えをまとめるうえで役に立つように、主題と副題が明確に区分されているものである。

　学生はコースに参加するときの負担について、強い関心をもっている。どのくらいの時間的制約を強いられるかは、他の受講科目とのバランス上、学生にとっては一番の関心事である。教員は学生を自分のクラスで独占し、学生のすべての力を投入させてしまうような、クラス計画を立ててはならない。特に学生に読ませる指定図書の分量については、適切さが必要である。学生にとって関心が最も強いところは、試験やレポートを課せられるタイミングと試験範囲である。学生はそのような情報の全体を基にして、学期中の学習計画を効果的に定めることを試みるのである。さらに成績がどのように与えられるのか、正確な情報を学生に示しておかなければ、後できっとトラブルが起きる。

　かつて ICU でアメリカの大学からの短期留学生が、日本人の教授の成績のつけ方に異議を申し立て、学部長にまで苦情をいってきたことがあった。学生の言い分は、自分はクラスでの討論に積極的に参加してきた、他の日本人学生はほとんど何も発言しなかったのに、彼の成績はAで自分の成績はBであるのは納得できない、ということであった。担当教授は、成績はレポートを基にしたので、学生のクレームは認めない、ということであった。教授と学生との間の論争は平行線のままで、学部長のところに問題が持ち込まれたのである。これは日米の習慣の違いといってしまえばそれまでであるが、国際化しつつある日本の大学に対しての一石であった。

成績評価に関するポリシーは、シラバスに記入する事項の中で学生が強い関心をもつことである。特に期限を過ぎたレポートを受け取るのか否か、等のポリシーは、はっきりさせておくことが、学生に対する教育的配慮である。

　コースにはレベルがある。既修科目等の条件を明示していなかったために、学生が能力に余る授業を登録して、ドロップ・アウトしなければならなくなるようなことは避けなくてはならない。指定図書の意味も示しておく必要がある。それらの図書が、単なる関連資料なのか、またはそれらを読むことが絶対に必要なのか、そのような区別をあいまいにして、結局は「指定図書」を無意味にしてはならない。クラス（授業）予定表には、クラスに来る前に読んでおかなければならない図書（資料）は、そのつど明示しておく必要がある。読んでいてもいなくても参加できるような授業ならば、シラバスは必要なく、有害である。

　もう一つ注意をしておきたい。上記の「シラバス例」で、〔授業予定表〕に（変更することもある。変更はそのつどクラスで通知する）と記述してあることについてである。日本の教員がシラバスを作ることをいやがる理由は、面倒であるからということのみではない。あらかじめシラバスを作ると、それに授業が拘束されることを嫌うのである。これは重要な視点である。授業は生き物である。授業は発展する。そのような授業をシラバスが拘束すれば、授業は死ぬ。したがって、上記の例のように、授業の展開いかんによっては、授業予定は変更されることは、前提である。もちろん、はじめに不正確なシラバスを示しておいて、後で勝手に変更することは論外である。

4　シラバスの意味

　「シラバス」と「講義要項」とは同じものか。同じであり、同じでない。講義要項は教授が講義する内容の予告である。シラバスは学生になすべきことを要求するものである。シラバスは学生に科目選択を大幅に認めるようなカリキュラムを前提にした小道具である。科目選択の幅が狭い

カリキュラムのもとでは、シラバスの効用は少ない。さらに、前に示した例からわかるように、シラバスは教員である「私」が学生である「あなたに」提示する、いわば双方向的合意文書である。教員と学生の間に双方向的コミュニケーションが成立するような場があって、はじめてシラバスという小道具も使い道が出てくる。そういう知的交流の場の形成を無視して、形だけ同じシラバスを作ってみても、そういうシラバスは上意下達式の講義要項と同じである。『電話帳』が全く無意味だというわけではない。日本の大学教員の授業の密室性を打破するという効果が、『電話帳』にもある。しかし、それだけでは虚しい。教員がほんとうに学生と知的交流をしようとすれば、自然に教員は授業の在り方を考え、工夫をする。一方通行的な講義ではなく、相互交流的な授業の場の形成を試みる。そういう教員は御上からいわれなくてもシラバスを作る。まずあるのは教員の授業への熱意と、その構想と、その実施方法の工夫である。大学教員の授業観の変革が、シラバスを生むのである。そして、そのような授業変革が自然に学生に「授業評価」を求めることにもなる（絹川 1994、および本書次節）。形式的な枠組みを先に作っても、大学の授業の実態は変わりようがなく、シラバスは紙吹雪ならぬドカ雪になってしまう。

参考文献

苅谷剛彦『アメリカの大学・ニッポンの大学』玉川大学出版部、1992年
絹川正吉（次節）「学生の授業評価とシラバス」『一般教育学会誌』16巻2号、1994年
原一雄「シラバス」『一般教育学会誌』16巻1号、1994年、67頁
W. J. マッキーチ『大学教授法の実際』玉川大学出版部、1984年
M. M. Gullette (ed.), 1982, *The Art and Craft of Teaching*, Harvard University Press

IV-3　GPA制度と厳格な成績評価

1　GPA制度運用モデル

　欧州の例であるが、「大学時代の成績は社会人になってからの業績とはほとんどもしくはまったく関係がない」という調査結果がある（橋本1976）。日本の企業は社員の採用試験で、大学の成績にほとんど注目していない。大学の成績がこのように価値のないものであるならば、なぜいま日本の大学で成績評価の問題がこれほど重く取り上げられているのか。その背後にある事態は、大学が学生を教育していないという社会の不信感である。この不信感に対する大学の応答として、「厳格な成績評価の実施」が求められているのである。

　大学審議会は「21世紀答申」において、課題探究能力の育成のために、大学の授業の在り方についていくつかのコメントをしている。その一つに「厳格な成績評価」を行うことにより、学生の卒業時における質を確保せよとして、そのためにGPA（Grade Point Average 平均成績係数）を用いることを推奨している。この論には飛躍がある。厳格な成績評価とGPA制度は直接には関係しない。その論は後で述べることにして、本節では学士課程教育の小道具としてのGPA制度を考察する。GPA制度そのものには意味はない。それをどう運用するか、ということが重要である。以下にその運用モデルを示そう（国際基督教大学要覧1989年版参照）。

(1) アカデミック・ガイダンス

　学士課程教育においては、ある程度の広がりをもった知的営みの場を設定しなければならないが、一方において過度の拡散は、専門性の深さを阻害し、かえって学士課程教育の目的に反することになる。学士課程教育における広さの次元を、雑多な科目の集積と誤解してはならない。そこには深く学問性に根ざして設計されたカリキュラム、学習の構造性がなければならない。科目選択の自由を学生に与えることは、学士課程

教育において必要であるが、一方でそれを学生の恣意的判断に委ねてはならない。したがって、学士課程教育においてはアカデミック・ガイダンスが本質的である。アカデミック・ガイダンスが円滑に行われるように支援する制度がなければ、学士課程教育は死に体になる。そういう仕組みとして、アドバイザー制度と成績係数(GPA)制度は位置付けられる。以下、その機能を概説する。

(2) アドバイザー制度

各学生に対して、入学時にアカデミック・アドバイザー（助言教員）を指定する。アドバイザーは、学生と個人的に接触して、学習計画や一身上の問題についても助言を与える。海外研修申告や、奨学金の受給申請にはアドバイザーの推薦を必要する。アドバイザーは以下に述べる学生の大学生活の重要な場面で、しばしば登場する。

〈アドバイザーの役割〉
 a) 学生の履修計画の指導と各学期の履修計画の確認
 b) 学生の修学上の諸問題(休学、退学、等学籍問題に関る手続、健康問題)の対応と配慮
 c) 学生の生活上の諸問題の対応と配慮
 d) 奨学金申請、留学、就職、大学院進学等のための推薦状
 e) 保証人との連絡
 f) 学生がアドバイザーと会えるオフィス・アワーの設定

(3) 平均成績 (GPA) 制度

学生の成績は、中間試験、期末試験、レポートの評価、授業への出席状況等を総合して決定される。評価はA (100-90点)、B (89-80点)、C (79-70点)、D (69-60点)、E (59-0点)の5段階に分類して、科目成績(grade point, GP)をA＝4点、B＝3点、C＝2点、D＝1点、E＝0点で表わす。ここに、

　A＝その科目において要求される程度をこえて特に優秀；抜きんでて

優れている。
B＝その科目の要求にふさわしい優れた成績；平均をこえている。
C＝一応、要求をみたす成績；平均的。
D＝合格と認められる最低の成績；平均以下。
E＝不合格

である。A，B，Cは合格点、Dは科目単位習得は認めるが、成績としては不十分である（後述参照）。

　一定期間（学期、学年、総就学年度）ごとのGPA（Grade Point Average 成績係数）とは、一定期間ごとに、〔各科目成績×各科目単位数〕の総和を登録科目総単位数で除した数値である。これが成績表に表記される。ここで、GPAを計算する一定期間のとり方が重要である。GPAは学生の大学での生活のいろいろな場面で影響をもつ。

成　績	評　点　表				
	100〜91	90〜81	80〜71	70〜61	60〜0
グレード	A	B	C	D	E
評点 (GP)	4	3	2	1	0

$$\text{GPA} = \frac{\Sigma \ UNIT \times GP}{\Sigma \ UNIT}$$

(4) 科目登録制度

　学期開始日に学生はその学期に履修する科目の登録を行う。登録は必ずアドバイザーの助言を受けるシステムにする。登録日には、全教員が研究室に待機して、受け持ち学生の科目登録について助言を与える。学生はアドバイザーに面接しなければ、科目登録ができないようにする。第一に、それまでの履修科目成績全体を含む成績一覧表をアドバイザーから受け取る。これを見ないとこれからの履修計画が定められない。成績一覧表には各学期のGPAと在学期間全体のGPA（これは後述のミニマムリクワイアメントに関係）が表示されている。また前学期のGPAに基づ

く履修制限条件も記載されている。学生の成績表を参考にして、アドバイザーはいろいろな助言を学生に与える。学習の障害が学生の精神的問題であることを発見するのも、このようなときである。場合によっては、カウンセラーと連絡をとる。第二に、科目登録は学生の主体性を尊重し、アドバイザーはまさに助言者の位置にとどまるが、科目登録表にはアドバイザーの署名が必要とする。このような仕組みで、アドバイザーと学生が接触できるときを保障する。

(5) 履修科目制限制度（キャップ制度）

アドバイザーは学生のGPAに基づいて学生の次学期科目登録数の調整を助言する。前学期のGPAが3未満のときには、科目登録を標準に押さえる。前学期のGPAが3以上のときには、標準をこえて科目登録をすることを認める。

登録1週間後までは登録変更が認められるが、その後は変更や取り消しは、病気等による不可抗力の場合以外は、認めない。このような制度は、学生の学習の質を保持するために重要である。

GPAが影響するのは以上の諸点のみではない。GPAが悪いときは教職課程の受講を認めないこともある。奨学金にも影響する。もっと重要なのは、次の2つの制度である。

(6) 学士候補資格と卒業研究

学生は第3年次3学期目に卒業研究予備登録を伴う学士候補資格認定申請書を提出する。この資格が認定されないときは、卒業研究の登録を認めない。また就職活動等に必要な卒業見込証明書も発行しない。学士候補資格の条件の主なものは、修得単位数とGPAである。それまでに修得した総単位数のGPAが1.5以上（または2以上）なければ、学士候補資格は与えない。成績D＝1点は単位修得の最低点であるから、単位修得数が規定どおりでも、GPAが1では学士候補資格は与えられないことになる。

卒業研究については、卒業論文の提出のみに重きをおくのでなく、論文作成に至る1年間の学習の過程を重視する。そのことの制度的表現が、卒業研究中間成績報告制度である。(3学期制の場合には) 卒業研究の第1学期目および2学期目には、P (合格)、U (不満足だが、次の学期に継続することを認める)、またはF (不合格、はじめからやり直し) の成績を示す。

(7) 成績不良による退学制度

3学期連続してGPAが1.00未満の成績の学生は、成業の見込みがないものと判断し、(学則により) 除籍する。除籍者は再入学を認めない (一般入試を経て入学する場合は論外である。その場合、過去の修得単位は無効である)。

1回目の成績不良のときには、成績表に記載され、また学生本人に学部長から注意をする。アドバイザーも注意されるようにする。連続2回目には、警告書を学生の保証人にも届ける。アドバイザーに学部長は当該学生に対する指導について、いかなる対策をとるか、問い合わせる。アドバイザーは学生と面接をして、成績が上がらない原因を確かめ、学生を指導する。履修科目数を減らすことを勧告することもする。カウンセラーに指導を依頼する場合もある。これらの対応策をアドバイザーは定められた書式 (「成績不良者報告」) で学部長に報告する。その報告書には、成績、家族と経済状況、健康状態、課外活動、成績不良要因等の項目について、アドバイザーの所見を記載する。その報告次第で学部長が直接学生に面接して、指導することもある。3学期成績不良が連続したときでも、機械的に除籍することはしない。学部長は学生と面接して、成業の可能性が全くないかどうか、慎重に判断する。その面接には通常アドバイザーも同席する。少しでも可能性が認められれば、条件付きで、さらにもう1学期履修を認める。カウンセラーが指導中の場合には、カウンセラーの提言に従って、除籍を猶予する。これらの慎重な手続きを経て、成業の見通しがない場合に、学部長ははじめて除籍の手続きをとる。学部長にとってそれは苦渋の選択であるから、そうならないように

関係者が努力をするところに、この制度の意味がある。すなわち、この制度の本旨は、学生を除籍することに目的があるのではなく、学生が学業に励むよう支援するところにある。

2 アドバイザー制度の機能不全

前述のようにアドバイザー制度は学士課程教育の実行において本質的である。カリキュラムに精通し、全教員の専門分野についてあるレベルの知識をすべての教員が一応もっていなければ、学生の多様な必要に応答できない。しかし、分化した専門領域の研究者である教員に、それだけの努力を要請することには、無理がある。にもかかわらず、学士課程教育の責任を負う教員であるからには、そういう努力は不可避である。対策として、アドバイザー制度を補足する「アカデミック・カウンセラー」をおくことも検討しなければならない。

3 GPAの等質性の保証

このように重要な役割をもつGPAであるから、学生の成績評価には教員間で差があってはならない。成績評価の等質性をいかにして保つかは、難しい課題である。

学生の成績評価の信頼性については、問題が多い。成績について学生の意見を聞いてみると、約半数の学生は不信感を表明する。自分に対する評価を良く求めるのが自然であるから、悪い成績を与えられた学生が、自分の責任を棚に上げて、不満を言うことは当然である。だから成績に対する学生の不信感は注意に値しない、とはいいきれない。その証拠は、全員に甘い成績をつける教員に、学生は必ずしも良い評価を与えないことにも表れている。学生の不信感をもう少し詳しく調べてみると、次のようである。

〈不信感の要因〉
 a) 成績を付ける要因が不明
 b) 評価基準が不明

c）最終テストだけで成績を付けられる
　d）出席を評価しない
　e）授業の内容に無関係なテストで評価される
　f）評価基準が教員によって異なる
　g）テストのフィードバックがない

　以上のような問題性とは部分的に異質の問題もある。同一答案に対して、複数の教員に採点させたところ、それらの点数の分布が、正規曲線に近いほど広がった、という実験結果が公表されている（橋本 1976）。

　以上の問題に対して適切な対応がなければ、GPA 制度も砂上の楼閣になる。しかし、これらの問題に対しては完全な解答はないが、次善の策でも試みる必要があろう。

　同一の科目名で、複数の教員がそれぞれ開講するときは、第一に教育内容が同一でなければならない。そのために、担当教員は共同でシラバスを作ることから始める。中間試験の回数についても協議をしておかなければならない。そのようにして学習課題を標準化する。その上で評価法を共有する。すなわち、学生のどのようなパフォーマンスにいかなる成績を与えるか定めておく。その際、いかなる項目について評価するかを、共通に定める必要がある。さらに、それぞれの項目について、評価の重みも定めておかなければならない。成績評価の要素として、次の項目がある。

　ⅰ）予習活動
　ⅱ）クラスでのパフォーマンス
　ⅲ）宿題、その創造性と洞察の深さ
　ⅳ）進歩の程度
　ⅴ）熱心さ
　ⅵ）出席

　どのような割合で学生にA、B、C、等の評価を与えるかは、一意的には解けない。クラス全体での平均成績を、例えば、2.3にするとして、
　　A：B：C：D＝10：20：60：10

とすれば、恐らく評価が厳しい、という反応が返ってくるであろう。評価の標準を教員間でよく協議しておかなければならない。

科目分類別のGPA一覧表を教授会で配布し、GPAの等質性維持のための教員の自発的対応を促すことも必要である。

また、外国の大学に留学をする学生の成績表にGPAを記入し、併せて全学のGPAを添付する。そうすることで、成績評価の信頼を主張する。

いかに学業を評価するかは、Faculty Developmentの問題でもある（Ⅴ-1）。成績評価について、教員が留意すべきことを、以下にまとめてみた（ローマン 1988）。

〈成績評定の注意〉

1) 学期を通じての継続的な努力に報いる方法をとる。
2) 第一回目の評価を最終評価に決定的に影響させてはならない。
3) 最終成績算出の計算は必ず検算する。
4) 境界線上の成績には授業への参加度を加味する。
5) 成績分布を無理に正規曲線に当てはめない。
6) 成績公表には氏名を伏せる。
7) 教員の落ち度でない限り、成績の変更はしない。
8) 試験を行う理由を学生に理解させる。
9) 学生に公平な評価とフィードバックが与えられることを信じさせる。
10) AとBとはそう変わらない、などといってはならない。

4　厳格な成績評価の前提

厳格な成績評価とGPA制度は直接には関係しない。そのことは前述のGPA制度の説明を見れば明らかである。そこで、ここでは「厳格な成績評価」について2、3のコメントをしておく。厳格な成績評価に意味があるようにするのには、厳格な教育と教育支援が前提である。厳格な教育が行われていないところで成績だけを厳しくしても、無意味である。つまり教育目標が明確で、履修内容とそのレベルが明示されていること

が、厳格な成績評価を行う前提である。目標をふまえた教育の提供と学習支援に対応して、厳格な成績評価が意味をもつのである。

　もう一つ重要なことは、学生の学習を支援するシステムが整っていることである。最近、学習支援室を設ける大学が出始めた。そこに、学生が授業でわからなかったことを質問に来る。それに答えるために、教員を常置させている大学もある。そのような支援があって、はじめて厳格な成績評価やGPAを用いた成績管理が意味をもつのであろう。

　次に考えておくことは、評価の客観性と公正性の確保ということである。これが確保されない厳格な成績評価ということは、無意味である。しかし、このことは難題である。

5　評価と評定

　もう一つの問題は、評価と評定（または査定）の区別が、日本の大学でははっきりしていないことである。評価という言葉と評定（査定）という言葉は、意味が異なる。日本語でははっきりしないが、英語では評価はevaluationで、評定（査定）はassessmentである。アメリカで教員のアセスメントといえば、給料に影響するような、日本流にいえば評価のことである。学習評価の場合には、その評価は学習過程調査でなければならない。学生が学習過程で、学習の度合いを見る基準として使うものが評価である。したがって授業と不可分の関係にある。授業が適切に行われていなければ、学生の学習活動も不十分なままで終わる。学生の学習過程における評価が悪いということは、逆にいうと教員の授業に問題があるということになる。そういうダイナミックな関係において、学生の学習評価をする。したがって、評価は常に行わなければならない。期末に一回だけ試験をして終了ということは、評価なしの査定のみということになり、授業としては欠陥商品である。

　評価と評定ということを明確に認識し、授業を行い、学習評価をすることが、評定すなわち、厳格な成績評価の大前提である。最後の試験のみの評定をいかに厳格にしても、学習効果は期待できない。それは教育

ではない。さらに、最終試験が終わった後に、もう1時間授業時間があるようにして、最終試験の結果に基づいて、授業すなわち学生と教員の共同の営みの結果がどうであったかということを、学生と一緒に考える時間を持つことが、学習成果を豊かにする。教育活動では、常にフォローアップのときが必要である。

6　学習評価の方法

　学習評価の方法は、必ずシラバス（前節参照）に書くのが原則である。どういう視点で書くかが問題である。アメリカの場合には、レポートで何％、ディスカッションで何％、出席で何％、最終試験の結果は50％以下となっている。したがって、最後の試験で満点をとっても、他の評価項目が十分でなければ、単位取得はできない。

　評価の方法も、ペーパーテストだけではなく、口頭テスト、討論参加度、レポートなど多角的な評価を行う。筆記試験だけが唯一の評価・査定の方法ではない（ついでに、講義だけが授業の方法ではないことを、日本の大学教員は考えるべきである）。多様な学習評価の方法を駆使して、適正な評価を行うことが、厳格な成績評価の要素になる。

7　いくつかのコメント

(a) 何を評価するか

　何を評価するか、これも非常に難しい問題である。試験問題は、だいたいは経験的、直感的に作成されている。大学教員は専門家としてのオーソリティーとか、それなりの見識をもっている。教員がふと考えて出した問題でも、意味があるのだと思ってる。直感的に、こういう問題が良い問題だと判断している。どうして良い問題か、論理的に説明せよといわれるとよくわからなくなる。学問的な本質直感によるのである。しかし、そのことは恣意的であることと紙一重である。また学生に絶望させるような試験問題を作ってはならない。試験問題というのは学生に満足感を与えるというか、試験を受けた後に学生が「やった」という達成感

を持つようなものであるべきである。それが教育活動である。試験も教育活動の重要な部分である。

(b) 試験問題の種別傾向

試験問題の種別傾向を見ると、ほとんどがブルームがいうところの「単純再生」、つまり記憶の試験である。このような試験はあまり意味がない。強調すべきは「概念学習」、あるいは「一般化能力」である。コンセプトということに中心を置いた教育活動と評価をきちんとしないと、大学の教育にはならない。

(c) 絶対評価と GPA

GPA 制度は、大学の営みを相対化する危険がある、という批判がある。ここでいわれている「相対化」の具体性は、成績評価の相対化を意味する。すなわち、GPA 制度は成績評価が相対的で、真理探究を使命とする大学の本質に反する、大学における評価は絶対評価を基盤とすべきである、というのである。この見解には誤解がある。GPA は成績の平均をとる、というだけで、その源資料が相対評価であるか絶対評価であるかには関係がない。ここで提示されている GPA 制度に対する批判の本音は別のところにある。

大学における評価は絶対評価であることが本質的である、という主張の前提は、評価者（教授）の絶対的権威の承認である。このエートスを貫徹すると、大学は、一人一人の大学教授の絶対性に分解されてしまう。大学は、そういう教授たちの単なる集合になり、有機的一体性は消失する。そういう大学観が GPA 制度を本能的に嫌うのである。GPA を活かす文化は、そういう社会を超越する大学絶対論とは異質である。大学制度というのは一つの社会的な仕組みである。そういう大学での営みは構成員の組織的取り組みを要求する。大学構成員の営みは、共同的でなければ、組織としての大学は成立しない。組織的に大学教育の質をどう維持するかが問われるのである。そういう問いに対して、一つの対応とし

てGPA制度があるというにすぎない。より良い方法があれば、それでもよい。

(d) GPAを活かす文化

はじめにも注意をしたように、GPA制度そのものは無機質である。GPA制度を導入すれば、教育の質が保証されるとはいえない。逆であって、教育の質を維持するためにGPAをどう使うかが本筋なのである。その制度をどのように活かすか、ということが本質である（絹川 2003）。すなわち、はじめに大学文化ありきで、その文化がGPAを活かすも殺すもするのである。GPAを活かす（価値あるものにする）文化の在りようが本質的である。そのような文化がないところで、GPA制度を導入しても、無意味であろう。

(e) 学習評価の矛盾

ジョン・デューイが「誰も学んでもいないのに教えたというなら、誰も買ってもいないのに売ったというのと同じだ」といった。けだし名言である。大学教員は教室で講義をしたことをもって教えたといっている。そして、学ばないのは学生が悪いと、学生に責任を転嫁する。そういう事態を、デューイは痛烈に批判をしているのである。

教員が、良い授業ができたということは、自分がうまくしゃべれた、うまくプレゼンテーションをしたということに、往々にしてとどまる。しかし、学生がほんとうに学んだかには関係がない。そういう講義が日本の大学では慣行になっている。まさにデューイがいうとおりで、日本の大学がつぶれないのが不思議である。

さらに、「評価される者には決定的な影響を及ぼすが、評価する者には何の影響も及ぼさない」（Cahn 1978）のが、大学教員の学生に対する評価である。学生に落第点を付けても、付けた教員には何も影響もない。学生に落第点を付けたということは、その学生にとっては一生に関係する。悪い点を付けた教員には何の影響もない。教育の世界において、こ

ういうことがあっていいのであろうか。

参考文献
絹川正吉「大学教育の品質保持管理」『成績評価の厳格化と学習支援システム』地域科学研究会・高等教育情報センター、2003年
国際基督教大学『FDプログラム研究レポート』1989年
田坂興亜「GPA制度の運用について」『一般教育学会誌』17巻2号、1995年
橋本重治『新・教育評価法総説』金子書房、1976年
J. ローマン『大学のティーチング』玉川大学出版部、1988年

S. Chan, 1978, *Scholars Who Teach*, Nelson Hall

IV-4　学士課程教育のミニマムリクワイアメント

　前節でも触れたように、大学教育の質の向上のために、厳格な成績評価をすることが提唱されている。厳格な成績評価をすれば、大学教育が充実し、大学卒業生の質が保証されることになるのであろうか。この問いに関連して、保証されるべき大学教育の最小限の質とは何かに答え、さらにそういう質の保証が、厳格な成績評価によって担保されるということを示さなければならない。いい換えれば、大学を卒業した者とそうではない者とを差異化する指標は何か。あるいは大学を卒業したことの根拠とされるミニマムリクワイアメントとは何かが問われていることになる。いうまでもなく、大学のミニマムリクワイアメントは教育である。教育不在は大学ではない。したがって、大学のミニマムリクワイアメントを論ずることの焦点は、いわゆる学士課程教育のミニマムリクワイアメントでなければならない。本節では、学士課程教育に焦点をおいて大学のミニマムリクワイアメントを論ずる。

1　単位制度とミニマムリクワイアメント

(1) unit と credit

　大学設置基準によれば、日本における大学卒業資格は、政府が設置を認定した大学に4年以上在学し、124単位以上修得することである。ここで1単位とは45時間の学習を必要とする内容で、そのうち15時間は講義、30時間は自習によるとするのが標準である（大学設置基準21条）。124単位の履修は、大学卒業資格を得るための学習時間のミニマムリクワイアメントである。単位制度は学習量を時間で測っていて、学習の質には及んでいない。日本の大学はこのミニマムリクワイアメントすら満たしていない。大学設置基準で学習の質に多少関係するのは、「履修科目の登録の上限」に関する努力規定である（本書IV-3-1-(5)）。すなわち、同基準第27の2条に「大学は、学生が各年次にわたって適切に授業科目

を履修するため、卒業要件として学生が修得すべき単位数について、学生が1年間又は1学期に履修科目として登録することができる単位数の上限を定めるように努めなければならない」としている。

「単位」ということばを英語では、unit または credit という。前者は単純な量を示すが、後者は質を伴った量を表す。卒業の要件は「124 units」とはいわず、「124 credits」という。すなわち、大学卒業のミニマムリクワイアメントは「124 credits」でなければならない。それでは、unit を credit にする要件は何であろうか。GPA（Grade Point Average）制度はその問いに対する一つの方策である。

(2) GPA のミニマムリクワイアメント

Goshen College というインディアナの小規模リベラルアーツ・カレッジがある。その大学のクレジット・システムの概要を示すことをとおして、上の問題への解答例を示そう。

①学生の分類

各学期（この大学は3学期制）に10単位から14単位の範囲で履修登録をする学生を正規学生とする。9単位未満の履修登録はパートタイム学生である。

次表に示す各学年のはじめにおける履修済み単位数に応じて、学年次を分ける。

1年次	2年次	3年次	4年次
0〜29単位	30〜59単位	60〜89単位	90単位以上

②出席原則

正規学生はクラスに出席することが条件である。教員は出席原則の条件を明示する。欠席したクラスの補填は、教員が学生に指示する。

③クレジット（単位）

十分な成功をもって学習した科目にクレジットを与える。クレジットには、A、B、C、D、CR のグレード（成績）が付けられる。(3学期制の)

各学期における履修登録は14単位を限度とする。卒業のためには9単位以上を必要とする。平均的学生の場合、1単位に対して教室内および教室外で各週3.5〜4時間の学習を必要とする。

④成績評価

(以下は、前節の評点システムと重複しているが、細部に差異があるので収録する)

　成績 (grade) は次の文字および評点 (grade point) で与える。

　A＝4点：最高の水準で合格 (Excellent)
　B＝3点：2番目に高い水準で合格 (Good)
　C＝2点：3番目の水準で合格 (Adequate)
　D＝1点：4番目の水準で合格 (Minimum Passing)
　F＝0点：不合格、学籍簿に記録される。
　E＝条件付き：学期末より6週間以内に、教員の指示する条件を満たしたときに成績を与える。
　I＝未終了：Eと同じ扱い。
　W＝登録取り消し：評価しない。
　CR＝Cレベル以上で合格、しかし成績は与えられない。

　各学期ごとにGPA（単位の重み付き平均成績）が記録される。

⑤GPAのミニマムリクワイアメント

卒業のためには在学全期間におけるGPAが2.00以上なければならない。

　この条件の意味を補足説明しておく。それは成績がD＝1点の意味を理解することである。Dは当該科目の履修をしたことの認定ではあるが、十分ではないことを、上記のミニマムリクワイアメントは示したことになる。すべての科目がD評価では卒業はできないということである。したがって、上記のようなミニマムリクワイアメントが設定されていなければ、D評価の意味は失われる。

⑥GPAの標準

卒業時にGPAが2.00以上であるためには、2年次で30〜59単位履修

しGPAが最低で1.60以上、3年次で60単位以上履修しGPAが2.00以上なければならない。これらの条件を満たしていない場合、次の学期は条件付きとなる。すなわち、GPAを定められたレベルまで改善しなければならない。改善されなかった場合には、履修資格を失う。

⑦学業清算制度

履修資格を失った者は、1回だけ学業清算制度（破産処理）の適用を受けることができる。すなわち、過去にC以上の成績を得た科目のみを残して、他の履修科目の成績を計算しないで、再出発できる。

Goshen Collegeは、以上のシステム全体でミニマムリクワイアメントを大学として表現していることになる。GPAが2.00以上という条件は、アメリカの一流大学では標準的なミニマムリクワイアメントになっている。ただし、履修資格を失った場合の救済制度は、一様ではない。

前節の国際基督教大学の例の「(7)成績不良による退学制度」においては、GPAが3学期連続して1点未満の場合には除籍するとしたのでは、ミニマムリクワイアメントを設定したことにならない。臨界点が1であることは、上述のミニマムリクワイアメントの設定と比較して弱い。同趣旨からすれば、臨界点を1以上、例えば1.5に設定すれば、ミニマムリクワイアメントとして意味が出る。GPAが1.5以上の制限を満たさない学生の対応に手を焼いて、臨界点を1点に下げることで、例外なしの原則を確立することを図っても、成績不良学生に手を焼くことには変わりはない。

2　大学設置基準と「ミニマムリクワイアメント」

上までで述べたことは、学習者に対するミニマムリクワイアメントである。大学教育の質の保証には教育側のミニマムリクワイアメントを同時に問わなければならない。この視点で第一に問われるのは「大学設置基準」である。

「大学設置基準」は、大学を設置するのに必要な最低の基準である（第1条）。一方、学校教育法（第52条）によれば、「大学は、学術の中心として、

広く知識を授けるとともに、深く専門の学芸を教授研究し、知的、道徳的及び応用的能力を展開させることを目的とする」とある。したがって、この目的のために設置される大学の最低基準が、大学設置基準であることになる。しかし、大学設置基準は（第19条のいわゆる教養教育規定を除いては）大学の外形・システムに関する条件を提示しているにすぎない。このような大学設置基準が要求する外形的条件を満たせば、「知的、道徳的能力を展開させる」教育が最低限可能になると考えているわけではない。大学設置基準に表現されていないミニマムリクワイアメントを明らかにする必要がある。

新制大学に対する大学設置基準の制定過程は、複雑である（大崎1999）。文部省が考えていた設置基準は外形規準であった。そうした理由は、伝統的に大学の中身は教授会の専決事項である、という認識である。すなわち、外形的基準に肉付けする主体は教授会であることが陰伏的に求められている。したがって、大学教育のミニマムリクワイアメントの本質は教授会の在り方にもかかわる。いわゆる教授会自治に求められていることは、大学教育のミニマムリクワイアメントの実質を形成することでなければならない。その実質とは、大学の目的が人類の知的遺産の継承と発展に努めるということである、これは極めて平凡な結論である。

この結論に注目する意味は、いま人間の知的営みに異変が起こっているのではないかという危惧である。そういう危惧を感知させる一つの契機こそは一般教育である。大学設置基準には、一般教育を要求する条文がある。すなわち、第19条に「教育課程の編成に当たっては、大学は学部等の専攻に関わる専門の学芸を教授するとともに、幅広く深い教養及び総合的な判断力を培い、豊かな人間性を涵養するよう適切に配慮しなければならない」と記述している。大学設置基準が外形的基準で埋め尽くされているなかで、この条文だけが外形的ではない。それだけに、この条文は本質的であり、大学教育のミニマムリクワイアメントといわなければならない。現代の大学が、大学であるためのミニマムリクワイア

メントは、人間の知的営みの質と、その営みに対する批判的知を問うことにかかわることである。

3　学士課程教育の目標

　大学教育の質のミニマムリクワイアメントを問うことは、学士課程教育の目標を問うことである。この視点に基づき、ここでは、ボイヤー(1998年)の所説を再び考察することにする。ボイヤーは「すべての大学から一致して尊重されるような目的と達成業績とを明らかにする」(ボイヤー 1998:2)として、アメリカのカレッジに問われていること、すなわち、学士課程教育の活力をむしばんでいる問題点を摘出している。以下、ボイヤーの問いの要項を記述してみる(同書22頁以下)。これらの問いは、常に高等教育への問いかけであることを考えれば、まさに「すべての大学から一致して尊重」しなければならない学士課程教育の質のミニマムリクワイアメントの指標になる。

1)（高校と大学の接続）
　　高校までの教育と大学教育が接続しているか。
2)（教育の目標とカリキュラム）
　　大学の教育目標が明確であるか。
　　①学問の細分化と断片化により、学んだことと自分の生き方を関連付けることができにくくなっていないか。
　　②リベラルアーツと対立して就職第一主義が大学を支配していないか。
　　③学士課程教育の内容についての合意が教員間でできているか。
　　④カリキュラムが全人類のおかれている状況の首尾一貫した考えを提供しながら、同時に個人の関心にも奉仕するようになっているか。
　　⑤「専攻」が、たんに狭い技術的能力をそなえたスペシャリストを養成するための手段になっていないか。
　　⑥教養（リベラルアーツ）と実利的技術とが、学士課程教育の中で融合

しているか。
3) (教授団が優先すべき義務)
　教育と研究との間にバランスがとれているか。
4) (教授と学習の条件)
　学生を独立した自立的な学習者となるよう支援しているか。
5) (大学生活の質)
　学生の生活面に大学教員は配慮をしているか。
6) (大学の管理運営)
　学生、教授団、大学行政者は、大学という共同体形成に努めているか。
7) (学業成績の評価)
　大学の教育の質を評価する方策をもっているか。
　大学がめざす教育目標と学生の成績評価が関連づけられているか。
8) (大学と外部世界とのつながり)
　いかにして学士課程教育は、学生の視野を広げ、近隣社会や国や世界の市民としての、社会的義務を果たすように援助しているか。
「人生に意味を与え、学生に人生を広い視野から展望する助けとなるという、より大きな、より超越的な問題に」学生が接するように配慮しているか。
9) (大学の総合的課題)
　「たんに自分の個人的問題を追及するだけでなく、市民としての社会的義務を果たす気構えを持った」教養(教育)のある人格の育成のために、以上の設問が総合されているか。

4　ミニマムリクワイアメントを担保する成績評価

　大学教育の質は、前述した学士課程教育の目標に基づく教育活動に参加することによって形成される知性の質である。そのような知性の質は、形成的に獲得されるもので、量的に観測可能なこととは異なっている。したがって、少なくともそこで営まれる学習活動の評価は形成的評価、すなわち学習活動の過程をトータルに評価するものでなければなら

ない。前述のように、通常の試験問題のほとんどは、授業で扱われた知識の記憶を測るものでしかない。そのような試験をいかに厳格に実施しても、大学教育の質を担保する成績評価にはならない。ブルームの説に従えば、評価が、「記憶、理解、応用、分析、総合」の5つの要因に基づき、総合的でなければ、大学教育の質の評価にはならない。

付言すれば、大学における成績評価は、大学における学生の学習課程への参加の評価であって、いわゆる付加価値の直接的評価とはいいがたい。成績評価は大学教育の質の獲得を間接的に指し示しているのである。いわば、成績評価は大学という社会的システムの中で意味をもつもので、大学外の社会において普遍的意味をもつものではない。成績評価は、そういう意味において相対的である。厳格な成績評価は大学の中で機能させることに意味があるのであって、いわばそれぞれの大学の文化として意味付けられることである。

5 大学教員の質のミニマムリクワイアメント

大学教育の質のミニマムリクワイアメントの究極は、大学教員の質のミニマムリクワイアメントである。この教員の質の担保がないところで、いかに厳格に成績評価を行っても、その営みのすべては無意味であろう。したがって、ミニマムリクワイアメントの本質は、大学教員の知性の問題である。FDの究極の課題はここに帰する。さらに、大学教員のミニマムリクワイアメントを担保するのは学生である。大学教育の本質は、教員と学生の双方向的営みの中にある。この問題については稿を新たにして論じなければならない。

6 認証評価

規制緩和政策の一環として、大学の設置審査をゆるやかにし、設置後の第三者評価機関の評価によって、大学の質の維持を図ることになった。すなわち、各大学は、7年ごとに国が認証した評価機関（認証評価機関：大学基準協会、大学評価・学位授与機構、日本高等教育評価機構、等）の評価

を受けることが義務付けられた(学校教育法第69条)。大学の質保証のために、この制度が有効性を発揮するかどうかは、未知数である。そのことを論評するのは、時期尚早であるので、ここでは論じない。

参考文献
　大崎仁『大学改革　1945－1999』有斐閣選書、1999年
　絹川正吉「大学教育の品質保持管理」『成績評価の厳格化と学習支援システム』高等教育情報センター、2003年
　アーネスト・L. ボイヤー（喜多村和之他訳）『アメリカの大学・カレッジ』リクルート出版、1988年
　ロンドン大学教育研究所大学教授法研究部（喜多村和之他訳）『大学教授法入門』玉川大学出版部、1982年、187頁

IV-5　学生の授業評価とシラバス

1　授業評価批判の認識

　近年、「学生による授業評価(「授業評価」と略記)」が日本の大多数の大学において実施されるようになった。その潮流を早めたのは、大学審議会答申「グローバル化時代に求められる高等教育の在りかたについて」(2000年11月)である。それには、学生の視点に立った授業改善のために、学生による適切な授業評価を実施し、教育の質の向上を図ることが提唱されている。現在、文部科学省による大学改革調査の指標の一つに、授業評価の実施状況が取上げられている。それによると、約8割から9割の大学が授業評価を実施しているという。著者が属したグループが1980年代に授業評価を実験的に試みたころと比較すると、隔世の感がある。

　授業評価は多くの場合、学期末に授業に対する学生のアンケート調査として行われている。重要なことは、評価項目(調査事項)の設定である。ほとんどの場合、評価事項は、授業の内容、授業方法の適切さに関することである。さらに、学生の学習自己評価と総合評価を加えている場合が多い(評価項目の設定については、後述参照)。

　学士課程教育は、学生と教員の間での双方向的営みを本性とする。その趣旨からすると、学生による「授業評価」は重要である。しかし、その運用の仕方によっては、授業評価は必ずしも有効ではない。特に、授業評価が教員の査定であるのか、授業のプロセス調査なのか、区別を意識しないままに実施されている傾向がある。そのことが、授業評価への批判の核心になっている。すなわち、「学生による授業評価」活動に対する本質的批判が、大学論的であることは無視できない。批判の第一は学問の自由にかかわる。「大学教員は評定されるべきではない。評定は学問の自由の侵害である」(エルトン 1989)。この主張に多くの大学教員は共鳴している。さらに、大学教員の教育活動を具体的に評価すること

は困難である。「教授活動は圧倒的にプライベートな性質をもっている」（エルトン 1989）。このことは、大学の営みの密室性を擁護することではなく、創造的営みの積極性の指摘である。さらに、教授活動の評価基準を設定することが、極めて困難であることにも留意しなければならない。真に創造的な活動は類形化（標準化）できない。秀れた教授活動は無限の広がりをもつものであるから、しかじかの条件を満たすものが、良い授業であるとは断定できない。「良い教授活動を構成するものが何か、特定するのは不可能である」（エルトン）。学生が教員の授業を評価する規準をどのように定めるのか。せいぜいそれは学生の満足度というあいまいな規準にならざるをえない。そういうもので、教授活動は評価できない、という思いを大多数の大学教員が抱いている。

　学生による授業評価に対する以上述べた批判は、大学における営みが本質的に伴うある種の不透明さによるものである。この不透明さを軽視することはできない。すべてをアメリカの大学のように、楽観的に明るみにさらけ出すことでは、大学における営みを本質的に阻害することになるのではないか、という批判に対して、繊細な対応が必要である。

　そもそも「学生による授業評価」はアメリカの大学で形成された教育活動の一部である。教育とはいうまでもなく、それが営まれている場の文化そのものである。アメリカの大学で意味をもっている教育活動は、アメリカ文化の表れなのであって、それが普遍的であり、日本でも有効であるかどうかは速断できない（苅谷 1992）。アメリカ文化である「学生による授業評価」は、日本の大学に対する「黒船」なのである。それを安易に受容することは、日本の大学のアイデンティティの喪失にもなりかねない。こういう批判を無視することは軽薄であろう。このような大学論的批判に対抗できる認識に立って、「学生による授業評価」に対応する必要がある。

2　授業評価論の基本的視点

「学生による授業評価」の意味を問うことは、大学における授業とは

何かを問うことである。日本の大学で、真の意味において「授業」が行われているか、という深刻な問いかけがある。それだけに「授業」とは何かを改めて問うことから出発しなければならない。

　授業は学生のためのものでなければならない。さらに授業は学生と教員の双方向的営み (interaction) でなければならない。「授業は一方的な伝達機能ではなく、相互主体的な対話機能を中心にした知的探求の過程である」と扇谷尚 (1987、1992年) は述べている。授業は「学生の感覚に従う」ものであるから、「学生による授業評価」は授業の本質的部分になる。そのようになるためには、FD（教員資質開発）プログラムと「授業評価」活動が連動する必要がある。FDと連動しない「授業評価」は無意味であることを、扇谷は主張している（FDについては、後章参照）。

　本節のテーマを考察する基盤は、いうまでもなく大学に関する認識にかかっている。特にここで問われることは、学士課程教育とは何か、ということであろう。学士課程教育の営みの特性として次の諸点に注目したい。

(1) 学士課程教育は知的活動であって、学生の活動が中心でなければならない。
(2) したがって教員は権威を持つ者として存在するのではなく、あくまでも学生の知的活動を促進する者 (facilitator) である。
(3) すなわち、教員と学生の活動は協働的 (interactive) である。

　このような学士課程教育が成立するためには、その営みに対する日常的な評価活動が必要である。ただし、そのような評価活動は教員個人の活動ではない。まず第一に、上記の視点からすれば、それは学生と教員の協働作業である。第二に、それは大学のシステムの一部である。評価とは個人の問題ではなく、システムを伴う社会的行為である。評価の目的は大学の営みの改善であるから、一方的な評価ということはありえない。学生による授業評価は、学生自身の知的活動の一部である。したがって、教員は学生に自分の授業を評価させる facilitator でなければならない。学生が教員の授業を、知的活動として評価できるように、オリエン

テーションが与えられていることが必要である。すなわち、授業自体がそのようなオリエンテーションになっているときに、評価は真に意味をもつのである。

「学生による授業評価」を教員の評価・査定に連動させることについては、意見は分かれる（後章参照）。「行政システムとしての評価は学習の質に触れることはない。また勤務評定的評価は教育実践と直接結びつかない文献業績を増やすのみである」として、扇谷は「学生による授業評価」と「教員評価」を峻別する。その主張は明解であるが、授業評価だけが形式的に先行している日本の現実に対して、どのように対応するか、改めて論ずる必要がある（絹川 1992）。本節では、「学生による授業評価」を扇谷の位置付けにおいて論ずる。すなわち、「学生による授業評価」は授業改革のためのフィードバック機能として、その実践的課題を以下において論じたい。

3　授業評価項目の選定基準

それでは、学生による授業評価の測度は何であろうか。それは「授業効果」である。「良い授業」の測度である。良い授業の性格として、次のようなことが考えられる。

a) 教員は自分の授業の内容について、深くして最新の知識を持ち、興味と熱情を持っている。
b) 何を教えようとしているか、明確である。
c) シラバスの構成が良く、宿題と試験が学生の学習意欲を刺激している。
d) 学生に知的喜びを与え、自立的・創造的に思考するよう導いている。授業は「受容型」と「発見型」を調和させている。
e) 授業に継続性と一貫性がある。
f) 学生の理解度に常に注意し、授業内容を補正している。わかりやすい授業である。
g) 学習の過程が協働作業であることを自覚し、学生に積極的に関心

を持ち、彼等の質問に的確に答えている。
h) 学生の言い分のよい聞き手であり、権威的ではない。
i)「授業が生き物である」ことを自覚している。毎回の授業は一日一生の業である。
j) 体調を整えることも忘れていない。

　学生による授業評価の項目は上述のことに基づいて設定することを提唱したい。それらは一般的な評価項目で、いずれの場合にも有用である。さらに、それぞれの授業は個性をもっていることにも注意して、評価項目が考えられて然るべきであろう。専門領域の違いも、授業の形態が異なることも、評価項目の選び方に反映させてよいであろう。学生による授業評価を教員の自己評価に組み込むことが、最も望ましい用い方であると考える。この立場からいえば、授業評価用紙の内容は個性的であるほうがよい。また、各教科の焦点を明確にする視点で、評価項目を選定することも、評価の目的に適うことである。

　前節の指摘は、授業評価項目の選定にも、本質的にかかわってくる。各種の授業評価表を見ると、授業の改善のための評価項目と、教員評価の項目とが混在している例が多い。学生による授業評価を行うときには、前節の認識をふまえて、何を目的に行うのか、明確にしておくことが、不必要な軋轢を避けるためにも必要であろう。

　授業評価項目の選定基準は何か。単純化すれば、学生と教員の双方にとって「良い授業」とは何か、ということに尽きるであろう。しかし、良い授業の規準は簡単ではない。片岡徳雄・八並光俊（1987年）は学生による良い授業の評価因子を分析している。さらにその際、学生の視点のみでは不十分であることも注意している。原一雄（未発表）は、良い授業のキー・ワードを学生と教員の両方から採取している。**図表Ⅳ-1**は原が採取したキー・ワードの中で、高い割り合で指摘されたものを片岡・八並が抽出した5つの評価因子ごとに分類したものである。それによると、学生と教員の間に大きな違いは見られない。

　例外は、学生のキーワードの「理解の容易さ」を教員は高い割合では

指摘していないことである。また「教員の知識」を学生は指摘しているが、教員はそれを取り上げていない。片岡・八並は「幅広い知識」は学生にとって評価項目にはなっていないといっているので、この項目については、論が分かれている。

　アメリカでは、学生に教員の学問的能力を評価させることは適当ではない、という説が一般的のようである（本書V-4参照）。また、教員の身だしなみなど形式的側面を、学生は評価因子にしていないことが報告されている。多くの評価用紙にある「発声」とか「板書技術」などは、評価項目として学生は注目していないことが、片岡・八並の報告に述べられている。

　片岡・八並の評価因子を用いて、いくつかの授業評価表の評価項目を分析してみると、評価表のそれぞれの特徴が明らかになってくる。著者たちのグループが1980年代に用いた評価用紙の評価項目は**図表IV-2**の10項である。

図表IV-1　良い授業の評価因子

	学生が選択したキーワード	教員が選択したキーワード
(1) 教師のパーソナリティ因子	態度　人格（柔軟性）　知識	人格　学問的態度
(2) 授業設計因子	体系的　学習目標　学問的深み	実用性　学問的深み　体系的
(3) 学生の意欲因子	興味　関心	興味　動機づけ
(4) 教え方の技術因子	授業の計画性　理解の容易さ　参考資料	授業の計画と準備
(5) 集団過程因子	学生参加　学生への配慮　コミュニケーション　自主的学習　クラス運営	学生参加　コミュニケーション　学生への要求

　第6因子として「相対比較」をあげる場合がある。例えば「他の教師と比べて、この講義担当者の教え方は優れているか」と問うものである。片岡・八並にはこの因子は登場しない。

　図表IV-2の各項目を評価因子ごとに数えると、第一因子が2、第二因子が2、第三因子が3、第4因子が2、第五因子が1となる。第三因子に

図表Ⅳ-2

> 1) このコースの内容から触発されることが多かった。
> 2) 学問的意欲を湧かせ探求心をそそられた。
> 3) 自分の期待していたものが満たされた。
> 4) 教員はコースの目的をはっきりと示した。
> 5) 教員はコース内容について十分な知識をもっていた。
> 6) 教員は周到な準備をし熱意をもって授業を行った。
> 7) 授業の進め方の時間的配分は適切だった。
> 8) 教員は質問、討議の機会を適切に作った。
> 9) 教員は学生によく理解できるように話した。
> 10) 学生の理解を助けるため(適切な)補助手段を用いた。

強調があることがわかる。これは教員と学生のinteractionを重視していることを意味している。日本の例の場合、第一因子を全く無視したものがあるが、これは問題である。教育効果と教員のパーソナリティとの間には、極めて強い相関があるという研究結果もあるからである(馬越1998)。

アメリカの大学における評価表には、第6因子の項目がある。それらの大学では、学生による授業評価を教員(格付け)評価に用いている。日本の大学の例では、学生による授業評価を教員評価には用いていないのに、第6因子の項目が用いられているのがある。第6因子として、「総合評価」を用いるものもある。「この授業を他の学生に推薦するか」という問い方がその例である。

恐らくは、それぞれの評価表の評価項目は、作成者たちの教育経験から直観的に選ばれたものであろう。しかし、授業評価を有意義にするためには、評価因子を明確にして、評価の目的が鮮明になるように、評価項目を選ぶ必要がある。

一般的(総合的)授業評価のための評価項目は、できるだけ単純化することが望ましい。その際、授業評価を「フィードバック評価」に限定するならば、第6因子は除くべきであろう。東海大学の調査(安岡 1986)で分析しているように、総合評価項目の有効性を考えて、それを第6因子の代わりとすることが考えられる。

図表IV-3　一般的授業評価表私案

> (1) 教員に人間的魅力があった。
> (2) 授業にまとまりがあった。
> (3) 学ぶ意欲をかき立てられた。
> (4) 授業は理解しやすかった。
> (5) クラスに学ぶ雰囲気が生まれた。
> (6) 総合してこの授業は優れていた。

　以上の分析に基づいて、基本的な評価項目を**図表IV-3**のようにすることを提案する。図表IV-3では、上記の評価因子ごとに1つの評価項目を定めてある。一般的授業評価のためには、それで十分ではないだろうか。この種の一般的授業評価によって、フィード・バック効果は十分には期待できない。せいぜいそれは教員の意識を変えるための啓蒙に役立つのみであろう。細かい評価項目を設定しても、あまり効果は期待できない。真に授業が学生のものとなるために求めるべきフィードバックの内容は、別に考察しなければならない。

4　知的形成評価

　一般的な授業評価の効果は、大学教育改革のための啓蒙にある、といった。授業評価が目指すことは、直接的に授業の改善である。一般的な授業評価で、この目的を達することはほとんど期待できない。授業評価に連動してFD活動がなければ、授業評価の効果は薄い。しかし、「学生による(一般的)授業評価」は、それなりの意味と効果があるので、それを全く否定することは正しくない。問題は、一般的授業評価にとどまっていることにある。一般的授業評価から、さらに進んだ評価によって、本来のフィードバック機能が実現できるのである。

　それでは、そのような評価の視点は何か、それを明らかにすることが必要である。そのためには、現代の日本の大学における教育目標を明らかにしなければならない。大学教育の目標を明確にすることが、大学改革の焦点である。それがぼけていては、「学生による授業評価」を形だけ追っても、実効はなく、かえって大学を無意味化しかねない。大学教

育の目標が定まらない、ということが、大学論を不毛にしているのである。

　そもそも、大学教育（学士課程教育）の目標は何か。第一に、それは知的生産力の育成である。このことに徹底できないことが問題なのである。第1の目標は知的生産のプロセスを経験させることにおいて具体化される。そのような教育の可能性は、教員の知的生産活動(研究活動)にある。第2の目標は価値判断の経験と、その組織化によって具体化される。そのような教育の可能性は、教員自らが価値相剋の世界に生きていることにある。大学教育論はこのような普遍的目標に基礎付けられたものでなければならない。

　知的形成のプロセスの構造を、オースベルの学習マップを利用して表現したのが**図表Ⅳ-4**である（エルトン 1989；ローマン 1987）。現代日本の

カリキュラム開発ベクトル
Bloom の学習マップ

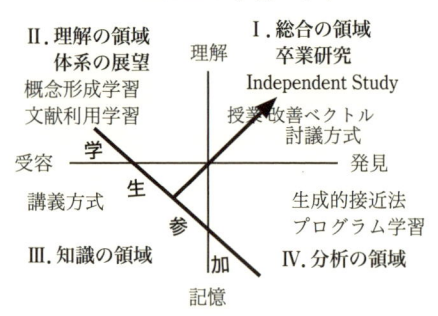

Ⅱ.理解の領域　　　　　　Ⅰ.総合の領域
体系の展望　　理解　　　卒業研究
概念形成学習　　　　　　Independent Study
文献利用学習　　　　　授業改善ベクトル
　　　　　　　　　　　　討議方式
受容　　　　学　　　　　　　　　発見
　　　　　　生
講義方式　　参　　　　　生成的接近法
　　　　　　加　　　　　プログラム学習
Ⅲ.知識の領域　　　　　Ⅳ.分析の領域
　　　　　　記憶

図表Ⅳ-4　知的形成の構図

図表Ⅳ-5　概念形成学習評価項目

1) 学習の目標が明確であった。
2) 新概念導入の必然性が理解できた。
3) 用いた概念の関係が明確にされた。
4) 導入概念の応用場面があった。
5) 概念の全体が一つの体系に組織化された。

大学生の知的発達段階を考えると、当面の大学教育における授業改革の方向を、図表Ⅳ-4の第Ⅲ象限から第Ⅱ象限の方向（概念形成学習）に焦点を合わせる必要がある。そのような授業に対応する評価項目を**図表Ⅳ-5**に示した。

5 授業相互性評価

　シラバス論にも関係するが、アメリカの大学では、多くの授業が学生の予習（指定された参考資料・テキストを予習すること）を前提として行われている。討論方式の授業はそのような前提なしには無意味である。授業が学生と教員の間の相互行為になるためには、このような前提を作らなければ意味がない。そういう条件の下で、はじめて「学生による授業評価」が授業の本質的部分になってくる。「学生による授業評価」は教員と学生の相互主体的対話があるところで意味をもつものである。

　したがって、授業評価には2つの次元がある（林　1992）。第1は教員の主体性であり、第2は学生の主体性である。これまで論じられてきた授業評価論が、第1の次元のみで、第2の次元が無視されていることの危険性を、林義樹が指摘している。すなわち、第1の次元のみの授業評価は「学生をますます授業本来の姿から遠ざけ、学生を受身化させてしまう危険性がある」と林は注意している。大学教育の目的は、学生が知的営みの主体となることであるから、学生が主体的に参加することなしには、大学の教育そのものが成り立たない。学生が主体的に参加する授業であってはじめて、学生による授業評価は教員にとっても学生にとっても意味のあるものになる。そのような評価活動を可能にするためには、授業への学生参加でも不十分で、「学生参画」型授業にまで進めることを、林は実践している。

　学生による授業評価は、このような授業論の視点から考察する必要がある。学生による授業評価を意味あるものにするためには、授業ということが学生と教員の相互的活動（interaction）の場になっていなければならない。この視点から授業評価を考えれば、学生が教員の授業を評価す

図表Ⅳ-6　授業相互性評価項目

(1) 授業に自発的に参加した。
(2) 授業に期待をもって臨んだ。
(3) 授業に関心を向けやすかった。
(4) 授業中眠くならなかった。
(5) 教授の期待に応える気になった。
(6) 授業によって知的興奮を覚えた。
(7) 教授は学生をよく知っていた。
(8) 教授は学生の質問によく答えた。
(9) 教授は学生に質問を促した。
(10) 教授は学生の学習に心を砕いていた。
(11) 教授は学生の学習能力を信頼していた。
(12) 教授は学生の感情を無視しなかった。
(13) 教授に肯定的感情を抱いた。

るだけでは不十分である。「学生による学生自身の学びへのかかわり方の評価」が対となっていなければならない。

　また授業が学生と教員との相互行為であるから、両者の対人関係にかかわる評価も不可欠である。特に「知的活動に関わる感情の触発」には、教員と学生との人格的かかわり方が意味をもってくる（ローマン　1987）。**図表Ⅳ-6**はローマンの用いたキーワードに、学生の相互行為の自己評価項目を加えた「相互性評価項目」の例である。ローマンは図表Ⅳ-5と図表Ⅳ-6による2次元の評価を提唱している。

6　アドバンス授業評価

　学士課程教育の目標の一つが、世界観の育成であることを述べた。このことは特に現代における「大学」の社会へのコミットメント、あるいは使命と言ってもよい。関正夫（1994年）はそれを「アドバンス段階の大学教育」という表現を用いて示唆している。より具体的に言えば、大学教育の目標を「人類的、地球的課題を担う創造的人材の育成」におくことである。この発想は、ボイヤー（1988）の言う「拡充専攻科目（enriched major）」の発想と重なり合っている。大学における活動が、このような

図表Ⅳ-7　アドバンス授業評価項目

基本的評価項目
　(1)授業の主題に魅力を感じた。
　(2)思考法についての重要な変化を経験した。
　(3)自分で考える力をつける助けになった。
　(4)知識を越えた精神の働きかけを受けた。
　(5)創造的思考に触れた。
総合性評価項目
　(6)他の専門分野との関連を知った。
　(7)専門を越えた総合性を見出した。
　(8)知識の統合的体系の重要さを考えさせられた。
　(9)自分の専門分野の意味を考えさせられた。
　(10)知的偏狭さから解放された。
価値領域関連評価項目
　(11)広い視野を獲得した。
　(12)人間に普遍的な経験を学んだ。
　(13)人生の意味と目的を考えさせられた。
　(14)現代の問題との関連を考えさせられた。
　(15)自分の世界観の形成に役立った。

点に焦点をおくとすれば、その視点からも評価活動が行われる必要があろう。**図表Ⅳ-7**はボイヤーの主張のキーワードを用いて試作したアドバンス授業評価項目の例である。

「授業評価」を授業の本質的部分とするためには、評価項目を例えば図表Ⅳ-3〜7より選んで適切に組み合せて用い、その評価の結果をFDの具体的目標に反映させることができるようにする必要がある。評価項目をそれぞれの授業の個別性に対応して、ブレンドすることにより、授業評価の意味を発現させることを提唱したい。

7　シラバス——授業評価システム

学生による授業評価の実行によって、授業は改善されるであろうか。授業評価を行っただけでは「測定」が行われただけで、それは評価ではない。シラバスを作っただけでは、それは授業改善にならない。シラバスあるいは授業評価が、それぞれの大学における授業改善のシステム(組

218　IV　学士課程教育の舞台を作る

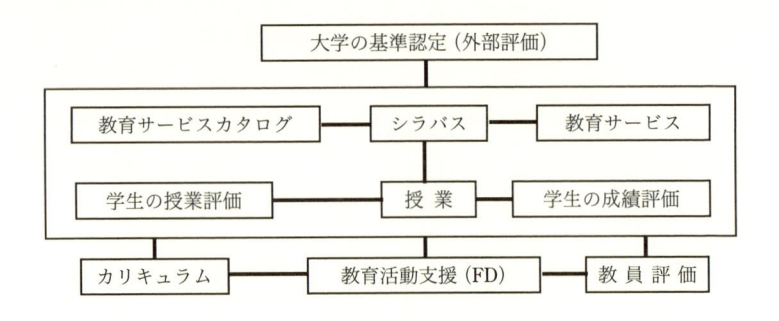

```
                    ┌─────────────────────┐
                    │ 大学の基準認定（外部評価）│
                    └──────────┬──────────┘
        ┌──────────────┬───────┴────┬──────────────┐
        │教育サービスカタログ│  シラバス   │  教育サービス  │
        ├──────────────┼────────────┼──────────────┤
        │ 学生の授業評価  │   授 業    │ 学生の成績評価 │
        └──────┬───────┴─────┬──────┴──────┬───────┘
         │ カリキュラム │ 教育活動支援（FD）│  教員評価  │
         └────────┘ └──────────┘ └──────┘
```

図表IV-8　シラバス授業評価システム

織的対応）に組みこまれてはじめて、シラバスも授業評価も意味をもつことができるのである（絹川 1992）。さらにこのシステムに「教員評価」が連動することが重要である。シラバスや授業評価が、このようなシステム（組織的対応）と無関係に行われても、ほとんど無意味であろう。以上述べたことは上の関連図（**図表IV-8**）でまとめることができる。

参考文献

岩永雅也「アメリカの大学における教員評価の方法」『IDE』298号、1988年、23-30頁

馬越徹「研究は教育に役立っているか」喜多村和之編『大学教育とは何か』玉川大学出版部、1988年、90-104頁

L. エルトン『高等教育における教授活動』東海大学出版会、1989年(1)

L. エルトン「高等教育における教授と学習の改善」『一般教育学会誌』11巻、1989年(2)、65-67頁

扇谷尚「ファカルティ・デベロップメントとは何か」『一般教育学会誌』9巻2号、1987年、52-55頁

扇谷尚「研究交流部会I『シラバス』を司会して」『一般教育学会誌』14巻2号、1992年

片岡徳雄・八並光俊「高等教育における教授学習課程の研究――学生評価を中心に――」『一般教育学会誌』9巻2号、1987年、44-49頁

苅谷剛彦『アメリカの大学・ニッポンの大学』玉川大学出版部、1992年

絹川正吉・原一雄「大学教員評価の視点」『一般教育学会誌』7巻2号、1985年、

61-65頁

絹川正吉「学生による教員評価への批判と反論」『一般教育学会誌』14巻2号、1992年、46-49頁

絹川正吉「一般教育のエクセレンス」『明治学院大学一般教育部付属研究所紀要』15号、1991年、281-314頁

関正夫「大学自己評価の現状と課題」『一般教育学会誌』16巻1号、1994年、18-20頁

林義樹「学生による授業評価の陥穽」『一般教育学会誌』14巻、1992年、34-40頁

原一雄「良い授業の特性に関する調査」(未刊)

アーネスト・L. ボイヤー『アメリカの大学・カレッジ』リクルート出版、1988年

安岡高志、他「学生による講義評価」『一般教育学会誌』8巻1号、1986年、46-59頁

J. ローマン『大学のティーチング』玉川大学出版部、1987年

V　どうする大学教員

V-1　なぜ Faculty Development か

　最近、日本の大学で FD（Faculty Development 大学教員資質開発）ということが形のうえでは定着してきた。特に、大学設置基準で FD を行うことが義務付けられてからは、どの大学でも FD 活動を行っている（大学設置基準第25条2項　大学は、当該大学の授業の内容及び方法の改善を図るための組織的な研修及び研究の実施に努めなければならない）。
しかし、その実質が真に FD 活動にふさわしいか、疑問もある。ここで、改めて FD の意味を考えておきたい（絹川 2004）。

1　大学教員の自己認識

　大学の教員は自己を大学の営みにおいてどう位置付けているのか。特に学生との関係をどのように考えているのであろうか。最近、ある大学教授が次のように書いているのを目にした。「高校生には習う気のない人もいるが、文科省で決められている最低限のことだけは、何とか教えなければならないから、高校の先生は上手に熱心に教えてくれる。しかし、大学の先生は、学生が理解していようがいまいが、お構いなしにジャンジャン講義を進めていく。そして、上手に教えてみんなを理解させようという意識はあまりない。それは、大学では自ら志してきた者だけを教えるのだから、状況がまるで違うからである。大学教授は教育者というより、学問の研究者なのである。だから、大学生は受動的になってはならない。自分で何とか理解してやろうという意欲がギラギラしていな

ければならない」。

　このような考えは、恐らくは日本の大学教員の大部分のものであろう。大学教員にとっては、教え方が上手でないことは、恥ずべきことではなくて、むしろ研究者としての誇りの表現のようなものである。こういう大学教員の意識は、19世紀の西欧的大学観の変形ではないだろうか。「研究とは人間にとって最高の使命である。それは宗教となんら変わるところはない。今日ここでわれわれの知識を拡大することに成功できれば、それは明日の人類全体のために貢献できるエネルギーを解放したのと同じである」(潮木 1986、以下引用は同書)という崇高な使命感の残影を見る思いがする。「学生を研究室に導きいれる形で教育しようとする」(同書)。崇高な使命を大学教授は担っているがゆえに、教授は「講義室内での君主」(同書)であり、学生もその権威を承認していた時代のイメージを、日本の大学教員はいまだに捨てきれないでいる。

　しかし、現代の学生はそのような権威など認めてはいない。「教師は商売として研究をやっているのだから、研究をすればよい。しかし、それは学生には関係ない」という。この落差を大学教員は認めようとしないのであろうか。先生は教えたがるが、学生は学ぼうとしない、ともいわれている。あるいは、学生は「勉強させてもらっていない」といい、先生は「学生は勉強しない」という。そして学生は「大学の講義に対して失望し、レジャー的活動を楽しむ」(もっとも、この傾向は変化してきたという(河地 2005))。これで大学の存在の意味があるのであろうか。事態は、扇谷のいう「自己責任原理(エリート教育原理)の破綻なのである。現代の学生が、「自らの問題意識に基づいて勉学を深めていくのでなく、受身的、消費者的に講義に出席する」ことを、大学教員が嘆くだけでは、大学はますます無意味化し、荒廃していくであろう。知的営為は人間にとって真に意味があるということを、次の世代に継承させることに失敗すれば(現に失敗しつつあるのだが)、それは人類にとって、取り返すことのできない大きな過ちとなろう。いかにしてこの悲劇的状況を克服するか。再び扇谷の言葉を借りていえば、日本の大学教育は「自己責任原理」

から「発達支援の原理」に転換すべきなのである(絹川 1986)。Faculty Developmentとは、大学のそういう体質転換を要求し、現実化していく運動でもある。

2 学生評価の意味

　大学の体質転換にとって最大の障害は、大学教員の意識を変えることの困難さにある。大学の教員は口ではラディカルなことをいうが、その体質は極めて保守的である。自己絶対化ともいうべき大学教授のこのような意識の変換なしには、大学を現代の学生にとって意味あるところとすることはできないであろう。1970年代の大学改革運動も、結局は数多くの案を残しただけで、大学は本質的には何も変わらなかったといわれている。どのようにして大学教授が自己絶対化の殻を破るか。Faculty Developmentとは、大学教員の自己相対化への契機として位置付けることができよう。特に学生による教員評価こそは、この視点から見て最も重要なことである。絶対的権威をもって評価する者が、評価される者の評価に身を晒すという逆説は、日本の大学教員が最も容認できない点である。大学教員は学生による評価によって、葛藤を覚えるであろう。その葛藤を経由することなしに、自己を相対化することは起こりえない。それゆえに、Faculty Developmentは学生評価システムの開発を重要課題として取り上げなければならない。

　大学教員の意識変革を求めることは、極めて困難である。それゆえに、Faculty Developmentは大学教員個人の自己研修として位置付けてはならないのである。大学という一つの社会の存在様式とした、システムとして展開される必要がある。大学教育学会(旧一般教育学会)は、この視点でFDを「教授団資質開発」ということを提唱している。

3 equalityとquality

　高等教育の量的拡大によって、大学教育はかつてのようなエリート教育でなくなってきた。それに伴って、大学教育の質の低下が問題にされ

ている。equality と共に quality が求められなければならないが、そのための努力を大学教員はあまりしていない。equality を大学の教員は本音では欲していないように見える。大学の教員は equality、すなわち、大学のマス化・ユニバーサル化を必要悪のようなこととして受けとめているのであろう。したがって、quality の向上に日本の大学は組織的対応が十分ではなかった。このことは世界の高等教育の趨勢から考えれば、極めて異常なことではないか。しかし、このような事態は、単に大学教員のみの責任に帰すべきことではなく、日本の大学政策の問題でもある。

　イギリスの場合と比較すれば、彼我の差は明瞭である。1960年代に、イギリスにおいては、高等教育・科学教育の量的拡大が政策として提唱されたが、そのための重点方策の一つに、優秀な教員の確保という問題があった。大学の数を増すためには、大学教員の数が不足していた。そのために科学技術者などの社会人を教員に登用する必要がある。彼らは秀れた頭脳の持主ではあったが、そのことは直ちには教員として適格であることを意味しない。創造的才能と創造的営みを言葉化し、伝達し、学生を開発することとは、全く無関係ではないが、それらは同一の営みではないことに注目しなければならない。それゆえに、イギリスの高等教育政策が取り上げたことの一つが Faculty Development であった。すなわち、新任研修である。

　Faculty Development は新任研修にとどまることではない。ヨーロッパのエリート教育偏重の大学をマス化すれば、学生の質の低下は必然である。多数の学生に対して高度の知識を与えるためには、それまでのエリート教育をそのまま用いることは不可能である。「マスエリート」という矛盾した命題の解決のために、Faculty Development は、新任教員のみでなく、エリート大学の教授にも要請されることである。

　イギリスにおけるこのような高等教育政策が、日本の場合にはなかったのではないか。日本で Faculty Development を公けに取り上げたのは、ようやく1980年代後半に、一般教育学会がそれを課題研究としたときであろう。しかし、一般教育学会は民間団体であって、国の文教政策と

しての Faculty Development は日本にはまだなかった（その後、一般教育学会等の運動もあって、いまでは大学設置基準で FD は努力義務として規定化されたことはすでに述べた。しかし、そのような対応も奇妙である。後述参照）。

1980年代に大学入学適齢人口が急激に増大したとき、高等教育のマス化は社会的要請であった。日本の場合、それが私立大学の経営危機対策として利用されたことは、不幸なことであった。マス化による quality の低下は、大学経営の合理化のための必要悪として無視されてきた。そして、その矛盾を一般教育問題にしわ寄せし、専門教員は旧態依然のエリート教育の立場を固守して、大学の無意味化に拍車をかけた。そこには、equality と quality との緊張への自覚的態度は見られない。そこに、日本における Faculty Development の困難さの原因がある。

4 一般教育と Faculty Development

Faculty Development を大学のシステムに組み込むことを可能にする具体的契機は、一般教育に求められる。一般教育とはそれ自体が共同的営みであるから、真に一般教育を展開しようとすれば、大学教員は自己を相対化する点に立たざるをえない。大学教授の権威の相対化が Faculty Development の成否の鍵であることを考えれば、一般教育においてこそ、Faculty Development は本質的に展開可能であるし、またそうでなければならない。Faculty Development の展開を核として、一般教育と専門教育は緊張し、ひいては大学の在り方（undergraduate education の改革）を促進することになろう。

5 大学教授団開発

Faculty Development は大学教員個人の教授能力の開発が中心となるが、それのみではその本質を十分に展開したことにはならない。一般教育学会では、Faculty Development を「大学教授資質開発」ではなく、「大学教授団資質開発」とよぶことを提唱していることは、一つの見識である。この視点は Faculty Development が成功するか否かにかかわる重要

な点である。

　そもそもアメリカにおけるFaculty DevelopmentはProfessional Development for Facultyとして発足したという（関 1986）。その主目的は大学教員の研究条件の整備にあった。そこでは、大学教員の研究の促進は、個々の大学教員の利益に深く関係しているにもかかわらず、それは公的意義をもつものである、という認識を前提としている。そういう大学社会のシステムの主張がProfessional Development for Facultyを展開するのである。Faculty Developmentもそれを公的に認識するシステムの中で展開されない限り、篤志家の運動にとどまってしまうであろう。したがって、大学をしてFaculty Developmentを公的に認知させるように、大学のシステムを変革していくことを、Faculty Developmentはその運動として内包せざるをえない。Faculty Developmentは単に教員一人一人の教授能力の開発のレベルにとどめるのではなく、システムのレベルではじめて意味をもちうるのである。Faculty Developmentは大学教授団資質開発であって、大学教授資質開発ではない。

　Faculty DevelopmentはProfessional Development for Facultyを内包する。後者がシステムと連関していることの具体性は、研究業績が大学における教員評価の尺度であることに表れている。とすれば、Faculty Developmentのシステム的連関は、その活動を教員評価のシステムと連動させることに見出さなければならない。それなくしては大学教授団資質開発となる現実性はない。したがって、Faculty Developmentの成否は教員評価システムをFaculty Developmentの視点から、いかに具体化できるかにかかってこよう（絹川・原 1985；本書V-2）。いい換えれば、「教員個人が自己のキャリアを充実させるために有する関心と要求」が大学という「組織体の有する期待要件」とに調和している（関 1986）ようなシステムを作りあげることがFaculty Developmentの中心的課題であり、そのようなシステムが機能すれば、Faculty Developmentは自然に展開しよう。したがってFaculty Developmentは教員評価システムの改革と連動させなければならない。Faculty Developmentは大学における教育

活動の活性化が主目的であって、教員評価システムの改革と考えることは逸脱である、という主張もあるが、それは観念論である。

6　知性の府の担保——大学の自治

FDの問題は大学の存在様式の本質にも接続する。関正夫（1995年）は、大学の自治とは何かを問い、以下のように論じている。従来は自律性、すなわち外圧に対する防衛的観点で考えられていた。しかし現代において知性の府を担保する大学の自治は、自律性に加えて自己統治性をその内容にする必要がある。大学は自己の意志により自己行為を統制する能力がなければならない。新しい大学の自治の現実は、大学の民主化と合理化である。この2つを調和させる論理は、専門主義の野蛮性を克服できる大学教員像の可能性を拓くような「教育と研究の新しい論理」である。この視点から大学の自己評価も、学生による授業評価も、大学論的に位置付けられる。

大学の自治を発展させるためには、それを包括する新しい大学像を構築することが最も重要である。そのためには、知的ダイナミズムを大学内に創出する必要がある。具体的にはそれぞれの大学において、大学に関する研究部門を整備することが必要である。その研究成果を大学構成員が共有化し、大学改革を実践する力量を形成する継続的活動が、Faculty Development に対応する。このように関は説いているが、日本の大学の現状は、そこまで到達していない。FDは日本の大学に定着しているとはいえないのではないか。

7　FDの阻害要因

『一般教育学会誌』の創刊号（1980年5月）から第17巻2号（1995年11月）までに掲載された主要論文を編集した『大学教育研究の課題』（一般教育学会 1997）は、その第Ⅵ篇を「教授団の能力開発（ファカルティ・ディベロップメント）」にあてている。その解説は、以下の文言で始まる。

大学教育改革の原動力としての「教授団の能力開発」活動」：

「今日の教育改革については、これまでの発想の延長や拡大ではほとんど効果が期待できない。発想の大転換が必要不可欠であると思われる。発想転換の核心は、「大学自治」の意味を再考し、大学教育に関する旧来の固定観念を打破して「教授団は開発可能である」という発想のもとに「教授団の能力開発」即ち「ファカルティ・ディベロップメント、FD」の活動を大学教育改革の原動力とすることである。それは、現代の大学大衆化に伴う大学教育改革の世界的趨勢として要請されているものである。

このように位置付けられるFDが一般教育学会の主要な課題になった契機は、第7回大会（神戸大学 1985）における絹川・原の研究発表「大学教員評価の視点」（絹川・原 1985）であった。その発表内容は、現代化されたリベラルエデュケーションに対応する教員評価と、それを担保する継続的教員開発についてであった。この発表を端緒に、学会は第4課題として「Faculty Developmentの研究」を設定したのであった。この課題の下で、FDについての理論的考察や諸外国における事例報告等、啓発的活動が続けられた。特に、学会は1987年に「FDアンケート調査」を実施し、調査報告書を発表した。それによると、「それまでわが国では「FD」には馴染みが薄かったにもかかわらず、この調査が提示したFD発想に基づく見解全般にわたり肯定的な回答を得たことは、「FD」概念の理解・受容の可能性とともに、大学教育改革に関する画期的な発想転換の可能性を予見させるものであった。

そもそもFDを提唱した原の発想の原点は、大学教員の教育者としての専門性を担保する自立的教育能力開発であった。それは専門職としての大学教員が、当然にも為すべき職業倫理に基づく営みとして考えられていた。さらに、そのような営みは、教授会の自律性に基づく「教授団能力開発」として展開されるはずのものであった（前述）。すなわち、大学の自治が知性の府の担保として機能しなければならない。そのためには、大学改革を実践する力量を形成する継続的活動が必要である。FD

はその活動である。FDは大学自治を担保するものである、と大きな期待がFDに託されたのである。このように大きな期待をもって出発したFD活動は、その後いかなる経緯をたどったか。

1994年度課題研究集会（大妻女子大学）において、FD活動の阻害要因をめぐって議論があった（原 1995；絹川 1995）。原一雄は、阻害要因を除去するポイントを次のように指摘している。

(1) 大学教授学の未発展：FDが主観的自己満足の合理化といった非難に立ち向かうためには、理念的根拠の研究が必要
(2) 各専門学会における共同の研修プログラムが必要
(3) FDが管理強化と誤解されないために、教員個人の自発性に根ざす必要
(4) 教員が教育活動を専門職として認識する必要
(5) FDという外来語に対する拒否反応を除去する必要

上記の(3)は極めてアンビバレントな問題である。一般的にいえば、「行政的制度レベル」と「自立的活動レベル」という2つのパラダイムが、大学改革問題には常に重層している。この問題性を解く具体策が求められるが、それについては、「大学セミナーハウス」のようなInter-University機関におけるFD活動の意義を推奨する意見もある（原 1999）。

さらに、「従来の大学は研究偏重・教育軽視。これは現代では通用しない」という認識が大学教員に希薄であることもFDの阻害要因であるという指摘もされている。このような阻害要因を除く具体策として、結局は大学教員評価の改革が必要ということで、問題は絹川・原の問題提起に回帰する。

FD問題が、啓発の時代から実践の時代に進んだと、積極的に評価されるかもしれない。しかし、この問題はアンビバレントである。その象徴的事態が、大学設置基準におけるFDの努力義務化である（前述）。FDが大学設置基準に取り上げられるようになった経緯については、原が報告していることが意味深である（原 1999）。すなわち、「筆者（原）は

大学審議会の母体となった臨時教育審議会第4部会の公聴会 (1985.1.17) に招かれ、一般教育の不振について自分なりの分析を披露し、結論として、その改善には何よりも授業担当者に向けた大学教育全般に関する研修、すなわち、FD が不可欠なことを強く訴えた」。その結果、審議会の『中間答申：第4部会』の文中に「ファカルティ・ディベロップメント」の言葉が記載された。しかし、なぜか、最終の『教育改革に関する第4次答申』(1987.8.7) からはこの言葉が削除され、抽象的な文言にとどまった。それは非常にあいまいな表現ながら、一応は FD の基本的理念を肯定したものと考えられる、と原は評価している。そのときから約10年を経て、大学審議会答申「21世紀の大学像と今後の改革方策について」は、FD の実施を大学設置基準において明確にすることを求めた。これを受けて、FD は大学設置基準の努力義務規定となった。このことは、原が10年前に蒔いた種の実りとも考えられる。

　しかし、FD が大学設置基準における努力義務規定になったことについて、原の評価はアンビバレントである。すなわち、これを契機に、国立大学等ではセンター方式の教育研究組織を設けることに拍車がかかったことは、評価される。しかし、本来は大学教員の自立的活動として意味付けられる FD が、基準化されることにより、「ようやく芽生えかけてきている FD 運動に」かえって阻害要因が生じた、と原は否定的である。「行政的制度レベル」と「自立的活動レベル」という2つのパラダイムの相克に、新たな相が生じたのである。平易にいえば、いわゆる「上からの改革」か「下からの改革」の問題である。この両相の相克こそ、大学教員の自立性において克服されなければならない。そして、そのような可能性は、大学教員評価の改革に大きく依存していると考えられる。

　FD 活動の具体的展開については、今後の新しい展開が期待されるが、その萌芽が散見される。その一つは、FD への学生参加という視点であろう (山内 1999；原・横畠 1999)。そして、いまだにほとんど進歩を見ていない大学教員の教育評価の研究を欠かしてはならない。これが、日本における FD 発祥の原点であるのだ (本節は大学教育学会 (2004) から引用)。

参考文献

一般教育学会『大学教育研究の課題』玉川大学出版部、1997年、246-324頁
潮木守一『キャンパスの生態誌』中公新書、1986年、70頁
河地和子『自身力が学生を変える』平凡社新書、2005年
絹川正吉『一般教育の理念と実践』ICU 一般教育シリーズ21、1986年
絹川正吉「セッションII「Faculty Development の研究」(第4課題研究)を司会して」『一般教育学会誌』17巻1号(5月)、1995年、29-30頁
絹川正吉「大学教員の意識改革と実践」『学士課程教育の改革』東信堂、2004年
絹川正吉・原一雄「大学教員評価の視点」『一般教育学会誌』7巻、1985年
関正夫「Faculty Development に関する一考察——英米の場合」『一般教育学会誌』8巻、1986年
関正夫『21世紀の大学像』玉川大学出版部、1995年
大学教育学会『あたらしい教養教育をめざして』東信堂、2004年
原一雄「FD 活動の阻害要因とその克服策」『一般教育学会誌』17巻1号、1995年、21-28頁
原一雄「FD 活動のあり方と今後の実践課題」『大学教育学会誌』21巻2号、1999年、13-17頁
原一雄・横畠康吉「セッションIを司会して」『大学教育学会誌』21巻1号、1999年、7-8頁
山内正平「「教える責任」と「学ぶ責任」」『大学教育学会誌』21巻1号、1999年、3-6頁

V-2　大学教員評価の視点

1　大学教員教育評価の発想

　学士課程教育の成否は、大学教員の資質にかかっていることはいうまでもない。中央教育審議会の「将来像答申」においては、期待される教員の能力について言及している。すなわち、「教養教育（学士課程教育）に携わる教員には高い力量が求められる。教員は教育のプロとしての自覚を持ち、絶えず授業内容や教育の方法の改善に努める必要がある。入門段階の学生に高度な知識を分かりやすく興味深い形で提供したり、学問を追及する姿勢や行き方を語る」ことが期待されている。このような教員を求めるならば、それにふさわしい教員評価の方法が伴わなければならない。

　大学教員評価に教育評価を加えるべきである、という端緒的主張（絹川・原 1985）を発表してから、すでに20年を経過した。ここに至って、文部省・大学審議会が、大学教員の教育評価を求めるようになり、大学設置基準における大学教員資格に教育能力が記述されるようにはなってきた。しかし、依然として大学教員の評価は研究成果に重点を置く傾向は変わっていない。改めて大学教員の評価について原理的考察が必要である。以下に、上記の端緒的主張を敷衍して、原理的考察への序論とする（絹川 1995）。

　現代の学生の生活領域は拡大し、大学はユニバーサル化している。学生は必ずしも、大学に学問の場を期待しているのではない。このようにいわれ始めて久しいが、大学側の対応と大学教員の自覚的応答は極めて鈍いといわざるをえない。しかし、事態は大学教員個々の熱意や倫理的自覚において解決できるような状況ではない。問題は構造的であり、現代の文化的、社会的状況にも深くかかわっているのである。

　率直にいって、大学は、学生を知的領域に取り込むことに失敗し、知的荒廃状況にある。にもかかわらず、時代はエリートをマス的に必要と

している。すなわち、現代の文化状況をトータルに担いつつ、知的営みに自己を同一化できる人材を、マス的に必要としているのである。しかし、現実の専門学部教育は、その要請に対応していない。本来はその課題を担うべきであった一般教育も解体し、大学学部教育が無意味化しかねない状況に直面している。

いま必要なことは、抽象的総論ではない。具体的に、核心を衝く対応を創出して、問題の本質的理解を深め、与論を喚起し、すべての大学教員をしてこの問題に必然的にかかわらざるをえないような状況を、つくり出すことが必要である。大学教員評価の視点の変革こそは、そのような対応である。

2 新しい大学教員の資格

組織は、その理念と目的に即すべきものである。学士課程教育の理念に対応する組織として、現行の学部組織は適当であるとは思われない。一般教育解体の一因は、専門学部組織を温存したままで、一般教育を行おうとしたことにあった。日本の大学のいわゆる学部組織は、建前としては、教育組織であると同時に研究組織である。しかし、その実体は後者であって、その支配原理は専門研究能力中心主義である。研究が教育と矛盾しなかったのは、エリートの時代であった。大学が大衆化するに至って、学部は教育組織であることを強制された。その矛盾の集約こそは、研究業績中心の教員評価システムの保持にほかならない。一般教育を重視するとした新制大学の設置基準すらも、専門研究能力中心主義であった。すなわち、数年前の設置基準によれば、教授の資格の第一は、博士の学位を有することである。このような制度の下では、教員の第一の関心が研究であることを批判することはできない（現行の大学設置基準では、形式的ではあるが、大学教員の資格に教育能力が追記されている）。

日本の大学は、専門学部中心主義を改めなければならない。それは時代の要請の先取りである。もはや教養担当と専門担当を区別することは無意味である。新しい学士課程の理念に即して、大学の在り方を考えな

ければならない。そして、それに対応する大学教員評価を行い、そのことをとおして、大学そのものの在り方を変革すべきであろう。

3 評価の基盤は大学文化・文化創造を

さらに、大学教員の評価については、教員の自立性に基づく側面を無視することはできない。したがって大学教員の自律的授業能力改善努力は重要である。しかし、現実は自律的努力のみに依存することはできない。なぜ、大学教員が研究志向で教育活動に熱心になれないか。一つは専門研究における大学教員の評価は、専門学会という社会の中での威信(prestige)にかかわるものとして機能しているということである。専門評価が主流になる理由は、それを主流にする文化しか存在しないからである。専門が評価されるのは、それに伴うプレスティージ・威信を認める文化が前提である。そいう文化へのコミットメントが評価されるからにほかならない。コミットすべき大学文化の在りようによって、評価は異なってくる。威信は誇りである。固有の文化の共有が、大学の構成員にとって誇りである、例えば、大学の記念行事のスピーカに選ばれることが誇りになるような、キャンパス文化の形成が基盤である。

大学教員の教育評価は、個別大学文化において意味をもつものである。したがって、教育評価が機能するような大学文化の形成が対応していなければ、大学教員の教育評価は機能しない。大学でいかに拙劣な授業をしても、誰もそれを問題にしないからである。

そもそも大学、特に私立大学は教育機関である。それに対して伝統的大学観の根底にあるのは、研究の自由を根拠とする大学の自治である。この大学理念の普遍性が、教育機関としての大学という認識において問われているのが現実である。大学は社会から超越しているわけではない。

アメリカの大学では、教育に貢献した優秀教員を表彰する制度が一般的である。しかし、ハーバード大学では、優秀教員として表彰されたものは昇進しない、というジンクスがあるという。すなわち、優秀教員であることは威信にならない文化が、ハーバード大学にはあるのである。

優秀教員を表彰する制度が機能しないのは、制度が悪いのではなく、優秀教員ということが文化的に無価値だからである。

4　学識の評価

　前節の教員像の可能性は、大学教員の学識（スカラーシップ）に求められる。学識の再認識については、ボイヤー（1996年）の見識は重要である。また、授業評価用紙等に見られる教育評価項目を見ると、教育の枠組み・方法・外形的なことの評価に終始している。教育の実質をどう評価するかが本質的問題である。それはとりもなおさず学識の評価でなければならない。枠組みの評価から内実の評価へ向かわなければ、学士課程教員の評価としては適切でない。

　ボイヤーによれば、研究という営みは、「未知なるものに直面し、理解それ自身のための理解を求めるという、人間としてのわれわれの緊急の抑え難いニーズを反映する学識（スカラーシップ）」である。しかし、このような「研究・発見の学識」だけが、大学教員に期待される学識ではない。このことに注意しなければ、「研究対教育の対立という手あかに染まった論争から脱皮」できない。そういう事態こそはまさに「大学のゲルマン捕囚」ともいうべきことである。ゲルマン的研究型大学は、大学の長い歴史のなかでは、突然変異であることを注意したい。学識（スカラーシップ）を再考する必要がある。

　教育は誰にでもできることではなく、そこには学識が深くかかわることを、ボイヤーは主張している。それでは、大学教員に期待されるべき学識が、「研究・発見の学識」以外にあるのか。ボイヤーは次の学識を主張する。

　⑴　発見の学識：The scholarship of discovery
　⑵　統合の学識：The scholarship of integration
　⑶　応用の学識：The scholarship of application
　⑷　教育の学識：The scholarship of teaching

　上記の4つの学識（スカラーシップ）のなかで、統合の学識こそは、大

学教員の評価・査定の新次元を示すものである。ボイヤーの説明を引用しておこう。

　(1)統合の学識は、個々ばらばらに孤立している諸々の事実に意味を与え、それらの事実を関連づける。専門領域をより大きな脈絡の中に位置づけ、資料を意味深く解釈し、それによって専門外の人々を教育する。種々の物事を関連づけることは、教育者が自らの能力の限界まで熟考することである。研究が究極的に本物になるのは、関連づけること（意味を与えること）によってである。

　(2)統合の学識は、発見と密接に関連している。第一に、統合の学識は、諸々の専門分野が一点に集合する境界領域（重なり合っている学問的な近隣諸分野）で研究することを含む。伝統的な専門分野のカテゴリーが閉鎖的であることを打ち破り、知識の新しい位相を開拓する。第二に、統合の学識は、説明的解釈を意味する。自分の研究や他人の研究を、より大きな知的類型に適合させる。そのような努力は、専門が衒学的 (pedantic) になりやすい危険を防ぐ。知識は統合なしでは衒学的である。

　(3)発見に携わる者は、いま知られるべきこと、発見されるべきは何か？を問う。統合に携わる者は、その研究結果は、何を意味するかを問う。より広い、より包括的な理解を提供するようなやりかたで、発見されたことを解釈し、説明することは可能かを問う。

　(4)統合の学識は、批判的分析と解釈・説明の能力を必要とする。統合の学識により、情報から知識へ、そして英知へと人を導く。

　(5)統合の学識は、新しい知の問題と人間の緊急課題の両方に応えている。大学は統合の学識により一層の注意を払わねばならない。

5　作品化の学識・専門教養科目ということ

　万葉集全巻の個人注釈を終えた筑波大学名誉教授・伊藤博がこういっている（朝日新聞「ひと」、1998年）。

　　これは（万葉集全巻の個人注釈）は僕の小説、歌、詩です。勝手な

解釈は、学者はもちろん許されない。でも言葉の歴史的意味、用法を厳密に押さえた上で、現れた言葉の陰にある人間性を推し量ること。想像力を機能させて詠み人の心をあぶりだすのが本当の文学、古典研究です。そういう意味で、論文は学者の小説と、僕は思う。

ここでいわれていることは、まさに統合の学識である。統合の学識の具体性は、学問の作品化に表れる。

内田義彦 (1981年) は、次のようにいっている (村瀬 1992)。

専門の世界とは、概念装置でものを見る営みである。すなわち、ものが見えるように概念装置を構成することが、学問の具体性である。専門語群は独自の体系をもっていて、それらは日常語の世界から自立している。専門家とは専門用語を使う者であり、専門語を用いなければ学問にならない。専門語が分からなければ学問は分からない。

そのような専門家による学問的営みにたいして、学問の作品化といわれることは、作品化されたものは、それだけで意味をもつものとして完結している、ということができる。作品は自己完結的で、直接一般読者の評価を求めて書かれている。思想の作品は、その道の専門家の理解と評価を目的とするものではない。

そもそも学問は、質の高いものほど専門の壁を越えて万人に深く訴えるものをもつ。特殊性ではなく一般性に思想の高さ、深さ、独創性のほどが現れる。

思想作品の新鮮さはそれが提供する事実の新奇さにはない。むしろ読者の意識の古層に呼びかけ、そこに眠れるものを新鮮に、そういわれればまことにそうであったかという形で、呼び起こす。哲学者は万人の既に知るところを語る、といわれていることに通じる。いわば、作品は大小にかかわらず一つの世界をなして丸ごと一人一人の読者と向かい合う。

専門論文は一つの断片として発表されるから、その学問的意味は他の論文と組み合わされて初めて明らかになるものが多い。

作品とは思想の作品として、直接一般読者にとどき一人ひとりのなかにコペルニクス的転換がおこることを念願する。
　科学を科学の世界でする傾向に反して、科学の世界の外に出て、日常の世界との接点で科学的にものを見る必要がある。
　専門語を使わざるを得ない場面を見極める必要がある。何のためにこの専門語を使うのか明らかにする。
　作品の名に価する科学書を書くことは力量を要する。しかし、日本の大学教員は、論文だけが創造的であるとして、そういう作品を志すことは、学者本来の仕事からの逸脱と考える。
　最終読者を直接念頭に深く独創的な作品を創造することは、スカラシップ（学識）なのである。そのような作品は、創造的で、それは一つの学識にかかわる。それは「作品化の学識」といってもよい。この学識は、ボイヤーの統合の学識と深く重なっている。また、筆者が主張する「専門教養科目」（絹川 1995；本書Ⅲ-4）も、「作品化の学識」に深くかかわっている。したがって、大学教員の評価は、「作品化の学識」を評価することに中心をおく必要がある。
　この視点で大学教員を評価するとすれば、通常の研究評価とは違った評価の様相が期待される。例えば、専門的研究（発見の学識）を行わなくても、重要な知的問題を調査し、同僚にその結果を報告する能力を示すことが、評価の対象になりえる。すなわち、「自分の専門分野の発展と接触を保つ（stay in touch）」（ボイヤー）ことが重要なことになる。論文・文献を読み、専門の傾向やパターンに精通していることを証明すればよい。専門分野における最近の2、3の重要な論文を選択させ、その選択理由を述べることによって stay in touch を証明する。どの程度専門分野の発展に精通しているかを見る。それによって、知的活動を継続しているかを見るのである。
　「創造的な仕事を教授団全員に一定の時刻表にしたがって公表を求めることは非現実的である。創造性はそのように機能するものではない」（ボイヤー）ことに留意するのである。このような評価の導入によって、「研

究対教育」という相克を積極的に解消し、社会の必要に応える大学の在り方を創造したいのである。

　世界の劇的な変容に対して、人間社会はますます相互依存的になり、高等教育は緊急に、全人類の運命に深遠な影響を及ぼす諸問題に焦点をあてなければならなくなっている。

　結論は明白である。われわれが望むのは、新たな知識を巧みに探求するのみならず、諸観念を統合し、思考を行動に結びつけ、学生に示唆を与える学者である。社会への大学の参加がこれまで以上に求められている。もしも一国の大学が、学生をして将来を見通し、現代社会の相互依存的な性質をよりよく理解させることに無力であるならば、次の世代での個々人が責任を持って生活する能力は、危険なまでに脆弱化してしまうだろう（ボイヤー）。

そういう意味で「大学教授のエクセレンス（優秀性）は、すべてのスカラーシップ（学識）において評価されねばならない」（ボイヤー）。そして、それらの評価に対応する報償を用意する必要がある。「すべての高等教育機関が固有の特別な使命を明確にし、その大学が成就しようとする内容との関連で教授の報酬を与えるシステムの開発が必要である。その検討において、学識の4分類が枠組みとして役立つ」。

以下、ボイヤーの格言を収録して、本項の補完とする。

　「ただ一つの学識モデルの押し付け、上位の研究センターを模倣し、外圧的威信の獲得に否応なく駆り立てられることは、大学の目的の危機であることを認識しなければならない」「まずい授業をするのは、まずい授業をしても何ら処罰を受けないからである」「よい教師であることを教授に期待するならば、要求水準を設定しなければならない」。

6　大学新文化の形成

さて、教育評価が威信にかかわる大学文化の形成は、いかにして可能

であるか。以下のような営みがその問いに答えるのではないか。
 (1) 大学が一つのコミュニティーであることを、ことあるごとに認知させる営みをする。共同作業の場を頻繁に設ける。教授会、委員会への参加を促す。各種のFDプログラムへの参加を常に呼びかける。建学理念を喚起する講演会等の催しに参加を、学長が呼びかける。
 (2) 認識の共有化を図るプログラムを恒常的に行い、それに参加しないことは、グループからはずれることであるという自覚を起こさせる。例えば、「一般教育フォーラム」を開催し、同僚の一般教育体験を聞く、等。
 (3) 協同的営みへの参加に報償が伴うシステムを開発する。
 (4) 何が評価されるかを明らかにする。評価基準を共同的に認識するプロセスが必要である。
 (5) 教育評価は総合評価を基盤にする。それは共同体的認識に基づく総合的直観が評価しうる内容である。
 (6) 固有の大学文化の形成は、教員採用の在り方によって決まる。履歴様式に、建学理念について考えを問う欄を設けることも、その第一歩である。建学理念への問いは、昇進審査の際にも問いかけ、認識の前進を評価する必要がある。
 (7) 授業評価とは、教員が評価されることをとおして、学生を評価することであると受け止める。
 (8) 最終的に教員の評価が求められる領域は、真実なる教員の在り方、真剣さ、sincerity、integrity（学的誠実）、人格の評価とする。
 (9) 授業を良くすることが義務ではなく、生き甲斐になっている、そういうことが威信になる文化を求める。「およそ知的営みを誠実に共有したいと欲するならば、だれでもそうするだろうと思われること」「学生への愛があるならば、当然しなければならないこと」を共同的に確かめ合う。
 (10) 大学教員の教育評価を実践する。
 (11) 学長は次のようにいうべきである。「あなたは研究成果を公表さ

れていませんが、学生の教育に渾身の力を注いでおられますから、さらにキャンパスの重要な使命を遂行するためにご助力をいただきたいと思っております」(ボイヤー)。

7 大学教員評価の諸要因

　教員の任用、昇任、定年延長、研究休暇等の承認については、それぞれの教員に対する評価が基礎となる。しかし、評価の基準を何におくかは、必ずしも自明なことではない。従来のわれわれの経験では、大学教員の評価は、研究業績と教育業績によることを建前としているが、後者については、経験年数を評価に算入すること以外に、特に考慮されることはない。特に著しいことは、教科書作成等の業績は、業績とは見なさないなど、研究業績の評価に偏しているのが実態であろう。大学の目的が研究にあるとすれば、このようなことは当然であり、旧制大学においてはそれなりに機能していたことである。しかし、大学がユニバーサル化し、その目的を教育におかざるをえない事態の下では、教員評価を研究業績中心とすることは、大学の活性化に資することにはならない。今日の大学教員には、研究能力とともに教育能力が求められている。したがって、大学教員評価は教育業績に対する評価と研究業績に対する評価を調和させるものにする必要がある。

　大学教員評価の目的は、上述のような大学の機能に基づくものでなければならないから、従来の評価の仕方を再検討する必要がある。教員の教育能力の評価の第一の目的は、教育の質の改善と向上にある。したがって、評価される教員がその評価によって、教育能力の向上に自律的に努めることが前提となる。すなわち、評価される教員自身がその評価に自律的に関与しなければ、評価自体が意味を失いかねない。よって、大学教員の教育能力の評価には、教員の自己評価を含めることが不可欠であろう(後述参照)。

　従来の大学教員評価は、上位の教員団による閉じられた場における評価が中心である。したがって、その評価の結果を評価される教員に還元

することには、ほとんど注意が払われていない。いわばこの密室における教員評価を開放する機能を、自己評価制度の導入は促すことにもなる。すなわち、自己評価制度は教育評価の領域を越えて、研究評価を含め、大学教員評価制度の全体に及ぶものとなる。さらに、このようなシステムは必然的に評価の内容を公開することに導き、評価に客観性を与えることになろう。

　学生による教員の授業評価については、批判的意見と肯定的意見が伯仲しているが、客観的研究の結果は肯定的に傾いている (University of California at Berkeley 1988)。例えば、批判的意見の第一は、教員の専門能力を学生が批判する能力を持たないとする。しかし、教員が授業において提示したことが本質的であり、知的興奮を学生に与えることができたか否かについては、学生はそれを評価することができると考えている。学生による評価に影響を与えているのは、授業の質である。教員が教材を明確に示す能力を、学生は明確に評価している。また教員に対する学生の評価と学生の学習達成度とは、正の相関を持つという調査結果もある (University of California at Berkeley 1988)。

　以上により、学生による教員（の授業）評価は積極的意味をもつと考えてよい。ただし、その実行方法、用い方には多少の注意を払う必要がある。すなわち、学生による授業評価の目的を、教員へのフィードバック、すなわち授業改善におき、教員の自己評価の資料の一部とすることが適切である。いわば、学生による教員評価を、ゆるやかな間接性において教員評価に反映させることが、概ね妥当である。

　なお、同僚による教育能力評価が適切に行われるためには、授業を同僚に公開することが必要であるが、日本の大学ではそれは困難である。これは一つの課題で、大学文化の変容にかかわることであろう。

8　評価実施上の前提条件 (本項は、原 1976による)

　他のあらゆる評価活動と同じく、教員の評価においても先ず最初に、いかなる目的のために、誰が、誰を、どこで、いかなる方法といかなる

基準を用いて施行するのか明確にしておかなければならない。このような評価を行うことの是非、また結果の解釈の善し悪しの判断は、すべてここに設けたこれらの諸条件に依存するものである。したがって実施前に関係者の合意を十分得ておかなければ、かえって無用の中傷や自己嫌悪を助長させ、集団のモラルを低下させることにもなりかねない。とりわけ、個人のプライバシーには留意しなければならない。先にあげた視点と実施の方法について成員間に共通の認識が得られたとき、はじめて建設的で創造的な教員評価の成果が期待されるものである。評価の方法や査定の基準も各々の教育プログラムの実態に則して、できるだけ自由に取捨選択されて然るべきであろう。

次の表（原 1976より引用）は、第一列に示す評価項目ごとに、第一行に示す大学関係者が評価者としてふさわしいか否かを示す一例である。もちろん、ここにあげたものは一般的な状況を想定したときのものであり、各大学、各学部、各学科等の特殊性を勘案して修正されなければならない。

	本人	同僚	部科長	学生・卒業生	職員	学外者
教科内容	++	+	+	++	－－	－－
教授法	++	+	+	++	－－	－－
学生指導	++	+	++	++	+	－－
研究活動	++	++	+	－－	－	+
学会活動	++	++	+	－－	－	+
社会的奉仕活動	++	+	++	+	+	+
行政参加	++	+	++	－	+	－
学務	+	－	+	－	++	－－

（++：最も適切　+：適切　－：不適切　－－：最も不適切）

(注) 評価者のうち「学生・卒業生」の「研究活動」欄については、「学生」は「+」あるいは「－」の場合があり、「卒業生」は「++」の場合もある　また、「学会活動」欄については、「学生」は「－－」であっても「卒業生」は「++」の場合がある。

次節以下において示す諸評価項目については、その組合せ、評点の与え方等は、それぞれの大学において、実状を考えながら適切に定め、漸次改良を試みることが望ましい。特に、評価の下し方については、多く

の評価項目について評点方式によることが可能であり、そのほうが集計には便利であるが、しかしその場合でも集計における重みの付け方には様々な選択の余地がありうる。また客観的な数値による評価が本質的に困難な項目もあり、その評価結果をどのように取り扱うかも問題であろう。次節においては、そうした問題にまでは立ち入らず、評価項目を示すにとどめるが、それもあくまでも例示にとどまるので、大学ごとに研究・改良が試みられて然るべきであろう。

9　教員評価と大学ガバナンス

　これまでに述べてきたような大学改革は、必然的に大学の組織の改革をも求めることになろう。旧態依然たる現在の学部制度は解体せざるをえない。学士課程の教育は、現代化された liberal education に徹すべきであり、それに適応する組織を持たなければならなくなる。そこでは、もはや教養担当教員と専門担当教員との区別は解消し、理念に相即した組織が形成されるに違いない。教員評価の視点の変革は、そのような問題関連を視野におさめた事柄なのである。

　また、学士課程教育は、いうまでもなく、学問性に深く根ざすものであるから、教員の教育改善努力を求めるということは、各教員の熾烈な研究活動を求めることと相補的なことである。それゆえに、事態が矛盾的に低落しないように、そこには十全な行政的配慮が与えられることが必須である。日本においてはまだ一般的でないが、定期的に一定期間、教員に研究休暇を与える制度などを普及させる必要がある。

　またこのような大学改革の成否は、そこにいかなる指導者を得るかが、一つの鍵となろう。単に調整能力を重視するような考えで学長等を選ぶようでは、大学は大学教員の自己保存の場となり、教員に便利なようにしか変りえず、やがて無意味化するであろう。

参考文献
　内田義彦『作品としての社会科学』岩波書店、1981年、38-50頁

絹川正吉『大学教育の本質』ユーリーグ、1995年
絹川正吉・原一雄「大学教員評価の視点」『一般教育学会誌』7-2、1985年
大学教育方法改善プロジェクト「一般教育に関連した Remedial Course」に関する報告書、昭和60年
原一雄「アメリカにおける大学教員の評価システムについて」電気通信学会技術研究報告、vol.75、No.223、1976年2月
アーネスト・ボイヤー（有本章訳）『大学教授職の使命』玉川大学出版部、1996年
村瀬裕也『教養とヒューマニズム』白石書店、1992年
University of California at Berkeley, 1988, *Sourcebook for Evaluating Teaching*, Office of Educational Development

V-3 大学教員評価システム

1 評価と査定

「評価 (evaluation)」と「査定 (assessment)」の区別について前述したが、大学教員の評価を考えるときにもこの区別を明確にしておかなければならない。エルトン (1989年) によれば、「査定 (assessment)」は教員の能力判断行為であり、「評価 (evaluation)」は教員の教授能力の改善のための行為である、とされている。本節においては、査定の含蓄をこめて評価という用語を用いている場合が多い。

さて、評価と査定の関係について、明確な認識が必要である。評価は自律的改善努力に対応するが、査定は他律的・管理的である。したがって、評価と査定は矛盾的要因を含む。しかし、評価という行為を機能させる要因として、査定を関係させる必要がある。「査定」は教員の任用、昇進、処遇にかかわるから、評価が査定にかかわれば、評価が管理的要因になり、大学教員は警戒する。そこで、査定ではない、評価だ、目的は授業改善だ、という言い方が用いられる。評価と査定は、コンセプトとしては区別されなければならないが、両者が不可分の関係を保たなければ、評価という行為も十全には機能しない。評価が査定に連関しなければ、評価自体が無意味になるのである。評価はそれ自体として行われなければならない。しかし、評価がそれ自体でとどまっている限りは、評価は機能しない。また「評価」は、FD (Faculty Development) と有機的に組み合わされなければ意味がない。

したがって、評価には、査定が必然的に関与するシステムを用意する必要がある。また、査定が管理的に機能しないようなシステムの構築が必要である。伝統的大学理念は、社会において問われている。特に大学が教育機関であることを社会は要求している。その要求に大学は応えているとはいえない状況の下で、評価と査定、自律と他律の関係が改めて問われるのである。この相克を解くためには、大学教員の自己責任とし

て、評価と査定を引き受けなければならない。両者を矛盾なく機能させるように、大学教員の意識変革が必要である。いわば、査定を管理機能としてではなく、自律的機能とするシステムの創造が求められるのである。

　大学の本質は、大学教員の自立性にあるとすれば、評価と連動する査定の機構を、大学教員の自立性において構築すべきであろう。いわば、大学教員が主体的に、評価と査定の緊張を引き受けなければならない。このアンビバレントな事態を、大学が組織的に担うことが重要である。その鍵になるものが、教員の自己評価活動である。

　以上のような評価活動を実行する際には、次の諸点に留意をしておきたい。

(1)　教員の自己評価は、いかなる点で独創性があるか、どのように貢献しているかを、自己記述する。

(2)　それぞれの大学の文化的価値を高めることについて評価する。

(3)　直接の成果 product で教育評価はできない：資質で評価する；コミットメントで評価する：教育活動への参加で評価する；作品化能力で評価する：学生の評価で評価する。

(4)　大学教員の自立性が本質的ならば、それを阻害しない評価システムとして、自己評価しかない。

(5)　客観性、公平性のみによってではなく、所属大学の建学理念、目標、文化的価値(生活における匂い)で評価する。それが自己充足的で、社会的価値がなければ、社会が大学それ自体を淘汰する。

(6)　本質的教育評価は、計測可能(観察可能)なものの中にはない。むしろ、隠されていることのなかに評価すべき内容がある。隠されているものに対する臭覚が重要になる。自己評価の在りようが問われる。

(7)　査定は大学教員の職責に対応するものでなければならない。大学教員に付託される職責についての理解を共有する学内文化の重要性を認識したい。専門職能力の定義を拡大することが、学士課程教育

の教員評価には必要であることも認識しなければ、学士課程教育の実質は達成されない。なお、大学は教員を任用する際に、教員の責務について文書で契約をすることが必要である。特に、契約に際して、教育義務と評価・査定の方法を明確にすることが重要である。

評価・査定に際しては、「過去の業績評価より、これからの活動を刺激することに重点を置く。出版物を数えることより、決して発表されることのない活動を評価する。また、教員評価・査定は、体系的であるばかりでなく、柔軟でなければならない」とボイヤー（1996年）は述べている。

2 大学教員の資質

大学教員の査定は、最終的には総合査定によらなければならない。教員の知的誠実さ、総合性、知的輝き、人格・人間性等を総合して評価する。さらに付言すれば、大学の教員評価を問うことは、教員像を問うことであり、そのことはまた教育像を問うことにほかならない。どういう教員像を描くかが、教員査定においては問われている。学士課程教育に携わる大学教員像には、次のような諸点が内容にならなければならない。

第一に、大学教員には、教育能力が求められる。学生の個性、信念、思考力を発展させることに、関心が深くなければならない。また、教授法の改善、先見的教育プログラムの開発について、熱意を持つ者でなければならない。

第二に、研究能力がなければならないが、その能力は学生の研究を指導することに展開されなければならない。そして、学際的研究にも関心を持つことが期待される。

第三に、秀れた精神的資質を持たねばならない。創造的精神と成熟した柔軟な思考により、知識の総合に深い関心を示すものでなければならない。

第四に、共同思考と共同的生、および民族性と国際性への関心を持ち、人種的偏見から自由であって、諸文化それぞれに固有の価値を認める精

神を有しなければならない。
　第五に、社会的市民的責任を自覚し、大学共同体の維持と発展に熱意を示す者でなければならない。
　以上で述べたような資質を持つ教員を確保するためには、それにふさわしい教員評価システムを考えなければならない。その際に、次の諸点が基本原理となるであろう。
　a) 教育改善努力の結果は、専門研究業績と等価か、あるいは、むしろそれ以上に評価されなければならない。
　b) 専門研究業績はもちろん評価されねばならないが、それのみでは教授資格としては不十分である。
　c) 教員評価の重要項目に、教員の自己評価を取り入れる。
　d) 学生による教員評価を、教員が自己評価をする際に反映させる。
　e) 教育についての熟練度を評価する。
　f) 教員評価項目は公開されるものとする。
　g) 公正な構成による教員評価委員会が設置されなければならない。教員任用担当の副学長をおくことも一案である。
　以上の諸原則について、多少のコメントを加えておこう。
大学における教育方法等の改善については、各教員が各様の経験を持っている。しかし、それらの多くは各人の内的経験にとどまりがちであって、共通の認識にまで発展しない傾向がある。そのような状況では、教授法の改善を評価することは困難である。積極的に教授法の改善を評価するためには、関係教員が相互に討論できる場を設け、経験を公開させる必要がある。すなわち、教育改善努力に関する教員評価が日常的に行われているような状況を作り出す努力と工夫が必要なのである。特に、各教員が定期的に、それぞれの教育経験を発表する機会が持てるようなシステムが、考案されなければならない。このような営みをとおして、教員は教育活動についての自己評価の契機を十分に持つことができるのである。
　カリキュラムについての構想とか講義の内容等は、努めて公刊できる

ように行政的に配慮する。専門研究業績中心主義の立場では、教科書等の著作は評価されないが、われわれの評価においては全く逆である。

　以上のような諸配慮の下で、各教員は定期的に自己の教育努力の結果を報告することが義務付けられる。教育改善努力は、いかにささいなことであっても、記録することが大切である。報告書の様式は一定のものにしておくほうが、評価に際して便利であろう。

　教員評価の基調となる自己評価方式は、一般教育への努力を評価させるという運動でもある。他人が評価してくれるのを待つのではなく、評価させるということが重要で、このことをとおして教員の教育への意識変革が求められるのである。

　教員評価における学生による評価の有効性については、概ね否定的な見解が強い。したがって、学生による評価は、教員が自分の授業の改善に役立たせることに限定すべきであるというのである。しかし、授業改善努力を教員評価の一つの核とする立場からは、学生による評価を無視することはできない。もちろん、それを直接に教員評価に用いることはできないが、少なくとも、学生に、授業について評価を求めることを、教員に義務付け、その結果を教員が自己評価に反映させることが望ましい。すなわち、学生による教員評価を、ゆるやかな間接性において、教員評価に反映させるのである（本書V-2-7）。

　学生による評価への信頼とは、学生であっても彼等は知的存在であり、彼等が「本当の意味で学んだことは」それを感知しうるのである、という態度以外にはない。もしもこの視点を放棄するならば、教育の可能性をわれわれはどこに求めるのであろうか。

　なお、学生による評価に対しても、様式を定めておくことが必要である。

3　大学教員の義務・契約内容

　大学教員の評価・査定が行われるべきポイントについて、以下に概観しておこう。

大学教員の評価・査定については、大学教員の義務と責任を明確にしたうえで、その視点で査定項目を設定する必要がある。米国の例を参照すれば、次の査定項目が指摘できる（斉藤・中島 1981；絹川 1995）。

(A) 学生に対する責任
(1) 授業の責任を果たすこと。
(2) 学生個人の尊厳を認識し、礼儀正しく扱い、助言者として知りえた学生個人の秘密を守ること。
(3) 教員は学生の見本となること：学問、人格、専門家としての倫理観について高い水準を保つこと。
(4) クラスで教員が優位に立つことを慎むこと。

(B) 教職にある者としての責任
(5) 専門領域において最新の知識を獲得し、その開発に貢献すること。
(6) 教員としての能力を改善すること。学問を伝える手法の開発、履修登録の際の学生への助言活動の向上に努めること。
(7) 大学の活動において同僚と協力すること。カリキュラム開発に貢献していること。大学運営にかかわる会議に参加すること。委員会の役割を公平に分担すること。
(8) 有能な教員補充に心がけること。有能な教員の昇進に適切な助言を行うこと。教員の資質に関する疑問（非行、不道徳行為、品格の欠如）を無視しないこと。大学構成員の少数意見を尊重すること。

(C) 大学に対する責任
(9) 契約上の義務を良心的に履行すること。他大学に地位を得て辞任する場合は、速やかに大学に通告すること。
(10) 大学の予算を良心的に用いること。
(11) 大学に経済的損失や法的困難を引き起こさないこと。
(12) 自分の利益を得る研究のために、大学の施設を用いることを避け

ること。
⒀　大学の一般的活動（入学式、卒業式等の集会）に参加して、大学を援助すること。
⒁　大学の委員会等の活動に参加すること。
⒂　それぞれの大学の文化的価値の創造に貢献すること。
⒃　自分の個人的意見を公的に表明するとき、大学を代表していないことを明確に示すこと。

4　大学教員評価・査定システム

(1)　教員評価と査定

　大学教員評価については、教員の職階にかかわらず（すなわち、教授も含めて）、全員が恒常的に評価を受けるシステムを設けることが望ましい。教育評価の結果はFDと連携させる。

　教員評価の結果を査定に用いるためには、大学教員の自立性を損なわないシステムが必要である。その基本構造は、教員の自己評価と同僚評価の総合である。

　次の項目は、教員の自己評価項目の一例である（大学教員自己評価書をプロファイルという）。

ⅰ．専門分野で、最も自信のあるところは？
ⅱ．大学教員としての長所、短所は？
ⅲ．授業（teaching）の改良点は？（後述参照）
ⅳ．所属分野の同僚と比較して、授業成果の評価は？（後述参照）　学生による授業評価に対する自己評価は？
ⅴ．教員として成し遂げた過去の業績の中で最も重要なものは？
ⅵ．その業績を、同僚と比較してどのように評価するか。
ⅶ．研究業績を、同僚と比較してどのように評価するか。
ⅷ．大学への貢献は？　学会への貢献は？
ⅸ．上記の問いに対する答えを基礎にして、教員としての自分を総合的に評価せよ。

自己評価は教員の業績の独自性、創造性、意味等を主張するものである。

学生による授業評価の位置付けは、教員の自己評価において、間接資料とする。ただし、これを欠くことは認められない。

査定に用いる場合の教員の自己評価には、教育評価以外に、研究評価と大学運営への貢献等を総合する。

(2) 創造性開発契約

既述したが、上記に関連して、ボイヤー（1996年）は「創造性開発契約」を提唱している。それによると、今日の（アメリカの）教授の70％は教育が主要関心事であるという。「負わされた義務を果たすという忙しさのために、自分の専門分野における発展について広く情報を仕入れ続けたり、不確かな将来に備えて計画を立てるなどの時間はほとんど残っていない」と述べている。

さらに「教授の生産活動はそのときどきで焦点が変動し、また生産性にも波がある。それを画一的に研究論文だけで評価することは非合理的である」「教員の生涯における生産性の異なるパターンに注目した評価が必要」である。すなわち中年期は「生産と停滞 (generativity and stagnation)」のときであり、統合的問題解決、すなわち他分野の論文を読み、説明的評論や教科書を書き、自分の研究の意義についての討論に時間を使う。後半期の教員の生産性は統合的・応用的学識の進展に主力が注がれる。その期には、教員の活動は教育の学識に焦点がおかれ、授業科目の改革、計画、教材開発に活動の焦点は移行する。

このような事実に注目して、ボイヤーは「創造性開発契約：creativity contracts」を提唱する。すなわち、3ないし5年ごとに、教員の活動の主要目標を変更し、それぞれの期に相応しく評価をする方法が必要である、としている。「一生涯にわたって変化する個人的成長や専門職的成長のパターンを反映する評価が必要なのであり、画一性ではなく多様性が鍵になる」。次表は、査定領域とそれらの査定比重を示す一例である（岩永

1998)。

大学教員査定領域比重モデル

	評 価 比 率		
	若年	壮年	熟年
教　　育	0.3	0.4	0.5
研　　究	0.5	0.4	0.2
運　　営	0.1	0.1	0.2
社会貢献	0.1	0.1	0.1

　例示されている査定比重の取り方は、単なる例示であって、それをどのように定めるかが、教員の所属大学の文化の指標となる。
(3)　創造性は教育できるか、ということは難問である。高山博(1998)は、創造性は教育できないという。そうであれば創造性は教育評価の内容とはなりにくい。とすると、教育の創造性評価を、教育評価・査定の項目とすることは意味がない。また、教員の創造性評価は、特別報償制度（メリット）として機能させるのがよい。
(4)　非学術的出版物の評価基準
　大学教員評価において、非学術的出版物評価基準も必要である。
(5)　査定と報償の制度
　報償制度を伴わない査定は意味がない。
(6)　評価機関・評価責任者
　評価機関・評価責任者の定め方は、構成員の納得が得られるよう適正に構成されなければならない。評価者に、被評価者の推薦による者を加えることも一案である。
(7)　査定の公開性・透明性；査定基準の規定化
　査定においては、公開性と透明性が、教員の士気を高めるための必要条件である。

5　教育能力に関する評価
5.1　教育能力総合評価項目

大学教員に対するいかなる評価においても、教育能力に対する評価を除いてはならない。高い水準の教育能力がないことは、他のいかなる分野での貢献によっても補うことはできない、と考えるべきである。もちろん、教育能力のみで、大学教員の資質が十分であるといっているのではない。

大学教員の教育能力を包括的に測る評価項目としては、次のようなことが指摘できる。これらの評価項目は教員の自己評価としても、また同僚評価にも用いられるものである。自己評価と同僚評価は対として用いることが正当である。

(1) 科目内容を総括（選択）する能力
(2) 科目内容を組織し、それを明確に、論理的に、構想的に提示する能力
(3) 専門領域の進展に関する最新の知識の有無
(4) 自分の専門領域と他の領域を関連づける能力
(5) 科目内容について、学生の関心を刺激し、広げる能力
(6) 効果的教育方法の有効利用の有無
(7) 授業のまとめ方
(8) 教育方法の改善への積極性
(9) 教授法の改善に関するセミナー、ワークショップ等への参加
(10) 新しい科目を開発し、内容をデザインすることへの意欲と実績
(11) その他、特に教授法の改善に関わる業績（教科書の著述等）
(12) 卒論指導能力
(13) 学生を授業に引きいれる能力
(14) 学生を受容する態度
(15) 教養教育に貢献したか。専門科目の授業においても、教養教育的内容を考慮したか。幅広い視野を持ち得るような教育を行ったか。
(16) 学生による授業評価を実施しているか。授業評価の結果に基づいて、授業改善努力をしたか。授業評価の結果に基づいて、自己評価を行ったか。

⒄ FD 等の活動に積極的に参加したか。教授法の改善に努力しているか。授業内容の提示の仕方・主題の扱い方に改良が見られるか。
⒅ 優れた教科書を書いたか。専門領域の内容を作品化したか。
⒆ 教員の教育哲学に関する論文があるか。教育に関する論文を評価する。
⒇ ポートフォリオ（自己評価申告記録）を作成しているか。教師の教育努力をくまなく記録しているか。すなわち、授業に関連する出版物、フィールドワークの報告、授業の説明書類、同僚評価、学生による教員評価、レコード、ビデオ等々の教育的作品を記録しているか。
(21) 卒業生など外部の意見を聞き、授業を改善する努力をしたか。
(22) 同僚評価を受けているか。

5.2 単位制度を実質化する教育評価項目

1998年10月に公表された大学審議会答申（第2章1－⑴－2）－⑤）によると、「教育の質の向上のため、自己点検・評価や学生による授業評価の実施など様々な機会を通じて、継続的に大学の組織的な教育活動に対する評価及び個々の教員の教育活動に対する評価の両面から評価を行うことが重要である。その際、教室における授業及び教室外の準備学習等の指示、成績評価など具体的実施状況を評価の対象とすることにより、単位制度の実質化と教育内容の充実を図ることが重要である。また、教育活動の在り方については、卒業生が働いている職場など外部の意見を聞き、それを踏まえて更なる改善につなげていくことが有効である」とされている。すなわち、大学審議会の教育評価の目的は、単位制度の実質化と教育内容の充実・改善を図ることである。したがって、そこで求めている評価項目は、答申の先行する節で述べている授業の在り方についての指摘である、ということになる。その視点で、評価項目を整理すれば以下のようになる（前項の項目を部分的に詳細にすることになる）。

⑴ 授業の設計がシラバスで明らかにされているか。授業の編成とその改善・カリキュラムの構成に貢献をしているか。

(2) 教室における授業の準備学習等の指示をし、それを授業で確認する方法を実行しているか。
(3) 教室外において準備学習・復習を行わせているか。指定図書方式を実行しているか。
(4) 学期中に（複数回）レポートを課しているか。レポートを添削して返しているか。
(5) 学生への履修指導を行っているか。学習への動機付けがなされているか。
(6) 学習評価（試験）を適切に行っているか。
(7) 学習目標（付加価値）を提示し、（それとの関連で）成績評価基準を提示しているか。
(8) 厳格に成績評価を実施しているか。大学が定めた基準に従って成績評価をしているか。
　授業への出席状況、宿題への対応状況、レポートの提出状況、等を成績評価に反映させているか。
(9) シラバスに上記の評価項目に対応する指導項目があるか。

6 専門・研究活動に関する評価

　効果的教育能力は教員の専門分野における学問的能力にもかかわるから、教育を重視する立場であっても、教員の専門・研究活動に関する評価は、適切に行われなければならない。一つの専門分野における学問的業績は、異なる分野の教員が適切に評価することは困難である。よって、大学教員の研究活動の評価は、研究成果自体の評価というよりは一般的質的評価になろう。その際の評価項目には、次のものが考えられる。
(1) 研究計画とその達成度
(2) 研究業績の学外者評価
(3) 研究成果と授業科目との関連
(4) 研究論文の質
(5) 研究業績に関する他の教員との比較

(6) 研究上の特徴
(7) 研究の国内、外での評価
(8) 論文の発表雑誌の質
(9) 研究成果の主要学会での発表
(10) 研究成果の進捗度
(11) 研究資金の取得率
(12) 研究の大学院学生指導への効果
(13) 学会での活動状況

　なお、研究活動に関する自己評価を同僚教員に理解させることも大学教員の重要な資質である。この種の能力は前述の「作品化」能力に深くかかわっている。

7　教授会活動等に関する評価

　大学における活動は教員の個人的活動の集積ではなく、成員の共同体的生である。教員は大学共同体の維持と発展に熱意を示す者でなければならない。この視点から、教員の教授会活動等に関する評価も教員評価の要因となる。評価項目としては以下のものが考えられる。

(1) 教授会及び小委員会への出席
(2) 大学の組織運営への貢献
(3) 割り当てられた大学の仕事への積極性
(4) 指定された委員会での貢献
(5) 同僚教職員との協調
(6) 大学の目的に対する積極的支持
(7) 敏速かつ正確な成績等の報告
(8) 誠実な同僚教職員への援助
(9) 役職、委員長等の職務遂行状況

8　学生の自己評価

　学生による教員評価については、学生自身の学習についての自己評価

と対にして行うことが望ましい。その際、まず学生に自己評価をさせてから、教員に対する評価をさせるのが順当である。ただし、注意すべきことは、学生による評価が、成績には全く無関係であることを強調しなければならない。そのためには、無記名で教員評価を求めるべきであるが、教員に対する信頼関係が前提できる場合には、記名で行うことが望ましい。

〈学生の自己評価項目例〉
  (1) クラスへの出席率
  (2) コースのための学習量
  (3) 学習目標の明確度
  (4) 目標達成度
  (5) ノートの作成
  (6) 学習方法の発見
  (7) グループ学習等への参加　コースへの参加
  (8) テキストの利用
  (9) コースの有意義性の評価

9　教員によるクラス評価

学生による授業評価（教員評価）に対しては、「教員によるクラス評価」が対として用いられることが望ましい。学生の自己評価と教員によるクラス評価は総合して、教員の教育自己評価の根拠として用いる。以下、その評価項目を例示する。
  (1) 同一コース経験回数
  (2) コースのレベル（初級科目、上級科目か）
  (3) コースの区分（一般、専門、選択、必修）
  (4) 学生の科目への興味の度合
  (5) 学生の知的レベル（他のクラスの学生と比較して、平均以下、平均、最優秀）

(6)　学生の授業参加への熱心さ
(7)　学生による評価に対する評価
(8)　目標達成度

10　学生評価を媒介とする教員評価

　学生による授業評価は、教員の自己評価の資料とし、直接に教員評価には用いないことが原則である。学生の評価を直接に教員評価の資料にするためには、工夫が必要である。一つの方法は、学生の学習進度を学生自身が自己評価したものを用いることである。次の評価表は、その例である。評価項目には学士課程の教育を積極的に評価させるものが含まれている。

学生評価を媒介とする教員評価表（学生に該当欄にマークさせる。）

学習進度自己評価	Ａランク	Ｂランク	Ｃランク
知識			
理論体系			
専門的技術			
専門の方法			
創造性			
説明能力			
問題解決能力			
自己理解力			
責任感			
教養的要素			
コミュニケーション能力			
批判的思考力			
世界観			
人間的成長			

11　評価・査定の大学論的視点

　さて、上述の評価・査定内容を書き出してみて思うことは、その大部分の内容が、学士課程教育の本質、すなわち大学の本質に触れているとはいいきれないことである。例示した評価項目は、取り上げようによっては、危険があるということである。へたをすると、それらの評価項目

によっては、単に教員の誠実さを査定することにとどまってしまいかねない。知的営みを誠実にコミュニケートすること、知的営為者として当然なすべきこと、が問われているにすぎないからである。これでは不真面目なものを排除する効果しか期待できない。こういう評価で満点を取ったから、どうだというのか、といわれそうである。また、これで大学の授業が良くなると考える大学人は恐らくいないであろう。大学教育者として、より本質的な営みを評価する視点が充溢していなければ、無意味になりかねない。大学教育において、本質的に評価・査定されるべきことに則した評価・査定の視点は何か、大学教員が大学論的に評価されるべきことはどういうことか、を問わなければならない。

　大学教員の評価は、前述したように、大学教員の威信(prestige)にかかわらなければ機能しない。威信は大学の文化の中で形成される。従来の大学教員査定において、研究という営みを重視してきたことは、それが教員の専門学会における威信にかかわっているからである。したがって、重要なことは、新しい大学文化の創造に基づく教員の威信(prestige)の発見である。

　それが大学教員の威信であるならば、それは当然にも前節で論じた「学識(スカラーシップ)」と不可分な事柄である。すなわち、新しい大学文化の創造とは、学識の再認識なしには意味をもたないであろう。そのような大学文化を問う枠組みとしての学識の再認識が必要なのである。

　教育を評価・査定するということの大学論的意味は、教育という営みがスカラーシップ(学識)に基づく、という主張である。大学を成立させる根幹は学識であるが、発見のスカラーシップ(学識)のみが学識ではないということである。

　大学教員の評価には、多様性があることを認めることが第一である。そして、教育が研究者の片手間仕事ではなく、学識に基づく営みであることを、認めることが重要である。「教育は教師の理解と学生の学習とに橋渡しをする類推や隠喩や概念を含むダイナミックな努力である」。したがって、教員の本質的評価は、教育の学識に対する評価でなければ

ならない。

参考文献
井門富二夫「書評」『IDE』No.284、1987年7月
岩永雅也「アメリカの大学における教員評価の方法」『IDE』No.298、1998年
内田義彦[6]『作品としての社会科学』岩波書店、1981年、38-50頁
L.エルトン『高等教育における教授活動』東海大学出版会、1989年
絹川正吉「学部課程教育の展望」『大学教育改革の方法に関する研究』広島大学大学教育研究センター、1990年
絹川正吉・原一雄「大学教員評価の視点」『一般教育学会誌』第7巻第2号、1985年12月
斉藤勉・中島紘一「教員の権利と義務」『外国事情第8号』日本私立大学連盟外国事情調査委員会、1981年
大学審議会『21世紀の大学像と今後の改革方策について(答申)』1999年10月26日
高山博『ハード・アカデミズムの時代』講談社、1998年、109頁
アーネスト・ボイヤー(喜多村他訳)『アメリカの大学』リクルート出版、1988年
アーネスト・ボイヤー(有本章訳)『大学教授職の使命』玉川大学出版部、1996年
J・ローマン『大学のテーチング』玉川大学出版部、1987年

あとがき

「はしがき」にも書いたが、本書は、前著『大学教育の本質』を刊行してから以後に発表した、大学教育についての論考を編集したものである。この間、日本の大学をめぐる状況はめまぐるしく変化してきた。著者はその節目ふしめで大学教育の現場から、それらに応答を試みてきたと思っている。本書に収録した論考の主なものは、そういうことで書きとめたものである。そのときそのときの時論を編集したものであるから、論旨に重複が見られるが、ほとんど調整をしていない。論旨の重複は、主張の強調としてご理解いただければ幸いである。

テーマの外見は時の流れとともに変転しているが、著者の思索の底流は変わっていないと信じている。そのことは本書のタイトルを『大学教育の思想』としたことにも表されていると考えている。

前著『大学教育の本質』のあとがきで、著者の思索の原点がICU（国際基督教大学）であることを述べた。本書も同じく原点はICUである。著者が思索の基盤をICUにおける経験に求めてきたことは、ICUが理想的な大学であるからではない。ICUといえども、それは日本の一つの大学であり、日本の大学の課題と問題に同様に直面している。創設以来60年間、ICUはそういう問題に正面から取り組もうとして苦悩してきた。その苦悩を有志の同僚とともに担ってきた経験を、著者は本書の原点としているのである。加えて妻・久子との対話が本書の考え方に影響を与えている。

本書の出版については、東信堂社長・下田勝司氏の督励に負うところが多い。また編纂については、東信堂編集部の小田玲子氏に大変にお世話になった。心からお礼を申し上げたい。

2006年盛夏

絹川　正吉

初出一覧

I　これからの大学教育
1　日本の大学はどうなるか（書き下ろし）
2　「21世紀の大学像」の構図（IDE 1999.1）
3　私立大学のグランドデザイン（IDE 2004.1）
4　大学教員任期制と教員の流動化（広島大「高等教育研究叢書」56, 99）
5　一般教育学会から大学教育学会へ（『大学時報』1998.1）

II　「一般教育」は死語か
1　一般教育の発想（IDE 1983.7）
2　一般教育の終焉と展開（IDE 1999.11）
3　グローバル化時代の教養教育（『大学教育学会誌』23-1、2001.5）
4　これからの教養教育（『大学時報』2004.7）

III　学士課程教育を発想する
1　リベラルアーツ教育の意味と実践（『大学時報』38、1989.11）
2　学部教育の展望（広島大教育研究センター『大学教育改革の方法に関する研究』1990）
3　学士課程教育（IDE 1992.7）
4　専門教養科目の可能性（「現代の教養教育論」広島大・大学教育研究センター『大学論集』28、1998.5）

IV　学士課程教育の舞台を作る
1　カリキュラム開発の視点（『大学時報』1995.3、『大学教育の本質』ユーリーグ 1995）
2　シラバス（IDE 1995.4）
3　GPA制度と厳格な成績評価（「ICUにおけるGPA制度」『一般教育学会誌』19-1、1997.5）
4　学士課程教育のミニマムリクワイアメント（「ミニマムリクワイアメントの本質」IDE 2003.5）

5 学生の授業評価とシラバス (『一般教育学会誌』16-2、1994.11)
   ○ 学生による教員評価への批判と反論(『一般教育学会誌』14-2、1992.11)
   ○ 一般教育の授業評価 (広島大学教育研究センター『大学教育改革の方法に関する研究』1990)
V どうする大学教員
  1 なぜ Faculty Development か (IDE 1987.7)
    大学の自己評価とファカルティ・ディベロップメント (『大学時報』1990.11)
  2 大学教員評価の視点 (『一般教育学会誌』7-2、1985)
  3 大学教員評価システム (『大学教育学会誌』21-2、1999.11)
    ○ 大学文化の変容と教員評価 (大学セミナーハウス大学教員研修会、2000.1)
    ○ Faculty Development の研究(『一般教育学会誌』17-1、1995.5)
    ○ ファカルティ・ディベロップメント―大学教員評価の視点―(「大学セミナーハウス・ニュース　1988年春」)
    ○ 大学教員の評価 (大学セミナーハウス『大学教員研修マニュアル』1991)

著者紹介

絹川正吉（きぬかわ　まさきち）

1929年生まれ。1955年東京都立大学大学院理学研究科修士課程（数学）修了。1960年 Northwestern University より Ph.D. 取得。
国際基督教大学教授、同教養学部長、同学長、同名誉教授、文部科学省「特色ある大学教育支援プログラム」実施委員会委員長、日本私立大学連盟常務理事、大学基準協会理事、大学セミナーハウス館長、大学教育学会会長、日本高等教育学会理事、IDE大学協会理事等を歴任。

主要著書

『初等フーリエ解析と境界値問題』（森北出版、1972）
『フーリエ解析例題演習』（森北出版、1976）
『解析要論』（理工学社、1979）
『ヘブライズムとヘレニズム』（共著）（新地書房、1985）
『大学は変わる』（大学セミナーハウス編、共著）（国際書院、1989）
『大学教育の本質』（ユーリーグ、1995）
『ICUリベラルアーツのすべて』（編著）（東信堂、2002）
『学士課程教育の改革』（共編著）（東信堂、2004）

大学教育の思想──学士課程教育のデザイン──　　定価はカバーに表示してあります。

2006年9月10日　　初　版第1刷発行　　　　　　　〔検印省略〕

著者©絹川正吉／発行者　下田勝司　　　　印刷・製本／中央精版印刷
東京都文京区向丘1-20-6　　郵便振替00110-6-37828

〒113-0023　TEL (03)3818-5521　FAX (03)3818-5514　　発行所　株式会社 東信堂
Published by TOSHINDO PUBLISHING CO., LTD.
1-20-6, Mukougaoka, Bunkyo-ku, Tokyo, 113-0023 Japan
E-mail: tk203444@fsinet.or.jp　http://www.toshindo-pub.com

ISBN4-88713-712-5　C3037　© KINUKAWA Masakichi

― 東信堂 ―

大学の自己変革とオートノミー —点検から創造へ	寺﨑昌男	二五〇〇円
大学教育の創造 —歴史・システム・カリキュラム	寺﨑昌男	二五〇〇円
大学教育の可能性 —教養教育・評価・実践	寺﨑昌男	二五〇〇円
大学教育の現在	寺﨑昌男	近刊
作文の論理 —〈わかる文章〉の仕組み	宇佐美寛編著	一九〇〇円
授業研究の病理	宇佐美寛	二五〇〇円
大学授業の病理 —FD批判	宇佐美寛	二五〇〇円
大学の授業	宇佐美寛	二五〇〇円
大学教育の思想 —学士課程教育のデザイン	絹川正吉	二八〇〇円
あたらしい教養教育をめざして —大学教育学会25年の歩み・未来への提言	大学教育学会25年史編纂委員会編	二九〇〇円
現代大学教育論 —学生・授業・実施組織	山内乾史	二八〇〇円
大学の指導法 —学生の自己発見のために	児玉・別府・川島編	二八〇〇円
大学授業研究の構想 —過去から未来へ	京都大学高等教育教授システム開発センター編	二四〇〇円
学生の学びを支援する大学教育	溝上慎一編	二四〇〇円
大学教授の職業倫理 —アメリカと日本	有本章	三三〇〇円
大学教授職とFD	別府昭郎	二三八一円
立教大学〈全カリ〉のすべて 〈シリーズ大学改革ドキュメント・監修寺﨑昌男・絹川正吉〉 —全カリの記録	編集委員会編	二二〇〇円
ICU〈リベラル・アーツ〉のすべて —リベラル・アーツの再構築	絹川正吉編著	二三八一円

〒113-0023 東京都文京区向丘1-20-6
TEL 03-3818-5521 FAX 03-3818-5514 振替 00110-6-37828
Email tk203444@fsinet.or.jp URL: http://www.toshindo-pub.com/

※定価：表示価格(本体)＋税